Studienreihe

Psychologische

Forschungsergebnisse

Band 104

ISSN 1435-666X

Verlag Dr. Kovač

Anette Schumacher

Benachteiligung älterer Menschen bei der Besetzung von Arbeitsplätzen

*Eine Untersuchung
zum gerichteten Vergessen
stereotyper und neutraler Informationen
bei jüngeren und älteren Menschen*

Verlag Dr. Kovač

VERLAG DR. KOVAČ

Arnoldstraße 49 · 22763 Hamburg · Tel. 040 - 39 88 80-0 · Fax 040 - 39 88 80-55

E-Mail info@verlagdrkovac.de · Internet www.verlagdrkovac.de

Die vorliegende Arbeit wurde 2003 vom Fachbereich I Psychologie der Universität Trier als Dissertation angenommen.

Bibliografische Information Der Deutschen Bibliothek
Die Deutsche Bibliothek verzeichnet diese Publikation
in der Deutschen Nationalbibliographie;
detaillierte bibliografische Daten sind im Internet
über http://dnb.ddb.de abrufbar.

ISSN 1435-666X
ISBN 3-8300-1405-8

Zugl.: Dissertation, Universität Trier, 2003

© VERLAG DR. KOVAČ in Hamburg 2004

Inhalt

I

Zusammenfassung

In der vorliegenden Arbeit wurden Fragen zur Verarbeitung stereotyper und neutraler Information unter Einbeziehung des Directed-Forgetting-Paradigmas (DF) mit der Listenmethode untersucht. Die Auswirkung von implizitem stereotypem Material auf die Eignungsbeurteilung war ebenso Gegenstand der Untersuchung wie die implizite und explizite Erinnerungsleistung für stereotypes und neutrales Material. Im Mittelpunkt der Arbeit stand die Betrachtung verschiedener Altersgruppen und ihr Umgang mit dem Altersstereotyp. Ein weiterer Schwerpunkt der Untersuchung war in der kognitiven Verarbeitung von zu "vergessendem" Material bei jüngeren und älteren Probanden zu sehen. Übergeordnetes Ziel dieser Arbeit war es, auf experimentellem Weg potentielle Unterschiede und Gemeinsamkeiten von jungen und alten Menschen im Umgang mit dem Altersstereotyp aufzuzeigen. In den durchgeführten Experimenten zeigte sich, dass ältere Probanden eine als "älter" eingeschätzte Target-Person nicht positiver beurteilten als junge Versuchsteilnehmer. Ältere Zielpersonen wurden von beiden Altersgruppen negativer eingeschätzt als eine vermeintlich junge Zielperson. Im Hinblick auf die Nicht-Beachtung irrelevanter Informationen konnte gezeigt werden, dass ältere Versuchsteilnehmer aufgrund mangelnder Inhibitionsmechanismen (Hasher & Zacks, 1988) nicht dazu in der Lage waren, zu vergessende Informationen zu ignorieren. Die laut DF-Paradigma zu vergessenden Informationen flossen ungehindert in die Eignungsbewertung mit ein. Auch bezüglich der expliziten Erinnerungstestung von neutralem Material konnten die unzureichenden Inhibitionsmechanismen der älteren Probanden eindeutig nachgewiesen werden. Jüngere Versuchspersonen hatten dagegen keine Probleme, ein klassisches DF-Ergebnismuster zu belegen. Das heißt, sie zeigten eine erfolgreiche Hemmung irrelevanten Materials (erste Liste) und, dadurch bedingt, eine erhöhte Erinnerungsleistung für die als relevant erachteten Items (zweite Liste).

1 Einleitung

„Die Rückkehr der Silberhaare", titelte Andrea Tichy in der Telebörse vom 28.02.02 und fuhr fort: *„Junge Menschen überzeugen durch schnelles Denken. Dafür sind ältere Mitarbeiter kommunikationsfähiger und können besser Konflikte lösen"* (Tichy, 2002:110).

Solcherlei Schlagzeilen bzw. Überschriften sind in den letzten Monaten vermehrt in der Presse zu lesen. Trifft diese Einschätzung jedoch wirklich das Bild der Gesellschaft vom älteren Menschen? Oder ist es nicht vielmehr so, dass sich gerade in Bezug auf den älteren Personenkreis ein eher negativ gefärbtes Stereotyp entwickelt hat, insbesondere wenn es um den Arbeitsmarkt geht? Werden ältere Menschen durch den Stereotypisierungseffekt bei der Einstellung benachteiligt? Sind Stereotype per se somit etwas Negatives? Dies sind einige der Fragen, die sich aus dem Prozess der "Stereotypisierung" ergeben.

Unbestritten spielen Stereotypen in unserer heutigen komplexen Gesellschaft eine wichtige Rolle. Eine Vielzahl unserer Informationen kommt nicht mehr aus erster Hand, sondern über multimediale Kanäle. Da das Wissen über viele Objekte und Sachverhalte enorm groß ist, besteht oftmals die Notwendigkeit, mit Kategorisierungen zu arbeiten. Dies führt zwangsläufig zu Stereotypisierungen.

Der Begriff der Stereotypisierung wird von vielen Menschen als negativ konnotiert erlebt, doch bei differenzierter Betrachtungsweise wird deutlich, dass die Stereotypanwendung, trotz des meist pejorativen Gebrauchs, durchaus auch von Nutzen sein kann. Denn ohne Kategorisierungsmöglichkeiten wären wir unstrittig mit Blick auf die heute tagtäglich auftretende Informationsflut nur sehr eingeschränkt handlungsfähig. So werden beispielsweise Entscheidungsprozesse abgekürzt, dadurch dass wir uns auf ungeprüfte Informationen

1

(Stereotypen) verlassen, anstatt uns differenzierte Informationen zu beschaffen. Trotz des Nutzens der Stereotypisierung in der Informationsgewinnung und -verarbeitung werden stereotypgeleitete Verhaltensformen oder Urteile jedoch oftmals als dysfunktional und sozial unerwünscht gewertet (Bodenhausen & Macrae 1998).

In der Psychologie hat die Stereotypenforschung eine lange Tradition. Lippmann spricht bereits Anfang des 20. Jahrhunderts von Stereotypen, die er als „Bilder in unseren Köpfen" beschreibt (Lippmann 1922; zitiert nach Brown, 1995). In den letzten 20 Jahren hat die Stereotypenforschung geradezu eine Renaissance erlebt. Betrachtet man die entsprechende psychologische Fachpresse, so fällt die Vielfalt der stereotypbezogenen Forschungsartikel auf (u.a. Devine, 1989; Dovidio, Evans & Tyler, 1986; Fiske, 1998; Greenwald & Banaji, 1995; Hamilton & Sherman 1994; Macrae, Bodenhausen, Milne & Wheeler, 1996; Sherman, 1996; Stroessner, 1996; Wyer, 1998).

Besonders im anglo-amerikanischen Raum haben sich viele Wissenschaftler mit dieser interessanten Thematik auseinandergesetzt, wobei sich der Schwerpunkt der Untersuchungen auf Geschlechterstereotype und die Stereotypisierung ethnischer und religiöser Minderheiten bezieht. Auch im deutschsprachigen Raum hat man sich in den letzten Jahren stärker der Stereotypenthematik zugewandt. Besonders die Auseinandersetzung mit dem "Altersstereotyp" gewinnt kontinuierlich an Bedeutung. Hierbei handelt es sich um ein besonderes Stereotyp, da die ansonsten übliche Differenzierung von "ingroup-" und "outgroup-membership" in Bezug auf das Altersstereotyp nicht stabil bleibt. Es gibt keine fest umrissenen Grenzen, und jeder von uns wird zu einem bestimmten Zeitpunkt seines Lebens outgroup-member und zu einem anderen Zeitpunkt ingroup-member sein. Diese Tatsache macht das Altersstereotyp in besonderer Weise interessant. Für die psychologische

2

Forschung ergibt sich daraus die Notwendigkeit, mehr über dieses Stereotyp und den Umgang mit ihm zu erfahren.

Da jeder von uns (hoffentlich) Träger des Altersstereotyps wird, wirft dies die Frage auf, ob, damit verbunden, unsere Art mit dem Stereotyp "alt" umzugehen, zwangsläufig verändert wird, oder ob diese Strukturen eher fest bleiben. Bewerten junge Menschen die Implizierung eines Altersstereotyps anders als ältere Menschen, die selbst Träger dieses Stereotyps sind? Ein Fokus dieser Arbeit liegt folglich in der Betrachtung der verschiedenen Altersgruppen und ihrem Umgang mit dem Altersstereotyp. Wird ein impliziertes Altersstereotyp durch unterschiedliche Altersgruppen different beurteilt? Inwieweit kommen ältere und jüngere Probanden zu unterschiedlichen Bewertungen, wenn mit einem Directed-Forgetting-Paradigma (DF) gearbeitet wird? Wie sieht die Erinnerungsleistung abhängig von der Testungsart (implizit oder explizit) in den verschiedenen Altersgruppen aus, und wie wirkt sich ein DF-Paradigma auf die Leistung jüngerer und älterer Personen aus, wenn es um stereotypes Material geht?

Ein weiterer Schwerpunkt dieser Arbeit ergab sich während der laufenden Forschungstätigkeit und bezieht sich auf die Wirkung des Alters beim "gerichteten Vergessen". Sind die in den ersten beiden Experimenten gefundenen Ergebnisse, die die Altersdifferenzen in Bezug auf den DF-Effekt betreffen, nur in Abhängigkeit von dem verwendeten stereotypen Material gültig? Diese Problemstellung steht beispielhaft für eine Vielzahl von weiteren Fragen, die sich während der Auseinandersetzung mit dieser Thematik ergeben haben.

Am Anfang einer Untersuchung, die sich mit Stereotypen beschäftigt, muss die Definition dieses Begriffes stehen. Wie der Terminus Stereotyp von verwandten Begriffen abgegrenzt wird, welche Funktionen man ihm zuschreibt, wie entsprechende Kategorisierungsprozesse ablaufen, und welche Stereotype besondere Beachtung in der Forschung erfahren, ist Gegenstand des zweiten Kapitels dieser Arbeit.

Kapitel 3 beschreibt die Prozesse der sozialen Urteilsbildung. Hier werden explizit einige Modelle vorgestellt, so z. B. von Brewer (1988), von Fiske und Neuberg (1990), von Devine (1989), von Wegner (1992) sowie das Drei-Ebenen-Modell von Bodenhausen und Macrae (1998). Diese Modelle legen unterschiedliche Schwerpunkte bzgl. der maßgeblichen Faktoren der Urteilbildung im sozialen Kontext. Anhand der Reihenfolge, in der die Modelle dargestellt werden, wird deutlich, dass ihre Überlegungen aufeinander aufbauen, und somit wird die Theorienentwicklung auch im zeitlichen Kontinuum und ihrer zunehmenden Komplexität widergespiegelt.

Kapitel 4 beschäftigt sich mit der Einstellung zu älteren Menschen und dem Alterstereotyp innerhalb der Kognitionsforschung. Da man von Stereotypen durchaus im Sinne von kognitiv repräsentierten Annahmen von Personen sprechen kann, wird auf die verschiedenen Variablen eingegangen, die hierauf Einfluss nehmen können.

Anschließend werden in Kapitel 5 einige ausgewählte Forschungsergebnisse vorgestellt, die sowohl im Hinblick auf die Verarbeitung stereotypgeleiteter Informationen als auch mit Blick auf die eigene Arbeit den augenblicklichen Forschungsstand aufzeigen. Dies gilt vor allem für die Studie von Hense et al. (1995), die sich mit impliziten Erinnerungseffekten in Bezug auf das Alterssereotyp auseinandersetzt, sowie für die Studien von Macrae et al. (1996; 1997), die sich schwerpunktmäßig mit einer weiteren Dimension der Stereotypenforschung beschäftigen, dem Unterdrückungsmechanismus, der auch in ihren weiteren Studien eine elementare Rolle spielt.

Das 6. Kapitel gibt einen Überblick über das empirische Programm in Bezug auf die ersten beiden Experimente. Von besonderem Interesse ist dabei der Einfluss von stereotypgeleiteter Information auf die Einstellungsbeurteilung. Inwieweit werden ältere Arbeitssuchende bei der Einstellung benachteiligt? Genügen bereits altersbesetzte Adjektive, die in ein Bewerbungstranskript einfließen, um schlechter beurteilt zu werden als vermeintlich jüngere Kandidaten? Inwieweit ist die Beurteilung des Bewerbers abhängig vom Alter des Beurteilenden? Können mittels eines DF-Paradigmas bestimmte Informationen daran gehindert werden, in die Beurteilung miteinzufließen? Antworten auf diese Fragen sollen die in Kapitel 6 dargestellten Experimente liefern.

Das 7. Kapitel setzt sich intensiv mit dem zweiten Schwerpunkt dieser Arbeit auseinander. Hierbei stehen die Fragestellungen im Vordergrund, welche Besonderheiten und Veränderungen sich im Alter in Bezug auf das Gedächtnis zeigen. Das besondere Augenmerk gilt hierbei dem directed-forgetting-Paradigma und seinen Auswirkungen auf ältere Menschen. Dabei wird der derzeitige Forschungsstand zu diesem Thema referiert, und die eigenen Forschungsergebnisse zu impliziten und expliziten Erinnerungstests der unterschiedlichen Altersgruppen werden dargestellt.

Im Zentrum des 8. Kapitels steht der zweite Teil der empirischen Arbeit. Es werden die Ergebnisse der Experimente 3 und 4 vorgestellt, in denen die Gültigkeit der in den ersten beiden Untersuchungen gefundenen Hinweise nun in Bezug auf neutrales Material unter Einbeziehung des selben Paradigmas geprüft wurden. Dabei erfolgte eine Testung des DF-Paradigmas an jüngeren und älteren Versuchsgruppen mit neutralem Material, um die Ergebnisse der ersten beiden Experimente abzusichern und interpretierbar zu machen.

Eine Diskussion der gesamten Befundlage sowie einige resümierende Bemerkungen schließen die Arbeit in Kapitel 9 ab.

2 Stereotype

Eine etymologische Betrachtungsweise des Begriffes „Stereotyp" ergibt, dass diese Bezeichnung – ebenfalls wie der Begriff „Klischee" - ihre Herkunft im Bereich der Druckereitechnik hat. So stand „Stereotyp" für ein Verfahren, das es ab 1796 ermöglichte, ganze Zeilen und Seiten aus einem Stück zu gießen, anstatt einzelne Buchstaben zu einer Druckplatte zusammenzufügen. Dieses Verfahren ist heute jedoch veraltet, der Begriff ist aber erhalten geblieben (EGONET.de, 1999).

Zu einer späteren Zeit hält die Bezeichnung "Stereotyp" Einzug in die Terminologie der Psychiatrie. „Stereotyp" wird hier für eine pathologische Störung benutzt, die sich in Form von anhaltenden repetitiven Verhaltenssequenzen äußert. In der Sozialwissenschaft erfährt der Terminus „Stereotyp" dann durch Lippmann eine neue Qualität. Die heutige sozialwissenschaftliche Stereotypieforschung lässt sich weiter ausdifferenzieren, wobei der Schwerpunkt im kognitiven Bereich zu liegen scheint, vor allem, wenn man die Vielzahl der Studien zum Thema "Stereotypie" (vgl. Hamilton & Trolier, 1986; Hamilton & Sherman, 1994) betrachtet. Es geht hier in zentraler Weise um die kognitiven Prozesse in Bezug auf stereotypgeleitetes Denken und Urteilen. Diese gilt es deshalb im Folgenden etwas näher zu beleuchten.

2.1 Der Begriff des Stereotyp

Es ist nicht unproblematisch, den Terminus „Stereotyp" präzise und eindeutig zu definieren. Lippmann, der von "Bildern in unseren Köpfen" sprach, hat den Stereotypbegriff relativ weit gefasst. Andere Definitionen, die Begriffe wie "Übergeneralisierung" oder "Fehlbeurteilung" fokussieren, sind weniger hilfreich, da durch sie zu wenig zwischen allgemeinen Urteilsprozessen und Stereotypen differenziert wird (Tajfel, 1969; Rehm, 1986).

Modernere Begriffsbestimmungen wählen oftmals den Weg der abstrakten Erklärung:

„stereotypes are beliefs about the characteristics, attributes and behaviors of members of certain groups" (Hilton & von Hippel, 1996:240)

Stereotype als Sonderfall der "beliefs" anzusehen, ist in der sozialpsychologischen Forschung weit verbreitet (vgl. Ashmore & Del Boca, 1981; Gardner, 1994). Somit könnte man ein Stereotyp als *„Wahrscheinlichkeitsurteil über das Bestehen einer Verbindung zwischen einem Objekt und einem Attribut"* (Stroebe, 1985:5) bezeichnen, wobei eine Abgrenzung zu anderen *„beliefs"* dadurch erfolgt, dass sich der Begriff „Stereotyp" auf soziale Gruppen oder auf die ihnen zugeordneten Personen bezieht.

In der „social cognition "- Forschung definieren Hamilton und Trolier den Begriff des Stereotyps als *„a cognitive structure, that contains the perceiver's knowledge, beliefs and expectancies about some human group* (Hamilton & Trolier, 1986:133).

Hamilton und Sherman spezifizieren dies im folgenden: *„Stereotypes are abstract knowledge structures linking a social group to a set of traits or behavioural characteristics. As such, stereotypes act as expectancies that guide the processing of information about the group as a whole and about particular group members* (Hamilton, Sherman & Ruvolo, 1990). *In addition to these generalized expectancies, one's knowledge about particular group members (or exemplars) also may influence judgments about groups and their members"* (Hamilton & Sherman, 1994:3). Diese Definition hat einen hohen allgemeingültigen Charakter und wird infolgedessen von vielen Wissenschaftlern als theoretische Basis für ihre Forschungsarbeit anerkannt (vgl. Dovidio & Gaertner, 1986; Brewer, 1988; Devine, 1989; Fiske & Neuberg, 1990; Gilbert & Hixon, 1991; Macrae, Milne & Bodenhausen, 1994; Blair & Banaji, 1996; Kruglanski, 1996).

Eine differenziertere Begriffsbestimmung geben Hippel, Sekaquaptewa und Vargas: *„Along with many social psychologists, we hold the view that a stereotype is a consensual belief held by members of one group concerning the characteristics of members of another group. A stereotype is more than just this, however, in that it is also a theory about how members of another group look, think, and act......this theory may be represented in a variety of fashions: as a social category, a network, or even perhaps a vast collection of instances..."* (Hippel, Sekaquaptewa & Vargas, 1995:178).

Stereotype ermöglichen es uns somit, aus einer eingehenden Informationsflut mit Hilfe kognitiver Strukturen sozial relevante Informationen zu verarbeiten, indem ein vereinfachendes Abbild komplexer Zusammenhänge geschaffen wird.

2.1.1 Gegenüberstellung der Begriffe Stereotyp, Vorurteil und Einstellung

Die Definienda Stereotyp und Vorurteil zeigen beide ausschließlich Relevanz in Bezug auf soziale Gruppen, wohingegen der Terminus "Einstellung" weiter gefasst werden kann. "Einstellung" meint eine bewertende Stellungnahme gegenüber einer Person, einer Institution, aber auch gegenüber einem sozialen Prozess, so er nun im religiösen Bereich oder auch in der Gentechnologie angesiedelt sein könnte (Staedler, 1998). Das heißt, jeder von uns hat anderen Menschen, Objekten oder

9

Sachverhalten gegenüber eine Bewertungs- und Verhaltenstendenz. Dem entsprechend bezeichnet Baron Einstellungen als *„relatively enduring organizations of feelings, beliefs and behavior tendencies toward other persons, groups, ideas or objects"* (Baron, 1977:147). Greenwald und Banaji (1995) definieren Einstellungen zudem als *„favorable or unfavorable dispositions toward social objects"* (Greenwald & Banaji,1995:7).

Vorurteile und Stereotypen haben die Gemeinsamkeit, dass sie sich auf soziale Gruppen beziehen, wobei der Vorurteilsbegriff aber wesentlich durch seinen normativen, moralischen Gehalt mitbestimmt wird. Als Vorurteile erscheinen somit soziale Urteile, die gegen anerkannte, normierte Wertvorstellungen verstoßen (Bergmann, 2001). Vorurteile können demnach betrachtet werden als konsistent negative Einstellungen gegenüber einer Gruppe oder einem Menschen, den man dieser Gruppe zuordnet. Das heißt, es handelt sich um kognitive Strukturen, wobei soziale Kategorien mit vermuteten negativen Eigenschaften verbunden werden und zu gefühlsmäßigen Reaktionen führen. Vorurteile lenken die Aufmerksamkeit auf bestimmte Aspekte und sind somit leicht abrufbar. Dies impliziert, dass sie einen großen Einfluss auf die soziale Informationsverarbeitung haben (z.B. Stangor, Thompson & Ford, 1998).

Ein weiterer Aspekt der Abgrenzung ist darin zu sehen, dass Einstellungen häufig als ein mehrdimensionales System konzipiert werden, wobei kognitive, affektive und handlungsintentionale Komponenten eine Rolle spielen (Klauer, 1991). Ein Charakteristikum von Vorurteilen dagegen ist ihr fast ausschließlich affektiver Gehalt. In Abgrenzung hierzu stellen Stereotype eher den kognitiven Aspekt in den Vordergrund. Auch spielt die "Generalisierung" in Bezug auf das Stereotyp eine wichtige Rolle: Gemeint ist die Verallgemeinerung der Wahrscheinlichkeitsurteile, die eine Verbindung zwischen Personen und Attributen herstellen, und zwar in Bezug auf alle Individuen, die einer Gruppe oder einer Kategorie zugeordnet werden können. So ist beispielsweise die Aussage, "Saarländer sind Halbfranzosen" ein Stereotyp, das ein Wahrscheinlichkeitsurteil abgibt über die Konjunktion des Objekts (Saarländer) und dem Attribut „Halbfranzose". Dies bedeutet, alle Personen, die der betreffenden Kategorie zugeordnet werden, werden entsprechend dieser Zuordnung generalisiert beurteilt (Ganter, 1997). Mit anderen Worten: *„stereotypes are generalizations based on the membership to a category, i.e. beliefs that derive from the inference that all members of a given category share the same properties and are, therefore, interchangeable"* (Leyens, Yzerbyt & Schadron, 1994:17; vgl. McCauley, Stitt & Segal 1980:196). In diesem Zusammenhang sollte zwischen den Begriffen Autostereotyp und Heterostereotyp unterschieden werden. Aussagen können sowohl über Mitglieder der eigenen Gruppe (Autostereotypen) als auch über Mitglieder fremder Gruppen (Heterostereotypen) getroffen werden (Ganter, 1997).

Vorstellungen, die mit einem Stereotyp zusammenhängen, sind überwiegend nicht neutral, sondern schließen Wertungen ein, die auf die kategorisierten Objekte übertragen werden . Sie können sowohl positive wie auch negative Elemente beinhalten. Im Gegensatz dazu können Vorurteile als negativ affektgeladene Urteilsvoreingenommenheiten gesehen werden (Filipp & Mayer, 1999).

In Bezug auf Stereotype stellt sich die Frage, ob man Stereotype als Meinungen und Überzeugungen einzelner Individuen über Angehörige einer sozialen Gruppe (Ashmore & Del Boca, 1981:19) oder als *"societally shared beliefs"* (Stangor,1995:628) betrachten sollte. Ashmore und Del Boca (1981) trennen klar zwischen Stereotypen einzelner („stereotypes") und den kulturell geteilten Stereotypen („cultural stereotypes"). Folgerichtig stellt sich die Frage, ob Einigkeit über eine im Stereotyp vermutete Objekt-Attribut-Assoziation besteht (Ganter, 1997). Diesen

Sachverhalt greift auch Gardner auf, wenn er sagt: *"...it is evident that processes underlying judgements that individuals make on traits that are consensually attributed to an ethnic group may be very different from those underlying relatively idiosyncratic beliefs"* (Gardner, 1994:29; vgl. Brewer 1994: 322-325; Simpson & Yinger 1985:97).

Ebenso wird in der Fachliteratur die Problematik diskutiert, ob Stereotype sich auf allgemeine Merkmale oder auf distinkte Generalisierungen einer Gruppe beziehen. Auch wird die Frage aufgeworfen, welche dieser beiden Merkmale den höheren Informationswert besitzt. McCauley, Stitt und Segal (1980) gehen davon aus, dass die distinkten Generalisierungen der wichtigere Part seien, da sie einen größeren Informationsgewinn erbringen würden, während andere Forscher, z.B. Ashmore und Del Boca (1981), dem entgegenstellen, dass besonders allgemeine Generalisierungen in Bezug auf Stereotype von großer Bedeutung seien.

Zusammenfassend lässt sich sagen: Erstens, Stereotype können als Wahrscheinlichkeitsurteile über Merkmale, Eigenschaften oder Attribute von Individuen betrachtet werden, die sowohl positive wie auch negative Aspekte beinhalten, die bestimmten Gruppen zugeordnet werden aufgrund von kognitiven Kategorisierungsprozessen. Zweitens, Vorurteile sind dagegen eher durch ihren affektiven Gehalt bestimmt und beinhalten negative Wertungen gegenüber einer sozialen Gruppe und deren Mitglieder. Drittens, Einstellung ist der am weitesten gefasste Begriff und charakterisiert eine innere Verhaltensdisposition, bestehend aus kognitiven, affektiven und handlungsintentionalen Komponenten, die sowohl gegenüber sozialen wie auch nicht-sozialen Gegebenheiten bestehen kann.

2.1.2 Entstehung und Funktion von Stereotypen

Stereotype Wissens- und Denkstrukturen beeinflussen unsere Informationsverarbeitung. Sie vereinfachen unser Denken, indem sie Komplexität reduzieren. Stereotype erleichtern uns die Orientierung, erzeugen Erwartungen und liefern somit auch Handlungsanleitungen.

Wie nun entwickeln sich diese kognitiven Strukturen, die als Stereotype in unserem Wissensspektrum vorhanden sind?

Soziokulturelle Theorien gehen davon aus, dass soziales Lernen hierfür verantwortlich sei. Die kognitive Sichtweise fokussiert den Punkt der effizienteren Informationsverarbeitung. Stereotype entstehen durch die Zuschreibung physischer oder sozialer Merkmale zu bestimmten Gruppierungen. Das heißt, es werden Unterschiede anhand gruppenspezifischer Eigenschaftszuschreibungen vorgenommen. Diese bilden die Basis für Stereotype. Wir neigen alle eher dazu, einen Menschen als Repräsentant einer bestimmten Gruppe wahrzunehmen, denn als Individuum.

Warum dies so ist, wird von verschiedenen Forschern in sich ähnelnder Weise beschrieben. Wenn wir davon ausgehen, dass in jeder Sekunde unseres Daseins über 11 Millionen bit an Informationen auf unsere Sinnesorgane einstürmen, wird sehr schnell deutlich, warum wir Mechanismen entwickeln müssen, um zu einer effizienten Wahrnehmung und Verarbeitung von Informationen zu gelangen. Bestimmte Informationen müssen ignoriert werden (Datenmüll), andere Informationen werden vereinfacht, indem z. B. Personen nicht als Individuen betrachtet werden, sondern bestimmten Kategorien von personellen Gruppen zugeordnet werden. Allport (1954) beschreibt dieses Phänomen als *„principle of least effort“*, das Benutzen von Stereotypen, um eine geringe Informations-verarbeitungsbelastung zu gewährleisten.

Fiske und Taylor (1991) benutzen den symbolhaltigen Ausdruck des *„cognitive miser"* (kognitiver Geizhals). Zahlreiche andere Wissenschaftler bestätigen die Auffassung, dass Kategorisierung, und somit Stereotype, wichtig seien, um zu einer reduzierten Informationsverarbeitung zu gelangen (vgl. Brewer, 1988; Fiske & Neuberg, 1990; Macrae, Milne & Bodenhausen, 1994).

Ein weiterer Vorteil der Kategorisierung von Information liegt in der Tatsache begründet, dass hohe Selbstachtung von der Zugehörigkeit zu einer positiv bewerteten Gruppe abhängt (Tajfel & Turner, 1979). Dies führt dazu, dass es im eigenen Interesse eines Gruppenmitgliedes liegt, die eigene Gruppenmitglieder positiver einzuschätzen als beispielsweise die Angehörigen einer anderen Gruppe (Outgroup-Homogeneity-Effekt).

Kategorisierungen dienen auch der Orientierung in unübersichtlichen Situationen und Verhältnissen. Stereotype stellen hier eine gewisse Eindeutigkeit her, reduzieren Unsicherheit und können somit die Herstellung und Aufrechterhaltung von Selbstwertgefühl sichern. Andererseits stellt die funktionale Stärke des Stereotyps, nämlich die Vereinfachung der Informationsverarbeitung, auch die Dysfunktionalität des Konzeptes dar. Stereotypes Urteilen erfolgt nicht auf der Basis der differenzierten Betrachtung des Individuums und seiner Eigenschaften, sondern aufgrund seiner Gruppenzugehörigkeit und der damit verbundenen Eigenschaftszuschreibung.

2.1.3 Einflussvariablen

Jedes Individuum zeichnet sich durch eine Merkmalsvielfalt aus. Nach welchen Kriterien aber wird ein Mensch einem bestimmten Stereotyp zugeordnet? Welche Einflussvariablen spielen dabei eine Rolle?

Zunächst besteht die Tendenz, eine Person aufgrund sehr einfacher und schnell erkennbarer Kategorien einer Gruppe zuzuordnen. Beispiele hierfür wären die Kategorien "Geschlecht" und "Rasse". Bei einem solchen Prozess spricht man von der starken Salienz eines Merkmals und dem damit verbundenen Informationsgehalt. Die Anwendung dieser einfachen Kategorien kann automatisiert erfolgen, da sie in der Regel schon sehr häufig aktiviert wurden und damit leicht verfügbar und zugänglich werden (Higgins, Bargh & Lombardi, 1985).

Das in einem bestimmten Kontext besonders hervorstechende Merkmal bezeichnet Stroessner (1998) als die „Nicht-Normalität" eines Merkmals. Es erlangt durch seine Auffälligkeit besondere Aufmerksamkeit und bestimmt somit die soziale Kategorisierung. Der Begriff der Distinktheit eines Merkmals kommt zum Tragen, wenn sich beispielsweise alte Menschen in einer Diskothek befinden, in der sich überwiegend junge Menschen aufhalten.

Studien (Stroessner & Mackie, 1993) belegen auch, dass die Stimmung die Qualität der Informationsverarbeitung beeinflusst. So führt positive Stimmung zu einer oberflächlichen und damit eher stereotyp-geleiteten Informationsverarbeitung. Befindet sich eine Person aber in schlechter Stimmung, neigt sie eher zu einer analytischen Betrachtungs-weise, die eine stärker individuen-zentrierte Informationsverarbeitung begünstigt.

Auch das Vorhandensein einer geringen Verarbeitungskapazität hat Einfluss auf die Informationsverarbeitung. Sollen sozial relevante Informationen über ein Individuum unter eingeschränkter kognitiver Kapazität bearbeitet werden, so geschieht dies in Form von gruppen-bezogenen Informationseinheiten und nicht auf der Basis von individuell zugeschriebenen Informationen (Rothbart, Fulero, Jensen, Howard & Birrell, 1978). Die automatische Stereotypaktivierung und –anwendung wird durch kognitive Belastung verstärkt bzw. begünstigt (vgl. Devine, 1989; Gilbert & Hixon, 1991; Macrae, Milne & Bodenhausen, 1994). Dies erscheint logisch, da schon mehrfach erwähnt wurde, dass der Vorteil der stereotypgeleiteten Informationsverarbeitung in der kognitiven Entlastung gesehen werden kann. Eine geringe Verarbeitungskapazität könnte zum Beispiel durch Zeitdruck, durch gleichzeitige Bearbeitung mehrerer Aufgaben etc. operationalisiert werden. Abrams und Masser (1998) zeigen in ihren Untersuchungen, dass eine verringerte Verarbeitungskapazität auch tatsächlich zu einer stereotypgeleiteten Informationsverarbeitung führt. Dass begrenzte kognitive Kapazität zu kategoriengeleiteter Urteilsbildung führt, konnte auch in anderen Untersuchungen gezeigt werden (Brewer, 1988; Bodenhausen & Lichtenstein, 1987; Fiske & Pavelchak, 1985).

Stereotype müssen jedoch zunächst einmal aktiviert werden, bevor sie wirksam werden können. Ausgangspunkt ist die Tatsache, dass Menschen eine beobachtete Person aufgrund eines Merkmals in eine bestimmte Kategorie einordnen. Stereotype erzeugen dann einen Rahmen, innerhalb dessen die Informationsverarbeitung abläuft. Die Informationen, die sich mit dem Stereotyp decken, also kongruent sind, können schneller und effizienter verarbeitet werden. Außerdem besteht die Tendenz, stereotypkongruente Informationen aktiv aufzusuchen. Ihre Zugänglichkeit wird gefördert, während inkongruente Informationen gehemmt oder sogar ignoriert werden können.

Wir haben also auf der einen Seite eine erleichterte Verarbeitung für stereotypkonsistente Informationen und auf der anderen Seite hemmende Effekte bei der Verarbeitung für inkonsistentes Material (Bodenhausen & Macrae, 98). Dieser zweigeteilte Mechanismus erlaubt somit eine ökonomische, stereotypgeleitete Eindrucksbildung. Diese These wird auch durch empirische Untersuchungen gestützt (vgl. Bargh, 1997; Devine, 1989).

2.1.4 Stereotyprepräsentationen

Auf welche Art und Weise Stereotype als kognitive Struktur gespeichert und repräsentiert werden, ist für die Forschung vor allem dann wichtig, wenn es um Prozesse der Aktivierung und Anwendung von Stereotypen geht.

Im Folgenden sollen deshalb kurz vier verschiedene Ansätze zu dieser Frage referiert werden: die sogenannten impliziten Persönlichkeitstheorien, der Prototypen-Ansatz, der Examplar-Ansatz und die integrativen Ansätze.

Implizite Persönlichkeitstheorien (IPT)

Dieser theoretische Ansatz macht bestimmte Annahmen über den Zusammenhang von Verhalten und Persönlichkeit (Ashmore, 1981). Durch partielle Kenntnisse über die Person, z.B. in Form einer Eigenschaft, werden Analogien bezüglich anderer Eigenschaften hergestellt, obwohl diesbezüglich kein de facto Wissen vorhanden ist (Hamilton & Sherman, 1994). IPT –Ansätze betrachten die Struktur beziehungsweise die Dimensionalität von Stereotypen. Das heißt, ein Individuum wird aufgrund eines Merkmals einer bestimmten Kategorie zugeordnet, und infolgedessen werden alle kategorientypischen Eigenschaften auf diese Person übertragen.

Der Nutzen der IPT- Ansätze liegt in der Erfassung der dimensionalen Stereotypenstruktur aufgrund von hierarchischen

17

Clusterverfahren. Die impliziten Persönlichkeitstheorien können jedoch keinen Beitrag zu Fragen der Stereotypaktivierung oder der kognitiven Repräsentation liefern.

Prototypenansatz

Die Prototypen-Repräsentation impliziert, dass im Gedächtnis für soziale Gruppen eine abstrakte Repräsentation vorhanden ist, in der die typischen Merkmale der Gruppe vereinigt sind (Stereotyp). Die Abstraktionen könnten auf vielfältige Art und Weise in die Wissensstruktur des einzelnen übernommen worden sein. Hier spielen persönliche Erfahrungen, soziales Lernen und auch die mediale Vermittlung eine Rolle.

Vor der Stereotypaktivierung muss eine Kategorisierung stattfinden. Ob die einzuordnende Person in die Kategorie passt, hängt vom Vergleich des betrachteten Individuums mit dem „Kategorienprototyp" zusammen. Je höher die Übereinstimmung, desto wahrscheinlicher erfolgt die Zuteilung zu der entsprechenden Kategorie und damit verbunden die Stereotypaktivierung. Eine Kategorisierung kann so aufgrund eines einfachen, salienten Merkmals geschehen und automatisiert ablaufen (Brewer, 1988). Der Prototypen-Ansatz geht davon aus, dass aufgrund dieser ablaufenden Prozesse die Kenntnisse, die bei der Wahrnehmung einer Person entstehen, zu einem großen Teil vernachlässigt werden.

Exemplar-Ansatz

Diesen Ansatz beschreiben Smith und Zarate, wenn sie ausführen:

„...the perceiver has many cognitive representations of persons (exemplars). Each representation includes not only encoded perceptual attributes of the person but also the perceivers inferences, attributions and reactions." (Smith & Zarate, 1992:4)

Stereotype werden also nicht als abstrakte Vorstellungen einer Kategorie gesehen, sondern eine Vielzahl von aktivierten Vertretern (aktivierte Exemplare) einer Kategorie bilden das Stereotyp. Diese Modellannahme basiert einerseits auf der Repräsentation von Exemplaren, andererseits muss eine Aktivierung der Kenntnisse von Exemplaren einer Kategorie, bzw. deren Nutzung, nicht bewusst ablaufen (Smith & Zarate, 1990).

Integrative Ansätze

Integrative Ansätze verbinden abstrakte und exemplarische Repräsentation in einem Modell, um somit die Schwächen des Exemplar-Ansatzes und des Prototypen-Ansatzes auszuschalten bzw. zu minimieren. Gefragt wird, unter welchen Bedingungen die Verarbeitung eher prototyporientiert bzw. eher exemplar-orientiert abläuft.

Prototyporientierte Kategorisierung findet dann statt, wenn ein Prototyp zu einem früheren Zeitpunkt erlernt wurde (Smith & Zarate, 1990). Ist dies nicht der Fall, wird auf einen Vertreter der Kategorie zurückgegriffen.

Zu einer differenzierten individuumsbezogenen Verarbeitung der Information kann es nur kommen, wenn keine Kategorien für die Einordnung zur Verfügung stehen bzw. wenn andere Faktoren, wie z.B. Zeit oder Motive, eine hohe Gewichtung erfahren.

2.1.5 Operationalisierungen und Messverfahren

Die Katz-Braly-Methode

Ein Messverfahren, das sehr häufig eingesetzt wird, um Stereotype zu operationalisieren und zu messen, ist die Katz-Braly-Methode. Sie wird als Eigenschaftslisten-Verfahren bezeichnet und misst individuelle Eigenschaftszuschreibungen bestimmter sozialer Gruppen (Katz & Braly, 1933). In ihrer Studie führten die Autoren eine Untersuchung an 100 Studenten der Princeton Universität durch. Diese sollten aus einer bereits erstellten Liste von 84 Adjektiven diejenigen auswählen, die sie im Hinblick auf unterschiedliche ethnische Gruppen als passend erachteten. Beim ersten Durchgang durften beliebig viele Merkmale ausgesucht werden, während in einem zweiten Durchgang eine Beschränkung der Auswahl auf fünf Merkmalszuschreibungen erfolgen sollte, die als besonders charakteristisch angesehen wurden. Im nächsten Schritt wurde eine Rangliste erstellt, die aus den 12 am häufigsten genannten Eigenschaftszuschreibungen bestand, und dieses Ergebnis werteten die Autoren dann als Stereotyp für eine bestimmte ethnische Gruppe .

Warum diese Katz-Braly-Methode auch heute noch genutzt wird, beschreibt Gardner (1994:7) wie folgt:

„The obvious advantage of this technique is its simplicity. It is easy to administer and easy to interpret, at least at the group level." Der hier genannte Vorteil der Einfachheit kann aber auch als Nachteil gewertet werden. Folgerichtig bezieht sich die am meisten geäußerte Kritik an der Methode von Katz-Braly auf diese „Simplizität" und die damit verbundenen mangelnden Differenzierungsmöglichkeiten (vgl. Rehm, 1986; Schäfer, 1988; Devine & Elliot, 1995). Weitere Kritikpunkte betreffen die potentiellen Antwortverzerrungen, zum Beispiel in der Form

von sozial erwünschten Antworten oder Positionseffekten. Eine zusätzliche Problematik besteht wohl hinsichtlich der Ermittlung von Artefakten aufgrund der „forced-choice-Situation" und den doch sehr eingeschränkten Antwortmöglichkeiten. Zudem werden die jeweiligen Probanden   mehr oder minder explizit aufgefordert, Generalisierungen zu erstellen.

Die Brigham-Methode

In Brighams "percentage rating" sollen subjektive Vorstellungen über die Häufigkeitsverteilung   bestimmter   Eigenschaftszuschreibungen   für kategorienbesetzte Gruppen erhoben werden.

Im Unterschied zur Katz-Braly-Methode   geht es nicht nur darum, typische Eigenschaftszuschreibungen vorzunehmen, sondern darüber hinaus eine Einschätzung vorzunehmen, wie hoch der prozentuale Anteil der Personen ist, denen dieses Merkmal innerhalb der Gruppe zugeordnet werden kann. Somit wird es möglich, einen "stereotyping score" zu berechnen, der zumindest auf der Ebene der Befragten eine Aussage über die Intensität der Stereotype trifft.

Obwohl die Brigham-Methode differenzierter zu sein scheint als die Katz-Braly-Methode, kommen   beide Verfahren gemäß Stroebe und Insko (1989) zu ähnlichen Ergebnissen und hohen Korrelationen.

Die Methode des "semantischen Differentials"

Hofstätter hat die Methode   des semantischen Differentials in der Stereotypenforschung durch das "Polaritätsprofil" eingeführt. Im englischen Sprachraum wurde die "Gardner-Method", die einen vergleichbaren Ansatz im Hinblick auf das Stereotypendifferential verfolgt, bekannt.

Hofstätter und Gardner (Hofstätter, 1986; Gardner, 1994) arbeiteten mit Adjektivpaaren. Die Probanden sollten auf einer siebenstufigen rating-scale eine Einschätzung abgeben, inwieweit eine Personengruppe am besten durch die abgegebene Einstufung eines Adjektivs repräsentiert würde. Hierbei bestand auch die Möglichkeit einer neutralen Bewertung durch die Wahl der mittleren Position. Ob und in welchem Maße eine Eigenschaftszuschreibung als typisch für eine Gruppe betrachtet werden konnte, wurde durch einen Mittelwertsdifferenztest für alle Probanden festgestellt. Die Vorzüge der drei beschriebenen Verfahren liegen zweifelsohne in der Ökonomie ihrer Durchführbarkeit. Allerdings gehen mit diesem Vorzug auch zwei nicht unerhebliche Nachteile einher, einmal die Beschränkung der Antwortmöglichkeiten und zum zweiten ein relativ hoher Anteil von "response errors", z. B. durch die Tendenz, in sozial erwünschter Weise zu antworten.

Gerade dieses Phänomen der sozial erwünschten Antworten stellt ein Problem innerhalb der Stereotypenforschung dar. Eine Möglichkeit, potentielle Antwortverzerrungen im angesprochenen Sinn zu minimieren, versucht das Bogus-Pipeline-Paradigma zu erreichen .

Das Bogus-Pipeline-Paradigma

Das Bogus-Pipeline-Paradigma setzt genau am Kritikpunkt der Antwortverzerrung an, wobei davon ausgegangen wird, dass insbesondere die Befragung hinsichtlich der Stereotypisierung leicht zu verfälschten Ergebnissen führen könne. Viele Befragte könnten sich scheuen, ihre "wahre" Einstellung, beispielsweise zu bestimmten ethnologischen

Gruppen, zu zeigen, wenn sie davon ausgehen würden, dass ihre Antwort sozial unerwünscht sei. Deshalb müsste davon ausgegangen werden, dass die Antworten der Probanden oftmals im Sinne sozialer Erwünschtheit gegeben würden.

In Untersuchungen mit dem Bogus-Pipeline-Paradigma wurde den Versuchspersonen mitgeteilt, sie würden an einen Elektromyograph (EMG) angeschlossen, der wie ein "Lügendetektor" erfassen könnte, ob ihre Antworten wahrheitsgemäß erfolgen würden oder nicht. Unter der Bedingung EMG wurden dann auch Angehörige der schwarzen Bevölkerungsgruppe anders charakterisiert als Weiße.

Interessant ist hierbei vor allem der Befund, dass die Bewertung der beiden ethnologischen Gruppen unter einer „Rating" Bedingung fast gleiche Werte aufwies. Vergleicht man jedoch die EMG-Bedingungen mit-einander, zeigten sich sehr große Unterschiede (Sigall & Page, 1971). Es liegt nahe, diese Ergebnisse im Sinne der bevorzugten Abgabe sozial erwünschter Antworten unter der Rating-Methode zu interpretieren. Vergleichbare Untersuchungen erbrachten ebenfalls Wechselwirkungen zwischen Methode und Ergebnis (vgl. Wagner & Zick, 1995).

Trotz des offensichtlichen Vorteils des Bogus-Pipeline-Paradigmas, der in der Reduktion von Antwortverzerrungen besteht, dürfte dies wahrscheinlich nicht zu einem verstärkten Einsatz dieser Methode führen. Gründe hierfür sind in der zu hohen Aufwendigkeit des Verfahrens zu sehen. Besonders, wenn große Versuchspersonenzahlen untersucht werden sollen, dürfte sich dieses Verfahren als sehr unökonomisch erweisen. Des Weiteren muss hinterfragt werden, ob sich alle teilnehmenden Probanden durch den „angeblichen" Elektromyographen werden täuschen lassen, beziehungsweise, ob dessen vorgetäuschter Einsatz moralisch vertretbar ist.

Abgesehen von den eben aufgezählten Kritikpunkten handelt es sich auch bei diesem Paradigma, genau wie bei den

traditionellen Messverfahren, um vorgegebene Eigenschaftszuschreibungen. Aus diesen Gründen hat sich das Bogus-Pipeline Verfahren auch
als Messmethode nicht durchgesetzt, obwohl dieses Paradigma seit circa 30
Jahren bekannt ist.

Lexical decision task

Die Entwicklung neuerer Verfahren zur Erfassung von Stereotypen
integriert die kognitionspsychologische Sichtweise. Stereotype können als
abstrakte, kognitive Repräsentationen von sozialen Gruppen betrachtet
werden. Das Stereotyp ist also ein „belief" - bezogen auf eine soziale
Gruppierung. Damit verbunden stellt sich aus kognitionspsychologischer
Sicht die Frage, wie stark die kognitive Verknüpfung zwischen der
Eigenschaftszuschreibung und der zugewiesenen Kategorie ist. Der so
ermittelte Inhalt eines Stereotyps kann mittels einer spezifischen Variante
der lexical decision task gemessen werden.

In Analogie könnte die Vorgehensweise wie folgt skizziert werden:
Einer Anzahl von Probanden werden Wortpaare gezeigt. Das erste Wort
wird ein Geschlechtskonzept betreffen, d.h. es wird entweder "weiblich"
oder "männlich" lauten. Das zweite Wort wäre dann ein Attribut oder ein
sinnloser Ausdruck. Aufgabe der Versuchspersonen wird es sein,
möglichst schnell zu entscheiden, ob beide Stimuli sinnvolle Wörter
darstellen.

Es kann davon ausgegangen werden, dass im Falle einer "Passung"
von Kategorie und Attribut eine schnelle Verarbeitung stattfindet. "Passen"
bedeutet hier eine Übereinstimmung der Wahrnehmung mit einer bereits
vorhandenen Kategorie-Attribut-Assoziation. Dies müsste sich dann in
einer schnelleren Reaktionszeit niederschlagen. Entsprechende

Untersuchungen mit der lexical decision task sind z.B. in Bezug auf Rassenstereotype durchgeführt worden (vgl. Gaertner & McLaughlin, 83; Gaertner & Dovidio, 1986).

Das Priming-Paradigma

Bei der Priming-Prozedur wird zunächst eine soziale Kategorie benannt. Anschließend wird ein Adjektiv gezeigt. Die Probanden haben daraufhin möglichst schnell zu entscheiden, ob das angegebene Attribut zu der vorher aktivierten Kategorie passt. Es wird davon ausgegangen, dass die Nennung der Kategorie eine Aktivierung der entsprechenden Kategorie nach sich zieht. Dies führt zu einer spezifischen Aufmerksamkeit für nachfolgende Reize, die zu einer kognitiven Repräsentation dieser Kategorie passen. Es wird angenommen, dass eine kurze Reaktionszeit als Hinweis auf eine bereits vorhandene starke Verknüpfung gilt. Folglich könnte das Attribut als Eigenschaftszuschreibung des Stereotyps der entsprechenden sozialen Gruppe betrachtet werden. Solche Priming-Paradigmen können in verschiedenen experimentellen Anordnungen umgesetzt werden (vgl. Banaji & Greenwald, 1994; Bargh, 1997; Perdue & Gurtman, 1990).

Sowohl bei der lexical decision task als auch bei der Priming-Prozedur werden, im Gegensatz zu den vorangehend beschriebenen Methoden, keine explizite Aussagen im Hinblick auf bewertende Einschätzungen für eine Person oder eine soziale Gruppe verlangt. Dies bedeutet, dass die zuletzt dargestellten Verfahren subtilere Möglichkeiten der Messung bieten und somit weniger verzerrte Reaktionen hervorbringen. Antworttendenzen zur sozialen Erwünschtheit könnten so wohl weitgehend vermieden werden. Da durch diese Methoden eine indirekte Messung stattfindet, können Schlussfolgerungen inhaltlicher Art ebenfalls nur indirekt erfolgen, indem anhand festgestellter Reaktionszeiten Aussagen zu der verfügbaren Vernetzung einer Kategorienbezeichnung und den damit verbundenen Merkmalen angenommen werden. Die mögliche Verringerung der Responseverzerrung ist aus kognitionspsychologischer Sichtweise begrüßenswert. Andererseits enthalten diese Methoden auch Aspekte, die einer kritischen Betrachtung unterzogen werden müssen. So kann nicht nachgewiesen werden, ob die mit diesen Methoden gewonnenen Befunde die eigene Einstellung der Befragten widerspiegeln, oder ob es sich um die Wiedergabe eines durch die Umwelt wahrgenommenen Stereotyps handelt, das allein durch seine Bekanntheit leichter zugänglich ist. Die Versuchsperson ist mit bestimmten stereotypbehafteten Aussagen erfahrungsgemäß schon öfter konfrontiert worden. Daher sind ihr diese Stereotype wohl bekannt, sie müssen aber nicht unbedingt ihre eigene Ansicht widerspiegeln. Mit anderen Worten ausgedrückt, erschwert diese Methodik die Differenzierung zwischen individuellen und konsensualen Stereotypen.

2.2 Zusammenfassung

Stereotype können als kognitive Repräsentationen im Hinblick auf soziale Gruppen gesehen werden. Auf der Basis salienter Merkmale wird eine Person aus Gründen der effizienteren Informationsverarbeitung einer sozialen Gruppe und somit auch einer Kategorie zugeordnet. Diese funktionale Stärke des Stereotyps, eine Vereinfachung der Informationsverarbeitung, zieht andererseits eine Dysfunktionalität des Stereotypenkonzeptes nach sich. Stereotypgeleitetes Urteilen bedeutet somit auch die undifferenzierte Betrachtung eines Individuums und beinhaltet dabei die Gefahr von Fehleinschätzungen.

Wird jedoch aufgrund von bestimmten Merkmalen einer Person eine Kategorienzuweisung vorgenommen, können beispielsweise die Variablen Salienz, Kontext, Stimmung des Betrachters, momentan vorhandene Verarbeitungskapazität, kognitive Belastung und Stereotypaktivierung mit involviert sein.

Implizite Persönlichkeitstheorien, der Prototypenansatz, der Exemplar-Ansatz sowie integrative Ansätze betonen jeweils unterschiedliche Formen der kognitiven Stereotyprepräsentation.

Jeder Ansatz beschreibt auf seine Art, wie ein Stereotyp als kognitive Struktur gespeichert ist und dabei auch die soziale Urteilsbildung beeinflusst. Verfahren zur Stereotypoperationalisierung und -messung können auf der einen Seite in direkte Techniken, wie die Katz-Braly-Methode, die Brigham-Methode, das Bogus-Pipeline-Paradigma und die Methode des semantischen Differentials, sowie auf der anderen Seite in indirekte Techniken unterteilt werden. Zu den neueren Paradigmen, beziehungsweise indirekten Techniken, zählt eine spezifische Form der lexical decision task und das priming-Verfahren. Diese modernen Verfahren haben bestimmte Vorteile gegenüber den traditionellen Paradigmen, da sie neue Wege bei der Erfassung der kognitiven Repräsentationen bezüglich sozialer Gruppen beschreiten. Andererseits bieten sie nicht die Möglichkeit, zwischen individuellen und konsensual geteilten Stereotypen zu unterscheiden.

3. Modelle der sozialen Urteilsbildung

Die im Folgenden dargestellten Modelle beschäftigen sich mit den unterschiedlichen Aspekten der sozialen Urteilsbildung. Die vier zu diskutierenden Modelle (Brewer, 1988; Fiske & Neuberg, 1990; Devine, 1989; Bodenhausen & Macrae,1998) bauen aufeinander auf und spiegeln den Theorienverlauf im Bereich der sozialen Urteilsbildung wider. Alle Modelle gehen davon aus, dass die Eindrucksbildung als mehrstufiges Prozessgeschehen dargestellt werden kann. Durch die Zuordnung bestimmter Merkmale einer Person zu einer bereits bestehenden Kategorie wird eine Stereotypaktivierung ausgelöst, die letztendlich zu einer Urteilsbildung führt. Welche Faktoren auf diesem Weg dazu beitragen, dass eher individuenzentrierte oder eher kategoriengeleitete Informationsverarbeitungsprozesse stattfinden, stellen diese Modelle auf unterschiedliche Weise dar.

3.1. Das Zwei-Phasen-Modell der Eindrucksbildung von Brewer

Interagieren mit der Umwelt bedeutet, dass bereits bestehendes Wissen über die Umwelt mit neu hinzu kommenden Informationen vermischt wird, wobei zwischen Objekten und Personen unterschieden wird. Die Wahrnehmung von Objekten geschieht mittels der Zuordnung nach definierten Objektkategorien. Brewer (1988) nun geht davon aus, dass die Wahrnehmung einer Person abhängig ist von dem bereits bestehenden Wissen und der neu hinzu kommenden Information. Zwischen diesen beiden Komponenten findet eine Interaktion statt. Das heißt, dass sich die sozial relevante Information an den bereits durch vorherige Erfahrungen gebildeten Kategorien orientiert, die in einer bestimmten Struktur geordnet sind. Brewer betont, dass unsere Umwelt eine derartige Komplexität besitzt, dass Informationsverarbeitung nur in seltenen Fällen personenbezogen vorgenommen wird. Viel wahrscheinlicher sei die kategorienbezogene Verarbeitung, da in der Regel nur eine begrenzte Verarbeitungskapazität zur Verfügung stünde. Besonders unter Belastung würden jegliche Informationen kategorienbezogen verarbeitet und gespeichert (Brewer, 1988). Die Informationsverarbeitung wird nach Brewer kategorienbezogen als top-down Prozess angesehen. Besonders bei einer sehr hohen Informationsmenge über eine bestimmte Person bestehe die Neigung, kategoriengeleitet zu verarbeiten. Ebenso geschehe dies, wenn eine wahrzunehmende Targetperson über besonders saliente Merkmale verfüge, so dass diese sehr schnell und einfach einer bestimmten Gruppe zugeordnet werden könnten. In diesem Fall würden auch mehr Informationen über diese Person erinnert, die kategorienkonsistent seien (Taylor, Fiske, Etcoff & Ruderman, 1978).

Unter bestimmten Bedingungen könnte jedoch ebenfalls eine personenbezogene Wahrnehmung stattfinden. Wird eine Targetperson wahrgenommen, erfolge sowohl die Identifikation als auch eine Relevanzprüfung in Form eines automatisch ablaufenden Prozesses. Wird festgestellt, dass die Targetperson für einen selbst keine Relevanz besitzt, werde die Informationsverarbeitung an dieser Stelle beendet. Ist jedoch das Gegenteil der Fall, erfolge eine bewusste Informationsverarbeitung.

Als nächster Schritt stellt Brewer die Frage nach der Selbstinvolviertheit. Ist keine Selbstinvolviertheit vorhanden, orientiert sich die Kategorisierung an Prototypen, die der Wahrnehmende abgespeichert hat. Wenn der Vergleich zwischen Targetperson und Prototyp einer Kategorie keine Zuordnung möglich macht, findet eine Individuation statt. Die Individuation ist laut Brewer ein Verarbeitungsschritt, der individuelle

Information berücksichtigt, jedoch nur im Hinblick auf bestimmte Merkmale, die mit einer Kategorie verbunden sind.

Wird die Selbstinvolviertheitsfrage jedoch positiv beschieden, beginnt der Prozess der Personalisation. Dieser braucht nicht auf Kategorien zurückzugreifen, da die Personalisation sich an personenbezogenen Informationen orientiert.

Im Modell der Eindrucksbildung werden zwei unterschiedliche Vorgehensweisen beschrieben: eine initiale "top-down" und eine bewusste "bottom-up" Verarbeitung. Des Weiteren spricht Brewer von "decision rules", das heißt, dass an bestimmten Stellen der Verarbeitung entschieden wird, ob die Informationsverarbeitung abgebrochen wird oder der nächste Schritt einzuleiten ist. Diese Informationsverarbeitung (siehe Tab.1) findet in vier Stufen statt

Stage processing	Knowledge structure	Cognitive
Identification	multidimensional space	automatic/nonconcious
Typing	pictoliteral prototypes	wholistic, nonverbal pattern matching
Individuation	category subtype or exemplar	feature differentiation
Personalization	individual schema propositional network	integration and elaboration

Tab.1: Dual process model of impression formation (Brewer, 1988:7)

Die Identifikation ist ein automatischer Prozess, der als erstes stattfindet, sobald ein neues soziales Objekt wahrgenommen wird. Die Nachweise dafür, dass einige soziale Informationen automatisch bearbeitet werden, stammen erstens von Studien, die die Schnelligkeit berücksichtigen, mit der bestimmte Urteile gefällt werden, und zweitens von Studien, die zeigen, wie schwierig es ist, Stimulusinformationen zu unterdrücken, die für die Bearbeitungsaufgabe irrelevant sind (Brewer, 1988).

Die zweite Stufe, die Brewer als "Typing" bezeichnet, wird ebenso wie die noch nachfolgenden Stufen als bewusster Prozess beschrieben. Nach der positiven Relevanzprüfung wird eine Informationsverarbeitung initiiert, die dann kategorienorientiert erfolgt, wenn keine Selbstinvolviertheit vorhanden ist. Das heißt, dass hier eine Stereotypisierung stattfindet. Folgt man Brewer weiter, so sind dazu zwei Bedingungen erforderlich: erstens, die Existenz eines Einstellungsmusters oder die mentale Repräsentation einer sozialen Kategorie und zweitens, die Klassifikation oder Kategorisierung eines Individuums als ein Mitglied dieser Kategorie (Brewer in: Macrae, Stangor & Hewstone,1996).

Die dritte Stufe wird involviert, wenn die Targetperson nicht in die Kategorie passt. Anhand der Personenmerkmale wird eine Individuation initiiert, die jedoch im Hinblick kategorienbezogener Merkmale vorgenommen wird. *„Individuation refers to encoding a specific object as a special instance of a more general type"* (Brewer,1988:21).

Die selten in Anspruch genommene vierte Stufe nimmt eine Personalisation vor. Dies geschieht, wenn per *„decision rule"* entschieden wird, dass eine Selbstinvolviertheit vorliegt. In diesem Fall wird nicht im Sinne der Verarbeitungskapazitätsersparnis gearbeitet, sondern die Informationsverarbeitung bezieht sich explizit auf personenbezogene Informationen.

3.2. Das Kontinuum-Modell der Eindrucksbildung

Einem anderen Ansatz folgen Fiske und Neuberg (1990), die in ihr Modell der Eindrucksbildung sowohl Ergebnisse der sozialen Kognitionsforschung wie auch traditionelle Forschungsergebnisse aus der Wahrnehmungs-psychologie integrieren wollen. Ausgangspunkt ihres Ansatzes ist die Überlegung, dass Menschen ihre Eindrücke über andere Personen durch verschiedene Prozesse bilden, die aber alle auf einem Kontinuum angeordnet sind, welches das Ausmaß reflektiert, das der Betrachter für ein bestimmtes Zielattribut nutzen kann. Auf dem einen Ende des Kontinuums sind die kategoriengeleiteten Prozesse zu sehen, die die Zugehörigkeit einer Zielperson zu einer Kategorie nutzen, um bestimmte Attribute der Zielperson auszuschließen. Am entgegen gesetzten Ende des Kontinuums befinden sich die Individualisierungsprozesse, die bestimmte Attribute der Zielperson nutzen, um eine Kategorienzugehörigkeit auszuschließen.

Dieses Modell betont, dass die Eindrucksbildung nicht ausschließlich den einen oder den anderen genannten Prozesstyp repräsentiert. Zudem impliziert das Kontinuum, dass die Unterscheidung zwischen diesen Prozessen eher eine graduelle als eine diskrete Abstufung darstellt.

Das Kontinuum-Modell geht grundsätzlich von fünf Prämissen aus:

Die erste Grundannahme des Modells postuliert, dass kategorienbezogene Verarbeitung Vorrang vor personenorientierter Informationsverarbeitung hat. Die zweite Prämisse beachtet die Leichtigkeit, mit der ein Beobachter die Attribute der Zielperson passend zu einer bereits vorhandenen Kategorie einordnen kann. Sollte der Betrachter nicht in der Lage sein, die Merkmalszuschreibungen der Zielperson einer geeigneten Kategorie zuzuordnen, wird infolge dessen ein verstärkt personenbezogener Verarbeitungsprozess in Gang gesetzt. Die dritte Annahme betrifft den Faktor Aufmerksamkeit. Fiske und Neuberg (1990) sprechen von Aufmerksamkeit als notwendigem Mediator, der die Art der Eindrucksbildung beeinflusst. So soll geringe Aufmerksamkeit zu einer eher kategoriengestützten Verarbeitung führen, während ein hoher Grad an Aufmerksamkeit personenbezogene Verarbeitung im Sinne einer individualisierten Eindrucksbildung stützt. Die vierte Grundannahme betont den Einfluss der Motivation auf die Resultate der Eindrucksbildung. In einer Situation, die besondere Interdependenzstrukturen aufweist, spielt die Motivation eine nicht unerhebliche Rolle als Handlungskriterium zum Erreichen des vom Betrachter gewünschten Ziels. Die Motivation, bestimmte Ergebnisse bei der Eindrucksbildung erreichen zu wollen, entscheidet darüber, inwiefern kategorienbezogene oder personenbezogene Informationsverarbeitung stattfindet. Die letzte Prämisse nun kombiniert die Einflussfaktoren Motivation, Aufmerksamkeit und Interpretation.

Die Informationsverarbeitung im Kontinuum-Modell wird von Fiske und Neuberg (1990) in seriell ablaufenden Instanzen beschrieben. Das Durchlaufen einer Instanz entscheidet, ob die nächste Instanz auch noch durchlaufen oder ob die Informationsverarbeitung abgebrochen werden soll. Am Anfang der sozialen Urteilsbildung steht die initiale Kategorisierung der Zielperson auf der Basis von bestimmten physischen Merkmalen, bestimmter expliziter Kategorienlabels oder Konfigurationen mehrerer kategorienkonsistenter Merkmale, welche eine bestimmte Kategorie aktivieren können. Das am meisten hervorstechende Merkmal der Zielperson wird hierbei für eine initiale Kategorisierung benutzt. Die basalen Kategorien beziehen sich dabei auf Alter, Geschlecht, Rasse und sozialen Status einer Person. Hat die beobachtete Person weiterhin eine Bedeutung für den Beobachter, schenkt er ihr Aufmerksamkeit. Er wird in erster Linie versuchen, stereotypkonsistente Information zu beachten. Wenn dies möglich ist, kommt es zu einer kategoriengeleiteten Informationsverarbeitung. Passen die neu aufgenommenen Informationen über die Zielperson jedoch nicht zur initial aktivierten Kategorie, so wird eine weitere Informationsverarbeitung in Form einer Rekategorisierung betrieben, das bedeutet entweder das Ausbilden einer Subkategorie oder die Zuweisung zu einer neuen Kategorie. Ist dies nicht möglich, sprechen Fiske und Neuberg von einer *„piecemeal integration"*, einer Stück für Stück integrierenden Verarbeitung aller Merkmale. Mit anderen Worten: Gelingt die Rekategorisierung nicht, erfolgt ein personenbezogener Eindrucksbildungsprozess. Das heißt, dass Kognitionen, Affekte und Verhalten gegenüber der Zielperson nun auf individuumsspezifischen Eigenschaften und nicht mehr auf einer bestimmten Kategorie gründen.

Interpretations- und aufmerksamkeitssteuernden Prozessen werden in diesem Modell eine große Bedeutung zugemessen, wobei diese ebenso wie die beachtete Information von motivationalen Aspekten des Betrachters beinflusst werden. Auch die Aktivierung von Stereotypen, die als ein mit der Kategorisierung verknüpfter Prozess betrachtet wird, unterliegt diesen motivationalen Einflüssen. Fiske und Neuberg äußern sich dazu folgendermaßen:

„ *But people also individuate under specifiable circumstances, as we will see, and they appear to have some control over these processes. In short, if perceivers create options to override their initial categorizations by paying more attention, as our model and supporting research indicate, then stereotyping is amenable to intentional control"* (Fiske & Neuberg, 1990:20).

Motivation bedeutet hier auch das Erreichen von Zielzuständen, wobei durchaus Ziele bestehen können, die es wahrscheinlich machen, dass eine individuum-zentrierte Informationsverarbeitung stattfindet und somit folgerichtig die Eindrucksbildung bestimmt.

3.3 Das Dissoziationsmodell von Devine

Auf einen anderen Ansatz konzentriert sich Devine (1989) in ihrem Dissoziationsmodell. Hierbei geht sie von zwei zentralen Modellannahmen aus:

Die erste Annahme betrifft die Differenzierung zwischen dem kulturell geteilten Stereotyp bezüglich bestimmter sozialer Gruppen und der eigenen persönlichen Überzeugung eines Menschen, die sich von dem kulturell geteilten Stereotyp unterscheiden kann.

Die zweite Annahme betrifft die Phasen der Urteilsbildung. In der ersten Phase wird durch die Wahrnehmung bestimmter Merkmale einer Person die automatische Aktivierung von kulturell geteilten Stereotypen in Gang gesetzt. In der zweiten Phase kann dieser Prozess korrigiert werden, da diese Phase bewusst kontrollierte Informationsverarbeitungsprozesse zulässt.

Devine sieht somit die Aktivierung von Stereotypen als automatischen Prozess an, während sie die Anwendung von Stereotypen als willentlich kontrollierbar einschätzt. Folglich bedeutet dies, dass stereotype Beurteilung nicht unvermeidbar ist, nachdem eine Stereotypaktivierung stattgefunden hat.

In der ersten Phase der Eindrucksbildung erfolgt die Aktivierung des kulturell geteilten Stereotyps auf Grund der hohen Verfügbarkeit und der leichten Zugänglichkeit von stereotypen Wissen. Die automatische Aktivierung des Stereotyps wird, laut Bargh (1997), dadurch hervorgerufen, dass es sich um alte und bereits häufig aktivierte Wissensstrukturen handele (vgl. Higgins & Wells, 1986). In der Aktivierungsphase sollte, nach Devine (1989), kein Unterschied zwischen stark voreingenommenen und niedrig voreingenommenen Personen beobachtet werden können. Der Unterschied zwischen stark und niedrig voreingenommenen Menschen besteht, laut Devine, in der Größe der Übereinstimmung zwischen kulturell geteiltem Stereotyp und der eigenen Überzeugung. Demnach besteht bei einer stark voreingenommenen Person kein oder ein nur geringer Unterschied zu dem kulturell geteilten Stereotyp, während eine niedrig voreingenommene Person wenig, beziehungsweise keine Übereinstimmung zu dem konsensual geteilten Stereotyp zeigt. Devine geht aber davon aus, dass beide Gruppen einen vergleichbaren leichten Zugriff auf stereotypbesetzte Kategorien haben, weshalb die Aktivierungsphase für beide Gruppen gleich abläuft. Erst in der darauf folgenden Anwendungsphase ergeben sich gravierende Unterschiede für hoch beziehungsweise niedrig vorurteilsbehaftete Menschen. In dieser Phase besteht die Möglichkeit, anhand kontrollierbarer Prozesse das entstandene Urteil zu korrigieren. Stark vorurteilsbehaftete Personen erbringen diese Leistung nicht, während niedrig vorurteilsbehaftete Menschen das aktivierte Stereotyp hemmen und ihre eigene vom konsensualen Stereotyp abweichende Meinung zur Anwendung bringen. Damit dieser Prozess in Gang gesetzt werden kann, muss den Faktoren Zeit und Aufmerksamkeit Raum gegeben werden. Ob dieser intentionale Prozess, im Sinne einer Korrektur hin zur eigenen Überzeugung, stattfinden kann, ist natürlich auch abhängig von der Ähnlichkeit zwischen der kognitiven Struktur des Stereotyps und der eigenen Überzeugung.

3.4. Das Drei-Ebenen-Modell der Aktivierung und Hemmung von Stereotypen von Bodenhausen und Macrae

Bodenhausen und Macrae (1998) gehen in ihrem Modell von zwei wichtigen Grundgedanken aus: Die erste Idee betrifft das Postulat eines dynamischen Zusammenspiels von fördernden und hemmenden Kräften, die sowohl gedankliche Prozesse als auch Handlungen beeinflussen. Dieser Gedanke wird auch von vielen anderen Forschern geteilt (vgl. Anderson & Spellman, 1995; Bjorklund & Harnisfeger, 1995; Grossberg, 1980; Neill, Valdes & Terry, 1995; Neumann & DeSchepper, 1991; Zacks & Hasher, 1994). Das besondere Augenmerk bei dem Modell von Bodenhausen und Macrae liegt jedoch auf der gleichwertigen Rolle der hemmenden und fördernden Einflüsse mit Blick auf die Kontrolle von Kognition und Verhalten.

„Our focus here, however, is on the proposition that both facilitatory and inhibitory forces play central roles in regulating the expression of stereotypes" (Bodenhausen & Macrae, 1998:4)

Viele problematische Phänomene, z. B. unerwünschte stereotype Beeinflussung, entstehen, so Bodenhausen und Macrae, durch ineffiziente oder defekte inhibitorische Mechanismen. So könnten Personen durch eine Beeinträchtigung im inhibitorischen Prozess unfähig sein, unerwünschte Gedanken, Erinnerungen oder Handlungen zu unterdrücken. Ein Resultat hiervon könnte die deutliche Leistungsminderung bei der Bewältigung einer Aufgabe sein, bedingt durch das Eindringen von aufgabenirrelevantem Material.

Die zweite Kernaussage von Bodenhausen und Macrae ist die Vorstellung von der hierarchischen Kontrolle in der Regulierung von Verhalten:

„An understanding of stereotyping, we believe, may also benefit from an explicit consideration of the role of hierarchical control in the regulation of cognition and behavior." (Bodenhausen & Macrae, 1998:4).

Das Basisziel des Modells besteht darin, ein systematisches Bild der zentralsten Variablen und Prozesse zu erstellen, welche in die Produktion von stereotypgeleiteter Wahrnehmung, Beurteilung und Verhalten involviert sind. Dass eine Vielfalt von psychologischen Faktoren unzweifelhaft eine Rolle in der kognitiven und verhaltensmäßigen Manifestation von stereotypen Ausrichtungen spielen, haben schon andere Forscher aufgezeigt (vgl. Brewer, 1988; Fiske & Neuberg, 1990). Die moderierenden Aspekte von Motivation und Aufmerksamkeit werden durchaus auch von Bodenhausen und Macrae in Bezug auf Stereotypisierungsvorgänge und ihrer Regulation beachtet (Bodenhausen, Macrae & Garst, 1998). Bei Bodenhausen und Macrae liegt der Fokus jedoch auf der Proposition, dass beide, erleichternde und hemmende

Kräfte, die zentrale Rolle im Regulieren des Stereotyps innehaben. Dabei würden diese Kräfte von hierarchischen und lateralen Einflüssen gelenkt werden.

Stereotypes Denken und Urteilen ist hier nicht nur das Resultat der Aktivierung bestimmter Stereotype, sondern eher das Ergebnis misslungener Inhibitionseffekte.

Es werden Inhibitionsmechanismen auf verschiedenen Ebenen des Modells angenommen. Die Kategorisierung einer beobachteten Person geschieht auf der ersten Ebene des Modells, dem sogenannten *„initial processing"*. Auf dieser Aktivations- und Kategorisierungsebene kann schon ein Inhibitionseffekt stattfinden. Bodenhausen und Macrae sprechen dann von einer *„lateralen Inhibition"*. Inhibitionsprozesse können durch die fehlende Erkennung der Gruppenzugehörigkeit einer beobachteten Person entstehen oder durch bestimmte Aufmerksamkeitsprozesse. Das heißt, wenn eine Zielperson beachtet wird, werden verschiedene Merkmale aktiviert, aber nur einige Merkmale werden selektiert, die dann die weitere Informationsverarbeitung beeinflussen. Diese Selektion bestimmter Merkmale wurde in früheren Modellen der sozialen Urteilsbildung durch Erleichterungseffekte erklärt. Bodenhausen und Macrae gehen davon aus, dass dies nicht allein ausschlaggebend sei, sondern dass entsprechende Hemmungseffekte bezüglich der Merkmale stattfänden, die nicht selektiert werden.

Für die bewusste Urteilsbildung gehen Bodenhausen und Macrae (1998) von Prozessen aus, die sich an das Modell von Fiske und Neuberg (1990) anlehnen. Es wird angenommen, dass der Zugriff auf Kategorien abhängig von Salienz, Aufmerksamkeit, kürzlicher Aktivierung und chronischer Zugänglichkeit ist. Bodenhausen und Macrae (1998) gehen ebenso wie Devine davon aus, dass die Aktivierung von Stereotypen ein unvermeidlicher Prozess ist, andererseits betonen sie, dass dieser Prozess nicht nur durch die Aktivierung von Stereotypen charakterisiert werde, sondern auch durch die Hemmung alternativer Gedankeninhalte. Prozesse, die in der kontrollierten Phase der sozialen Urteilsbildung liegen, könnten durch das Ziel, verschiedene Aspekte einer Person zu berücksichtigen, tatsächlich dazu führen, dass keine Hemmung alternativer Kategorien und Informationen betrieben werde (Bodenhausen & Macrae, 1998). Das Ausbleiben von Assimilationseffekten, d.h. das Anpassen des Urteils über die Zielperson an die initial aktivierte Kategorie, ebenso wie das Auftreten von personenbezogener Informationsverarbeitung ist abhängig von verschiedenen Faktoren. Diese Faktoren betreffen Relevanz, Kategorienanpassung und Mehrdeutigkeit der Information.

Ziele in der sozialen Urteilsbildung können fairnessbezogen sein, aber auch darauf ausgerichtet sein, ein stereotypes Urteil zu fällen und zu rechtfertigen (Bodenhausen & Macrae, 1998; Kruglanski, 1989; Kunda, 1990). Die Form der Einflussnahme auf die soziale Urteilsbildung bezeichnen Bodenhausen und Macrae (1998) in ihrem Modell mit *"motivated reasoning"*. Der Prozess des motivated reasoning laufe, so die Autoren, häufig unbewusst ab.

Dagegen würden inhibitorische Prozesse auf der Ebene des *"personal control"* bewussten Einsichten entspringen. Verstöße gegen internalisierte liberale oder demokratische Grundhaltungen führten dabei zu Schuldgefühlen. Um Stereotype aber bewusst kontrollieren zu können, müsse die Person sich der Stereotypaktivierung bewusst sein und somit auch der Gefahr der unkorrekten Urteilsbildung. Bestehe die Intention, eine Target-Person vorurteilsfrei zu beurteilen, könne dies jedoch auch einen gegenteiligen, nicht erwünschten Effekt hervorrufen. Bodenhausen und Macrae (1998) beziehen sich bei ihren Ausführungen auf frühere Forschungsergebnisse (Macrae, Bodenhausen & Milne, 1995; Macrae, Bodenhausen, Milne & Jetten, 1994), die wiederum auf dem Modell von

Wegner basieren (Wegner, 1992; Wegner, 1994; Wegner & Gold, 1995). Wegner spricht von zwei parallel ablaufenden Prozessen bei der Unterdrückung von kognitiven Inhalten, zum Beispiel in Form von Stereotypen. Habe die Person das Ziel, nicht an X zu denken, würden gleichzeitig zwei verschiedene Prozesse in Gang gesetzt: der *"monitoring process"* und der *"operating process"*. Beim *"monitoring process"*, der laut Wegner automatisch und folglich mit wenig Energieverbrauch ablaufe, werde ständig nach Zeichen von X gesucht. Sei X entdeckt, setze der *"operating process"* ein. Dieser *"operating process"* sei ein bewußter Vorgang, der größere kognitive Kapazität verbrauche, da er explizit weitere Gedanken an X verhindern möchte, beispielsweise durch die Aktivierung eines Distraktors.

Unter einer Belastungssituation könne der *"operating process"* nicht aufrechterhalten werden, aber der *"monitoring process"* laufe weiter ab, um bei jeder Entdeckung von X den eigentlich zu unterdrückenden Inhalt X zu aktivieren. Dann könne dieser Prozess aber nicht mehr vom *"operating process"* gehemmt werden, da er nicht mehr über genügend Kapazität verfüge, um Kontrolle ausüben zu können. Dadurch würden sogenannte *"ironic effects"* entstehen, das heißt, es finde eine verstärkte Aktivierung von Informationen statt, die eigentlich unterdrückt werden sollten.

Bei normaler kognitiver Kapazität aktiviere der *"monitoring process"* Stereotype, die im folgenden durch den *"operating process"* gehemmt würden. Sei das Ziel bezüglich der Suppression bestimmter Inhalte erreicht, blieben die supprimierten Inhalte jedoch weiterhin hoch zugänglich und fänden verstärkte Anwendung, sobald kein Suppressionsziel mehr bestehe und folglich kein *operating process* mehr stattfinde. Die eigentlich supprimierten Inhalte zeigten in Form eines *"rebound effects"* verstärkte Anwendung (Macrae, Bodenhausen & Milne, 1995; Macrae, Bodenhausen, Milne & Jetten, 1994). Die Intention der Stereotypunterdrückung könne contrainduziert sein. So bemerken Bodenhausen und Macrae (1998:25): *„However, if the capacity for successfully diverting attention from the unwanted thoughts is compromised, or if the motivation for suppression dissipates over time, the stage is set for the facilitation of stereotypic response, despite one`s good intentions to the contrary."*

Bei spontaner Suppression von Stereotypen würden sich während der Unterdrückung keine *"ironic effects"* ergeben, da kein bewusstes Ziel formuliert wurde, gegen das man verstoßen könnte. Personen, die "selbstaufmerksam" seien, würden weniger stereotype Beschreibungen einer Zielperson äußern. Sollen dieselben Personen dann zu einem späteren Zeitpunkt eine Personenbeschreibung bei „fehlender Selbstaufmerksamkeit" geben, würden die Stereotypen-Aussagen doch verstärkt wieder auftreten. Somit könnte man auf einen Rebound-Effekt im Sinne höherer Zugänglichkeit schließen (Bodenhausen & Macrae, 1998).

Bodenhausen und Macrae (1998) gehen davon aus, dass die Suppression von Stereotypen auf der Ebene des *"personal control"* im Regelfall erfolgreich ist. Auf der Ebene des „*social control*" können soziale Standards, unabhängig davon, ob sie internalisiert sind, Einfluss auf den Prozess stereotypen Denkens und Urteilens nehmen. Je nach Situation werden Personen zwar stereotype Einstellungen haben, die sie aber nicht öffentlich vertreten wollen. Das heißt, es wird nach sozialer Erwünschtheit gehandelt, bzw. es findet eine Anpassung an die bestehenden Standards statt . *"Consequently, stereotyping others is seen in a bad light, and those who seem to engage in this practice may be viewed as bigots. Thus, in many social contexts there may be explicit or implicit norms to avoid stereotypic responses. Whether or not these norms have been internalised, they have the power to affect public behavior and thus can serve as an other important source of the modulation of stereotyping. We label this form of hierarchical regulation social control.*" (Bodenhausen & Macrae, 1998:35).

Soziale Kontrolle kann dazu führen, dass stereotypes Urteilen gehemmt wird. Es kann aber auch unter besonderen Umständen oder bei bestimmten situativen Faktoren gefördert werden. Dies gilt auch insbesondere für die öffentlichen Äußerungen bestimmter stereotyper Denkweisen.

Bodenhausen und Macrae (1998) verweisen in diesem Zusammenhang auf den Druck, der auf viele Menschen ausgeübt würde, sich im Sinne der *„political correctness"* zu äußern. Dieser Druck könne bei einigen Personen durchaus zu psychologischen Reaktionen im Sinne von Reaktanzbildung führen. So könne man beobachten, dass einige unserer Mitmenschen sich heutzutage in ihrer gedanklichen Freiheit eingeschränkt fühlen würden und dem gemäß stereotpe Aussagen in der Öffentlichkeit verwendeten, um ihre intellektuelle Autonomie zu betonen.

3.3 Zusammenfassung

Die Darstellung der Theorienentwicklung für den Bereich der sozialen Urteilsbildung setzt bei dem Modell von Brewer (1988) ein, die die Unterteilung des sozialen Urteilsprozesses in zwei explizite Phasen fokussiert.

Vor Brewer haben sich bereits namhafte Wissenschaftler mit dieser Materie auseinandergesetzt (vgl. Katz & Braly, 1933; Maslow, 1943; Tajfel, 1969; McConahay & Hough, 1976; Dovidio, Evans & Tyler, 1986), doch seit Brewer stehen Zwei-Phasen-Modelle der sozialen Urteilsbildung im Mittelpunkt der wissenschaftlichen Diskussion. Sie differenzieren zwischen automatischen und bewusst kontrollierten Anteilen während der

Eindrucksbildung. Laut Brewer läuft hierbei der Prozeß der Identifikation der Zielperson automatisch ab, ebenso die Testung, ob diese Target-Person von Bedeutung für die eigene Person ist. Unter die kontrollierten Prozesse dagegen fallen die Selbstinvovierheitstestung, die Kategorisierung, die Passungsprüfung, die Individuation sowie die Personalisation. Ebenso differenziert Brewer zwischen kategorienbezogener (top-down) und personenbezogener (bottom up) Informationsverarbeitung.

Im Modell von Fiske und Neuberg (1990) sind die Prozesse der Eindrucksbildung auf einem Kontinuum anzusiedeln, das durchaus in Bezug auf die Kategorisierung und Verarbeitung individueller Eigenschaften variable Möglichkeiten der Informationsverarbeitung beschreibt. Hierbei lässt sich die Informationsverarbeitung im Kontinuum-Modell in seriell angeordneten Instanzen beschreiben, wobei das Durchlaufen einer Instanz entscheidet, ob die nächste Instanz auch noch durchlaufen wird, oder ob die Informationsverarbeitung an diesem Punkt abgebrochen wird.

Devine (1989) wiederum unterscheidet zwischen dem kulturell geteilten Stereotyp und persönlichen Überzeugungen. Sie geht davon aus, dass in Phase eins eine automatische Aktivierung des kulturell geteilten Stereotyps zum Tragen kommt, wobei in einer zweiten Phase jedoch die Möglichkeit bestehe, dieses Urteil zu revidieren. Als Grund hierfür führt sie an, dass die zweite Phase bewusst kontrollierte Urteile zulasse.

Bodenhausen und Macrae dagegen betonen in ihrem Modell, dass es ein dynamisches Zusammenspiel von fördernden und hemmenden Kräften in Bezug auf die Kontrolle von Kognition und Verhalten gebe. Die besondere Betonung der Inhibitionsprozesse, die im Verlauf der sozialen Urteilsbildung zu verschiedenen Zeitpunkten zum Einsatz kommen könnten, sind eine zentrale Aussage des Modells. Bodenhausen und Macrae gehen dabei von drei Verarbeitungsebenen aus: der initialen

Verarbeitungsebene, der persönlichen Kontrollebene und der Ebene der sozialen Kontrolle. Auf allen drei Ebenen könnten dabei Kontrollprozesse zum Einsatz kommen .

Im Gegensatz hierzu gehen die anderen Modelle (Zwei-Prozess-Modell, Kontinuum-Modell, Dissoziationsmodell) nicht von der Möglichkeit der Einflussnahme auf den initialen Prozess der sozialen Urteilsbildung aus.

Allen Modellen gemeinsam ist jedoch der Versuch, eine theoretische Grundlage zu bilden, um kognitive Prozesse bezüglich stereotypen Denkens und Urteilens darzustellen. Da alle dargestellten Modelle von einer gemeinsamen Forschungsvergangenheit ausgehen, kann somit eine gewisse Entstehungsabhängigkeit konstatiert werden. Alle basieren auf der Unterteilung in verschiedene Phasen und damit zusammenhängenden charakteristischen Prozessen, die bezüglich der sozialen Urteilsbildung ablaufen.

4.   Die Einstellung zu Älteren und das Altersstereotyp

Das Altersstereotyp stellt ohne Frage eine besondere Form des Stereotyps dar. Normalerweise zeigen sich bei Stereotypen disjunktive Kategorien, d.h. entweder ist jemand Mitglied einer Kategorie oder nicht. Bezüglich des Altersstereotyps handelt es sich jedoch um eine temporäre Zugehörigkeit mit fließenden Grenzen, die für alle Menschen einen potentiellen Charakter innehat.

4.1 Die soziale Konstruktion "Alter"

Unsere Gesellschaft befindet sich bezüglich des Lebensalters in einem Spannungsfeld. Auf der einen Seite leben wir in einer Zeit, die das Jungsein zum Kult erhoben hat und somit in vielen Menschen das Bedürfnis weckt, Jugendhaftigkeit möglichst lange zu konservieren. Dabei bekommt der äußere Schein den Vorrang vor dem Sein. Auf der anderen Seite sprechen jedoch die statistischen Daten der Altersstruktur der Bevölkerung eine andere Sprache. So kommen in Deutschland auf 100 Personen im Alter zwischen 20 und 60 Jahren 38 Menschen über 60 Jahre. Dieser Quotient wird sich bis zum Jahr 2040 voraussichtlich auf 76 erhöhen, das heißt also, er würde sich verdoppeln (Statistisches Bundesamt, 1998).

Ebenso nimmt die Lebenserwartung zu. Für neugeborene Knaben beträgt sie, laut Bundesinstitut für Bevölkerungsforschung, 74 Jahre und für Mädchen 80. Ein heute sechzigjähriger Mann kann sogar noch mit knapp 19 Jahren weitere Lebenszeit rechnen und eine gleichaltrige Frau sogar mit 23 Jahren.

Festzustellen bleibt: Unsere Kultur erhebt die Jungen zum Fetisch, aber das Alter bestimmt den Alltag. Alter oder „alt sein" müsste, vergleicht man diesen Lebensabschnitt mit früher, wohl neu definiert werden. Es gilt die Frage zu stellen: Wer ist „alt", beziehungsweise wann ist man alt? Eine allgemeingültige Definition erscheint schwierig. Sicherlich spielt der Kontext eine wichtige Rolle. Würde man beispielsweise unterschiedliche Personengruppen zu diesem Thema befragen, Jugendliche oder Rentner, noch im Arbeitsprozess befindliche Personen, Menschen , die in der Modebranche tätig sind oder Menschen aus der Politik, so wäre die Wahrscheinlichkeit sicherlich hoch, dass alt sein - im Sinne von Lebensalter - unterschiedlich gewertet würde.

Die Bestimmung des Alters kann als sozialer Konstruktionsprozess verstanden werden. So geben studentische Versuchspersonen als Beginn des Alters am häufigsten das sechzigste Lebensjahr an (Babladelis, 1987). Laut Piel (1989) werden Frauen in einer bundesdeutschen Umfrage ab 50 und Männer ab 54 Jahren den Älteren zugerechnet. Als alte Menschen werden Frauen ab 56 und Männer ab 59 Jahren bezeichnet. Im höheren Erwachsenenalter wird jedoch meist nochmals differenziert zwischen dem „ höheren Erwachsenenalter" (60 bis 81 Jahre) und dem „hohen Alter", das etwa mit 82 Jahren beginnt (Shanan & Kedar, 1979).

Befragt man schließlich alte Menschen, wo sie den Beginn des Alters sehen, verschieben sich die Grenzen deutlich. So befragte Oswald (1991) 63- bis 96- jährige Männer, die sich –ironischerweise- selbst nicht als alt bezeichneten. Diese datierten im Durchschnitt den Beginn des Alters auf 72 Jahre.

Festzuhalten bleibt, dass das subjektive Erleben des Alters in den seltensten Fällen in Übereinstimmung mit dem objektiven Lebensalter zu stehen scheint. Dies spiegelt sich auch in den Sprichwörtern wider: "Man ist so alt wie man sich fühlt", oder drastischer "Alt werden will jeder, alt sein will niemand".

In einer Studie von Filipp & Ferring (1989) konnten die Autoren anhand einer Stichprobe von 75jährigen männlichen Versuchspersonen zeigen, dass diese sich im Durchschnitt 15 Jahre jünger fühlten als ihr tatsächliches Alter war. Auch 55jährige Männer zeigten noch eine Abweichung von etwa zehn Jahren.

Pinquart (1992) zeigte in seinen Untersuchungen, dass sich der größte Teil der 65- bis 93-jährigen Versuchsteilnehmer selbst als Mitglieder der Kategorie "im mittleren Alter" einstuften. Zusammenfassend lässt sich also sagen, dass Menschen im höheren Lebensalter dazu neigen, sich subjektiv jünger zu fühlen, als es ihrem tatsächlichen Alter entspricht und sich auch entsprechend jünger einzuschätzen.

Korrespondieren tut dieser Befund mit der im gesellschaftlichen Blickwinkel pejorativen Sicht des Alters, die sich insbesondere in der angloamerikanischen Literatur mit dem Begriff des "ageism" verbindet, wobei die Endung "ism" in diesem Zusammenhang eine negative Sichtweise impliziert. So wird der Ausdruck "ageism" verstanden als negative Einstellung gegenüber alten Menschen. Diese Sichtweise beinhaltet die Diskriminierung eines Menschen aufgrund seines fortgeschrittenen Alters, dergestalt, dass er in seinen Entfaltungsmöglichkeiten eingeschränkt ist, oft seine Ziele nicht verfolgen kann oder ihm sogar bestimmte Rechte vorenthalten werden (Pasupathi, Carstensen & Tsai, 1995).

Zusammenfassend bleibt festzuhalten, dass in unserer heutigen Zeit das Alter gesellschaftlich eher negativ betrachtet wird. Dies gilt auch für den Arbeitsprozess, wo Alter eher als unattraktiv im Sinne von Leistungsfähigkeit gewertet wird. Dabei wird das Altsein in der Arbeitswelt konsensual schon erschreckend früh angesetzt. Dies steht im

Widerspruch zu gerontologischen Forschungsbefunden, die zeigen, dass gerade das Alter die heterogenste Altersgruppe ist, mit der größten interindividuellen Variabilität (Filipp und Schmidt, 1995). Dabei konnten Baltes und Kliegel (1986) von beachtlichen kognitiven Reserven bei Älteren berichten.

Auf dem Hintergrund der eingangs erwähnten statistischen Erhebungen, die für Deutschland und auch Europa einen hohen Zuwachs an älteren Menschen prognostizieren, erscheint es daher wichtig und folgerichtig, die Inhalte und die Wirkungsweisen von Einstellungen und Stereotypen bezüglich des Alters zu betrachten. In der derzeit tonangebenden Literatur wird der Fokus wohl noch auf Geschlechter- und Rassenstereotype gelegt, während das Altersstereotyp noch wenig Beachtung findet. Deshalb gilt es, sich in besonderem Maße mit dem Altersstereotyp auseinander zu setzen. Der Blick sollte sich dabei auch auf alle Altersgruppen richten. Dabei gilt es auch, Unterschiede der Altersgruppen im Umgang mit dem Altersstereotyp aufzuzeigen und zu erklären.

4.2 Das Altersstereotyp innerhalb der Kognitionsforschung

In der Kognitionsforschung wird das Alter als eine Variable betrachtet, die in vielen Lebensbereichen von Bedeutung ist. Infolgedessen wird dem Alter im Bezug auf soziale Kategorisierung eine große Bedeutung zugeschrieben. Neben den Faktoren Geschlecht und Hautfarbe wird das Alter als *"primitive category"* bezeichnet, die automatisch und universell zum Einsatz kommt (Hamilton & Sherman, 1994).

Die Einschätzung des Alters einer beobachteten Person ist ein Prozess, der differenzierter und konstruktiver ist als beispielsweise die Zuordnung im Hinblick auf das entsprechende Geschlecht eines Menschen. Denn um ein Individuum der Kategorie "alt" zuzuordnen, orientiert sich der Beurteiler vor allem an der äußeren Erscheinung. Dabei kommt den sogenannten physiognomischen Merkmalen eine übergeordnete Rolle zu. Diese Merkmale werden als "age marker" bezeichnet (Featherstone & Hepworth, 1990).

Zu diesen "Markiervariablen" gehören zum Beispiel Faltenbildung der Haut und das Ergrauen des Haares. Es wird jedoch nicht nur das Gesicht beachtet, sondern darüber hinausgehende alterssaliente Merkmale wie das Sprechverhalten. Ebenso wird eine langsame Gangart oder eine gebeugte Haltung als Indikator für das Alter betrachtet (Montepare & Zebrowitz-McArthur, 1988).

Dem Gesicht kommt jedoch als Träger salienter Merkmale die entscheidende Rolle zu. Dies nicht nur im Hinblick auf Altersmerkmale, sondern auch als Aufmerksamkeitsauslöser. Archer, Iritani, Kimes und Barrios (1983) konnten zeigen, dass, je mehr Raum das Gesicht einer Person innerhalb eines Bildes einnimmt, umso positiver wird sie eingeschätzt. Dieser überragende Stellenwert des Gesichtes wird in der Literatur auch als "face-ism" bezeichnet (vgl. Schwarz & Kurz, 1989).

Die Kategorisierung einer Person als "alt" beziehungsweise "jung", wird zum Teil mit den selben Merkmalen aktiviert wie das Attraktivitätsstereotyp. Es besteht eine Verknüpfung der Attribute „jung" und „attraktiv", wie auch umgekehrt, "unattraktiv" im Zusammenhang mit "alt" gesehen wird, wobei besonders bei der Betrachtung des weiblichen Geschlechts eine Verknüpfung letzterer Art besteht.

Filipp und Mayer (1999) werfen die Frage auf, inwieweit Altersstereotypisierungen eine Folge des Untersuchungsdesigns darstellen. Ein within-subject-Design verlangt von der Versuchsperson die gleichzeitige Beurteilung von alten und jungen Personen. Dies führt folglich zu einer stärkeren Betonung der Altersvariable und somit zu einer Beurteilungsverstärkung (Kite & Johnson, 1988; Krueger & Clement, 1994). Wird die Form eines between-subject-Design gewählt, zeigen sich die Alterseffekte bezüglich der Beurteilung in viel geringerem Maße (z.b. Knox & Gekoski, 1989). Die Bedingungen, die zu einer unterschiedlichen Eindrucksbildung über ältere Menschen führen, sollen an späterer Stelle (Kap. 4.2.2) noch gesondert besprochen werden.

Gibt es überhaupt ein kollektives Alterssstereotyp, das die Prozesse der sozialen Informationsverarbeitung ebenso initiiert, wie dies beispielsweise für Geschlechts- und Rassenstereotype gilt?

Perdue und Gurtman (1990) führten kognitionspsychologische Untersuchungen in Bezug auf das Altersstereotyp durch. Ausgangspunkt war dabei die Vorstellung, dass ältere Menschen in unserer Gesellschaft eher negativ wahrgenommen werden. Jede Person innerhalb unserer Gesellschaft verfügt über eine kognitive Repräsentation von älteren Menschen, und es ist sehr wahrscheinlich, dass dieses Schema das Enkodieren und Speichern von Informationen beeinflusst. Setzt man Versuchspersonen im Kontext einer Beurteilungsaufgabe, die ältere Personen betrifft, Eigenschaftszuschreibungen aus, so sollten die Probanden eine bessere Erinnerung für negative als für positive Eigenschaften zeigen. Diese Tendenz sollte abgeschwächt oder sogar umgekehrt für die bearbeiteten Eigenschaften gelten, die in Beziehung zu jüngeren Personen gezeigt wurden.

Um diese Annahmen zu überprüfen, zeigten Perdue und Gurtman (1990) den Versuchspersonen eine Liste mit positiven und negativen Eigenschaftszuschreibungen, jedoch unter verschiedenen Instruktionen. Die Versuchspersonen mussten beurteilen, wie treffend die Bezeichnungen für "alte" beziehungsweise "junge" Personen waren (Experimentalbedingung). Unter der Kontrollbedingung sollte angegeben werden, wie treffend das

Adjektiv die eigene Person charakterisieren würde (Selbstreferenzbedingung). Im Anschluss an die Beurteilungsaufgaben wurde ein
unerwarteter Erinnerungstest durchgeführt, wobei alle „traits"
aufgeschrieben werden sollten, die die Versuchspersonen im Verlauf des
Experiments gesehen hatten. Unter der Bedingung "alt" konnten
signifikant mehr negative Eigenschaftsbegriffe erinnert werden als positive.
Unter der Bedingung "jung" war der Effekt genau umgekehrt, und unter
der Selbstreferenzbedingung wurden die meisten positiven Eigenschaftsbegriffe erinnert. Somit kann die Schlussfolgerung gezogen werden, dass
"ageism" Konsequenzen für das Enkodieren und Wiedergewinnen von
Eigenschaftsinformationen besitzt. Dabei fördern diese Konsequenzen auch
das Fortbestehen von bestimmten Werturteilen gegenüber älteren Menschen.

Das zweite Experiment von Perdue und Gurtman (1990) diente dazu,
herauszufinden, ob die Verbindung von negativen Charakteristiken zu
älteren Menschen, Verbindungen, die durch die Versuchspersonen
hergestellt wurden, unbewusst ablaufen. In dieser Untersuchung wurde mit
dem Paradigma des semantischen Primings gearbeitet. Studentische
Versuchspersonen hatten die Aufgabe, auf einem Monitor eingeblendete
Adjektive nach ihrer Wertigkeit (positiv oder negativ) zu beurteilen, wobei
die benötigte Zeit bis zum Urteil gemessen wurde. Kurz vor dem
Erscheinen des Adjektivs wurde jedoch randomisiert für 55 Millisekunden
entweder das Eigenschaftswort „alt" oder „jung" eingeblendet.
Es ergaben sich signifikant kürzere Entscheidungszeiten für die positiven
Begriffe. Dieser Effekt war hochsignifikant für alle Begriffe, die unter der
Priming-Bedingung "jung" beurteilt wurden, während die vorausgegangene Einblendung "alt" die Verarbeitung von negativen Informationen erleichterte. Die Autoren sahen dies als Beleg im Hinblick auf
einen „automatic ageism" in der sozialen Informationsverarbeitung. Von

besonderem Interesse erscheint dabei auch der Befund, dass die Altersstereotypaktivierung die Verarbeitung stereotypkongruenter Informationen begünstigte und darüber hinaus sogar ein hemmender Effekt zum Tragen kam, wenn es sich um inkongruente Informationen handelte.

Die kognitive Kategorisierung einer Person als "alt" kann also eine Übermacht negativer Konstrukte schaffen, die leicht zugänglich sind und folglich bei der Beurteilung einer Person eher angewandt werden können. Dies stellt ein potentielles Erklärungsmuster für das Fortbestehen des ageism dar.

Kritisch anzumerken bleibt, dass Perdue und Gurtman ihre Versuchsreihe nur mit studentischen Versuchspersonen durchgeführt haben. Die Frage bleibt offen, ob die Experimente dieselben Befunde gezeigt hätten, wenn auch ältere Menschen als eine Versuchsgruppe mitgewirkt hätten.

Bargh, Chen und Burrows (1996) führten ebenfalls ein Priming-Experiment durch, bei welchem die Versuchspersonen einen Satzbildungstest durchführen sollten. In der Experimentalbedingung setzte sich das Material aus Begriffen zusammen, die mit dem Altersstereotyp in Verbindung standen. Unter einer zweiten Bedingung sollte dieselbe Aufgabe mit neutralen Worten durchgeführt werden. Nach Erledigung dieser Aufgabe sollten die Probanden zu einem bestimmten Aufzug gehen. Interessanterweise zeigte sich, dass die Fortbewegungsgeschwindigkeit nach Beendigung des Versuches in Abhängigkeit stand zu der Versuchsbedingung, das heißt, die kritische Priming-Bedingung löste eine verlangsamte Motorik aus.

Rothermund, Wentura und Brandstädter (1995) untersuchten das Phänomen des ageism aus einer differenzierteren Sichtweise. Die Autoren stellten die These auf, dass für alte Menschen mit einem günstigen Lebensbewältigungsstil das Adjektiv "alt" positiver besetzt sein würde als bei alten Menschen mit einem weniger günstigen Stil der

Lebensbewältigung. Die Untersuchung beinhaltete eine lexikalische Entscheidungsaufgabe, die von alten und mittelalten Versuchspersonen durchgeführt werden sollte. Der Proband musste entscheiden, ob eine auf dem Computerbildschirm dargestellte Buchstabenfolge ein vollständiges Wort bilden würde oder nicht. Vorangestellt wurden verschiedene Primes, entweder die Begriffe "alt", "jung" oder ein Kontrollprime. Die nachfolgend dargestellte Buchstabenfolge war entweder ein positiv oder negativ besetztes Adjektiv.

Mit zunehmendem Alter der Versuchsperson zeigte sich bei positiven Adjektiven mit dem vorangestellten Prime „alt" eine kürzere Entscheidungszeit im Vergleich zu den anderen beiden eingesetzten Primes. Ebenso konnte ein Zusammenhang von Lebensalter und der Ausprägung der Priming-Effekte, der von dem Stil der Lebensbewältigung (bestimmte Werte in der "Flexibilität der Zielanpassung") der Versuchsperson abhing, festgestellt werden Dies deutet darauf hin, dass Menschen mit einer hohen Flexibilität der Zielanpassung im Alter den Begriff „alt" eher positiv besetzen können. Personen mit geringer Flexibilität gelingt dies nicht.

Wentura, Dräger und Brandstätter (1997) führten anhand einer semantischen Priming-Aufgabe ebenfalls eine Untersuchung zu dieser Thematik durch. Den Versuchspersonen wurden einfach strukturierte Sätze zu lesen gegeben, die eine bestimmte Interpretation (positiv oder negativ) bezüglich eines Altersstereotyps wahrscheinlich machten. So könnte bei der Berücksichtigung des Altersstereotyps beispielsweise der Satz "Martha K. saß auf der Parkbank" zu der Interpretation "einsam" führen. Nach der Darbietung des Satzes bekam der Proband entweder ein Adjektiv oder eine Buchstabenfolge ohne Bedeutung gezeigt, wobei die Adjektive stereotypkongruent („einsam") oder stereotypinkongruent ("peinlich") konzipiert waren. Aufgabe der Versuchsperson war es, möglichst schnell zu entscheiden, ob die gezeigte Buchstabenfolge ein sinnvolles Wort darstellen würde oder nicht.

Entsprechend der aufgestellten Hypothese wurde erwartet, dass eine schnellere Entscheidungsreaktion bei stereotypkongruenten Begriffen zu beobachten sein würde. Vorausgesetzt werden muss jedoch, dass der Proband ein entsprechendes Altersstereotyp besitzt. Da davon ausgegangen wurde, dass ältere Menschen durch ihre Zugehörigkeit zu der Altersgruppe eher über ein positives Altersbild verfügen, sollten die Priming-Effekte bei Älteren ausbleiben oder sich sogar umkehren. Zur besseren Differenzierung wurden nicht nur Sätze mit spezifischem Inhalt bezüglich des Altersstereotyps dargeboten, sondern auch Sätze, die sich auf junge Menschen bezogen, bei welchen der Priming-Effekt schwächer sein sollte, da hier keine Interpretation bezüglich des Altersstereotyps erfolgen konnte.

Die Resultate der Untersuchung zeigten recht unterschiedliche Ergebnisse. Von den untersuchten jungen Versuchspersonen zeigten lediglich die Männer in Experiment I einen Effekt, derart, dass auf stereotypkongruente Adjektive im Zusammenhang mit negativ interpretierbaren Aussagen eine schnellere Reaktionszeit erfolgte bei Aussagen, die auf ältere Menschen bezogen waren. In Experiment II zeigten die jüngeren Frauen denselben Effekt. Hypothesenkonform war das Ergebnis der älteren Versuchspersonen, die keinen Negativ-Stereotypeffekt zeigten. Allerdings zeigte sich auch kein Positiv-Stereotypeffekt in dem Sinn, dass eine schnellere Reaktionszeit bei positiven Aussagen im Zusammenhang mit Älteren zu beobachten war.

Beachtenswert ist jedoch das Resultat, dass ältere Versuchspersonen mit der Fähigkeit, auch mit belastenden Ereignissen positiv umzugehen (dies wurde durch eine Skala für jede Versuchsperson erfasst), ein eher positiv besetztes Altersbild zeigten. Diese Probanden waren somit in der

Lage, das Alterskonzept im Sinne einer akkomodativen Neubewertung in eine positive Richtung zu lenken.

Zusammenfassend lässt sich sagen, dass bisherige Studien zum Altersstereotyp nahe legen, dass es durchaus ein kollektives Altersstereotyp gibt. Dieses zeigt sogar dann Auswirkungen, wenn es lediglich implizit aktiviert wird. Somit kann bestätigt werden, dass ein Altersstereotyp in der Art existiert, dass es zu denselben Prozessabläufen bezüglich der sozialen Informationsverarbeitung kommt wie bei bereits stärker erforschten anderen Stereotypen.

4.2.1 Kategorisierungen

Bei der Betrachtung eines Individuums stellt sich zwangsläufig die Frage nach der Kategorisierung. Warum wählt ein Betrachter eine bestimmte Kategorie aus, in die er die Zielperson einordnet. Jede Person könnte mit Sicherheit verschiedenen Kategorien zugeordnet werden. Liegt dies am Betrachter, an der betrachteten Person oder auch am situativen Kontext?

Die Zuordnung zu einer spezifischen Kategorie kann von der Salienz des Merkmals abhängen, aber auch von der Situation, in der man die Person wahr- nimmt, so zum Beispiel, wo sie sich befindet, mit welchen anderen Menschen sie zusammen ist. Andererseits kann auch die selektive Wahrnehmung des Betrachters zu einer leichteren Zugänglichkeit und Verfügbarkeit für bestimmte Aspekte führen. Hat der Betrachter zum Beispiel selbst Gewichtsprobleme, wird er bei der Betrachtung einer Person die Kategorie "Übergewichtige" sehr leicht abrufen können. Da unser kognitives Informationsverarbeitungssystem in der Regel möglichst energieschonend und effektiv arbeiten möchte, ist es gezwungen, unter den verschiedenen Möglichkeiten zu wählen und eine bestimmte

Kategorisierung vorzunehmen, da sein Ziel die Gewinnung eines ersten Eindrucks ist.

Allerdings können sich soziale Kategorien auch verbinden und so zu bestimmten Subkategorien führen. Dies gilt vor allem für zwei der bedeutsamsten sozialen Kategorien: Alter und Geschlecht.

4.2.1.1 Alter und Geschlecht

Alte Menschen sind als soziale Kategorie bei weitem nicht so homogen abgebildet wie andere Kategorien. Es herrscht hier eine relativ große Differenzierung, die folglich mehrere Subkategorien umfasst. So werden ältere Frauen oder weibliche Ältere anders betrachtet als männliche Ältere. Zunächst stellt sich die Frage nach der Stellung des Stereotyps "Alter" beziehungsweise "Geschlecht". Sind beide Stereotype auf einer Ebene anzusiedeln, oder kann man eher von einer hierarchischen Gliederung sprechen?

Einige Forscher gehen von der übergeordneten Bedeutung der Geschlechtsvariablen aus (vgl. Mackie Hamilton, Susskind & Rosselli, 1996; Fabes & Martin, 1991). Andere Wissenschaftler (vgl. Kite, Deaux & Miele, 1991) sprechen sich eher für die Dominanz des Altersstereotyps gegenüber der Geschlechterrolle aus. Der sogenannte *„double standard of aging",* der besagt, dass ältere Frauen im Sinn eines Wechselwirkungseffekts von Geschlecht und Alter negativer als Männer beurteilt werden, konnte in einer Studie von Deutsch, Zalensky und Clark (1986) belegt werden. Die Autoren zeigten einer älteren und einer jüngeren Versuchspersonengruppe beiderlei Geschlechts Bilder von Frauen und Männern unterschiedlichen Alters. Die Probanden mussten die auf den Fotos dargestellten Personen auf zehn Adjektivskalen einschätzen. Es zeigte sich eine Interaktion, dergestalt, dass zwar sowohl Frauen als auch Männer mit fortschreitendem Lebensalter als unattraktiver beurteilt wurden, aber dass sich für die abgebildeten Frauen dieser Effekt weitaus stärker zeigte als für die männlichen Zielpersonen. Dieser Befund bezog sich nicht auf alle Adjektivskalen, sondern lediglich auf den Bereich der Attraktivität.

Dass der „*double standard of aging*" eher von männlichen als von weiblichen Versuchspersonen gezeigt wird, belegt eine Studie von Kogan (1974). Hier sollten Fotos nach einer nicht vorgegebenen Anzahl von Kategorien geordnet werden. Die älteren und jüngeren Probanden sollten anschließend angeben, nach welchen Aspekten die Kategorisierung erfolgte. Das Ergebnis beinhaltete durchaus verschiedene Kategorisierungskriterien, von denen eine die Altersvariable darstellte. Interessanterweise haben mehr männliche Versuchspersonen, insbesondere bei weiblichen Portraitfotos, eine Alterszuordnung vorgenommen als die weiblichen Versuchspersonen. Daraus lässt sich ableiten, dass die Altersvariable für Männer einen größeren Stellenwert zu besitzen scheint als für Frauen, wobei dieser Effekt bei der Beurteilung von Frauen besonders zum Tragen kommt.

Keith (1983, zitiert nach Kogan & Mills, 1992) konnte die eben aufgeführten Befunde bestätigen. Frauen wurden schneller als "alt" eingestuft als Männer, wobei die männlichen Beurteiler diese Einschätzung in stärkerem Maße vornahmen. Diese Befunde spiegeln durchaus das von unserer Gesellschaft geprägte differentielle Bild der unterschiedlichen Wahrnehmung von Männern und Frauen bezüglich des Alterns wider.

4.2.2 Bedingungen der Eindrucksbildung über "ältere" Personen

Generell kann man davon ausgehen, dass ältere Menschen negativer beurteilt werden als junge Menschen. Kite und Johnson (1988), die sich mit dieser Thematik auseinandergesetzt haben, kommen jedoch zu der Schluss-folgerung, dass die Ergebnisse der Einstellungsmessung stark von der jeweils eingesetzten Methodik beeinflusst werden.

Werden beispielsweise alte und junge target-Personen beurteilt, so sehen die Einschätzungen bezüglich der älteren Menschen negativer aus, als wenn nur ältere Menschen beurteilt werden sollten. Dies kann dadurch erklärt werden, dass dem Bedeutungsmerkmal "Alter" durch das intraindividuelle Design eine höhere Bedeutung zugekommen ist. Die negative Bewertung älterer Menschen ist ebenfalls in Abhängigkeit von der Beurteilungsdimension zu sehen. So werden Ratings negativer ausfallen, wenn die Dimension Attraktivität heißt, im Vergleich zu Persönlichkeitseigenschaften wie "Lebenserfahrung". Ebenso ist mit einer versteckten negativen Beurteilung zu rechnen, wenn generell "die Älteren" zu beurteilen sind und nicht eine bestimmte ältere Person.

4.2.2.1 Das Geschlecht des beurteilenden Probanden

Wie bereits in Kapitel 4.2.1.1 angesprochen, gibt es Unterschiede in der Wahrnehmung von Personen durch Männer und Frauen. Männliche Versuchspersonen differenzieren stärker als Frauen zwischen alt und jung sowie männlich und weiblich (Kogan, 1979). Untersuchungen von Bornstein (1986) weisen ebenfalls in diese Richtung. Alle Versuchspersonen sahen bei der Betrachtung von Fotos verschiedener Personen das Alter als wichtigsten Kategorisierungsaspekt an, wobei die männlichen Probanden dies noch stärker zum Ausdruck brachten als die weiblichen Beurteiler.

Kogan und Mills (1992) zogen aus der Betrachtung mehrerer Untersuchungen zu dieser Thematik die Schlussfolgerung, dass Männer eine erhöhte Zugänglichkeit für Informationen besitzen, die das Alter betreffen. Sie würden somit eher eine Kategorisierung aufgrund dieser Information vornehmen. Des Weiteren sei das Altersstereotyp bei Männern deutlich negativer besetzt als bei Frauen, da Männer in der Regel negativere Urteile fällen würden als Frauen und dies vor allem bei der Einschätzung alter Frauen zum Tragen komme.

Betrachtet man generell die Beurteilung durch Frauen und Männer, so lässt sich wohl realiter konstatieren, dass Frauen in der Regel positivere Einschätzungen von anderen Menschen vornehmen als Männer (vgl. O`Connell & Rotter, 1979).

4.2.2.2 Das Alter des beurteilenden Probanden

Ein weiteres wichtiges Kriterium bei der Wahrnehmung und Beurteilung von älteren Menschen ist das eigene Alter des Betrachters. Ältere Probanden verfügen über eine andere Art der Repräsentation des Altersstereotyps, da sie selbst Teil dieser Gruppe sind (vgl. Hummert, Garstka, Shaner & Strahm, 1994) und somit bei ihnen eine andere Wahrnehmung stattfindet als bei outgroup-members. Beim stereotypen Denken werden die Mitglieder der eigenen Gruppe differenzierter betrachtet als Mitglieder einer fremden Gruppe. Ebenso werden die Mitglieder anderer Gruppen extremer beurteilt, da über sie weniger genaues Wissen existiert als über die eigene Gruppe. Verzerrrungen zu Lasten der Fremdgruppe werden auch dadurch verstärkt, dass das

Verhalten ihrer Mitglieder eher inneren Dispositionen als externen Faktoren zugeschrieben wird (Bergmann, 2001). Man kann davon ausgehen, dass man als ingroup-member über eine differenzierte, komplexe und vielschichtige mentale Repräsentation der eigenen Kategorie verfügt. Dies könnte bedeuten, dass alte Menschen über mehr Subkategorien in Bezug auf das "Altersbild" im Vergleich zu jungen Menschen verfügen. Hummert et al. (1995) führten eine Untersuchung durch, die diese Annahme überprüfen sollte. Es zeigte sich, dass ältere Versuchspersonen durchschnittlich differenziertere Kategorien erstellten als jüngere Versuchspersonen, auch bezüglich der Einteilung in positive und negative Kategorien. Dies spricht sowohl für eine komplexere als auch differenziertere Sichtweise durch die eigene Altersgruppe.

In anderen Untersuchungen (vgl. Luszcz & Fitzgerald, 1986) konnte gezeigt werden, dass Mitglieder der eigenen Gruppe günstiger beurteilt wurden als Angehörige einer Außengruppe. Übertragen auf das Altersstereotyp, sollten somit ältere Menschen "alte" target-Personen umso positiver sehen, je ähnlicher das Alter der Zielperson dem eigenen Alter ist. Celejewski & Dion (1998) fanden ebenfalls Hinweise dafür, dass ältere Versuchspersonen alte Menschen positiver beurteilen als junge Versuchspersonen.

Dass bei der Einschätzung des Alters eine self-other-Diskrepanz auftritt, ist ebenfalls ein vielfach zu beobachtendes Phänomen. Schulz und Fritz (1987) haben eine Untersuchung durchgeführt mit der Zielsetzung, Erklärungsmuster zu finden, warum junge Menschen eine negativ getönte Sichtweise des Alters haben, die um einiges ausgeprägter ist als die von alten Menschen. Die Autoren kamen aufgrund ihrer Unter-suchungsergebnisse zu der Schlussfolgerung, dass die älteren Personen zu positiveren Urteilen über das Alter als jüngere Menschen kommen würden, da sie selbst weniger Ansprüche an das Leben im Alter stellten, also eine eher geringe Erwartung an das Leben im Alter hätten. Dies wiederum führe zu einem höheren Maß an Zufriedenheit mit den tatsächlichen Gegebenheiten, eben resultierend aus dem geringen Erwartungsniveau. Zusammenfassend kann jedoch gesagt werden, dass die self-other-Diskrepanz ein Phänomen ist, das sowohl bei älteren als auch bei jüngeren Versuchspersonen zum Tragen kommt, was wiederum dafür spricht, dass dieser Effekt kein Charakteristikum des Alters darstellt.

4.2.3 Substereotype zu älteren Menschen

Der Begriff "ältere Menschen" lässt eine sehr weit gefasste Inhaltsfüllung zu. Insofern ist es nicht ungewöhnlich, dass der Terminus "alt" mit verschiedenen Konotaten assoziiert werden kann. Das bedeutet, die Kategorie der "alten" Menschen wird in der Regel nicht als homogene Gruppe wahrgenommen, sondern durchaus in unterschiedlichen Repräsentationen. So konnten Brewer, Dull und Lui (1981) in einer Untersuchung zeigen, dass die Gruppe der alten Menschen in verschiedene Substereotype unterteilt werden kann.

Brewer et al. (1981) konfrontierten ihre weiblichen Versuchspersonen mit Fotos von älteren Frauen und Männern, die charakteristisch für die drei Kategorien "Goßmütterchen", "elder statesman" und "älterer Mitbürger" waren. Aufgabe der Versuchsteilnehmerin war es, die Fotos nach dem Kriterium "Ähnlichkeit" zu sortieren. Die daraufhin vorgenommene Einteilung durch die Probanden orientierte sich schwerpunktmäßig am Geschlecht der dargestellten Personen.

In einer zweiten Studie sollten die Versuchspersonen mittels einer Adjektivliste darlegen, was den abgebildeten Menschen auf drei gezeigten Fotos gemeinsam sei. In der Experimentalbedingung wurden drei Bilder aus der gleichen Kategorie (aus dem Exp.1) gezeigt, während in der Kontrollbedingung die Fotos aus unterschiedlichen Kategorien stammten. Wie erwartet, bestätigte sich, dass die Eigenschaftszuschreibungen eine größere Übereinstimmung in der Experimentalbedingung zeigten.

Brewer et al. (1981) führten eine weitere Studie durch, um herauszufinden, ob momentan vorhandene Subkategorien zu einer Veränderung in der Informationsverarbeitung einer beobachteten Person führen.

Es wurden wiederum verschiedene Bilder gezeigt, die aus drei Kategorien stammten. Die Versuchspersonen hatten dann Gelegenheit, jedem Foto eine Personenbeschreibung, die aus einem Pool entnommen wurde, zuzuordnen. Es handelte sich dabei entweder um kategorienpassende oder nicht-passende Beschreibungen (konsistente oder inkonsistente Bedingungen). Anschließend wurde die Zeit erfasst, die die Versuchsperson benötigte, um eine Entscheidung bezüglich der Zuordnung zu treffen.

Die gemessenen Zeiten waren unter der konsistenten Bedingung kürzer. Ebenso ergab sich unter dieser Bedingung eine bessere Erinnerungsleistung für die Personenbeschreibung, die zu einem späteren Zeitpunkt abgeprüft wurde. Das wichtigste Ergebnis betraf jedoch den Faktor "Alter" der zu beurteilenden Person. Den jüngeren Zielpersonen wurden die Beschreibungen schneller zugeordnet, und es kam zu einer besseren Erinnerungsleistung im Vergleich zu "alten" Zielpersonen. Als mögliches Erklärungsmuster wurde angenommen, dass die Differenzierung der Subkategorie vom Alter des Beurteilenden beeinflusst würde.

Um dies zu überprüfen, führten Brewer und Lui (1984) dasselbe Experiment mit älteren Versuchspersonen durch. Sie konnten so das angenommene Erklärungsmuster bestätigen: ältere Menschen zeigten tatsächlich stärkere Differenzierungsmöglichkeiten. Darüber hinaus zeigten sich verstärkt positive Zuschreibungen, insbesondere für diejenige

Subkategorie, der sich die Versuchsperson selbst zugehörig fühlte. Diese Befunde belegen die bereits an früherer Stelle dargestellte Annahme, dass Mitglieder der eigenen Gruppe differenzierter beziehungsweise komplexer erfasst werden als Personen einer fremden Gruppe, die verstärkt stereotypisiert wahrgenommen werden.

Die Studien von Brewer et al. (1981) und Brewer und Lui (1984) arbeiteten mit Subkategorien, die bereits a priori festgelegt waren. Schmidt und Boland (1986) führten ebenfalls Untersuchungen zum Substereotyp des Alters durch. Im Gegensatz zu Brewer wurden in dieser Untersuchung die auf ältere Personen passenden Eigenschaften von den Versuchspersonen selbst generiert und in einer zweiten Versuchsphase von anderen Probanden so zusammengestellt, dass sie einen älteren Menschen charakterisierten. Die Zusammenstellungen wurden dann durch eine Clusteranalyse bearbeitet und mündeten in acht negativen Substereotypen (Despondent, Mildly Impaired, Vulnerable, Severely Impaired, Shrew/Curmudgeon, Recluse, Nosy Neighbour, Bag Lady/Vagrant) und vier positiven (John Wayne Conservative, Liberal Matriarch/Patriarch, Perfect Grandparent, Sage). Anschließend sollten Probanden Einstellungsratings zu Personen abgeben, die diese erforschten Substereotypen repräsentierten. Die Ergebnisse zeigten, dass die Beurteilungen nicht einheitlich negativ gegenüber dem Altersstereotyp ausfielen, sondern in Abhängigkeit von der Valenz der zu beurteilenden Subkategorie gesehen werden mussten.

Hummert konnte in seiner Studie (1990) die von Schmidt und Boland (1984) ermittelten Cluster größtenteils bestätigen. Allerdings wurde eine größere Anzahl von Cluster für jüngere Menschen im Vergleich zu älteren Menschen erstellt, was im Sinn einer differenzierteren Betrachtung für jüngere Menschen interpretiert werden kann.

Zusammenfassend lässt sich feststellen, dass das Altersstereotyp durchaus differenzierte Stereotypisierungen aufweist. Substereotype tragen dazu bei, die Komplexität des Altersstereotyps zu erklären. Bestimmte Unterkategorien wurden durch Probanden jeden Alters bereits so häufig bestätigt, dass sie als sogenannte "Archetypen" des Alters bezeichnet werden.

4.2.4 Einstellungen gegenüber älteren Arbeitnehmern

Nicht mehr in vollem Umfang bis zum Rentenalter zu arbeiten, liegt im Trend. So zeigen die Zahlen der Bundesanstalt für Arbeit einen starken Anstieg der Berufstätigen, die Altersteilzeit in Anspruch nehmen (Jahr 2000: 33400 Arbeitnehmer; Jahr 2001: 53700 Arbeitnehmer). Warum diese Regelung immer stärker in Anspruch genommen wird, hat sicher differenzierte Gründe. Dass die Arbeitgeber diese Möglichkeit einräumen, hängt jedoch zweifelsohne mit der heutigen pejorativen Einstellung zum Alter zusammen.

Die in Deutschland gültigen Altersgrenzen in Bezug auf den Ruhestand spiegeln nicht unbedingt die tatsächlichen Gegebenheiten in der Praxis wider. Der reale Anteil der Erwerbstätigen im Alter zwischen 60 und 64 Jahren ist immer weiter rückläufig. Ältere Arbeitnehmer werden für viele Arbeitgeber zunehmend unattraktiv aufgrund bestimmter Vergünstigungen (z.B. Kündigungsschutz), aber auch aufgrund des negativen Altersstereotyps, das in unserer Gesellschaft insbesondere in Bezug auf die Leistungsfähigkeit älterer Menschen vorherrscht.

Die Benachteiligung älterer Personen zeigt sich nicht nur im Arbeitsprozess selbst, sondern bereits im Hinblick auf die Einstellungschancen. Vor allem bei der Beurteilung von Stellenbewerbern zeigen sich oftmals negative

Altersstereotypisierungen. Dies belegen die Untersuchungen von Braithwaite, Lynd-Stevenson und Pigram (1993). Studenten sollten die Aufzeichnungen eines Bewerbungsgesprächs für die Stelle eines Tutors bewerten. Die zwei zu beurteilende Transkripte wurden mit unterschiedlichen Altersangaben versehen (27 oder 59 Jahre). Die Probanden mussten zuerst auf einer Skala einschätzen, wie gern sie die Bewerberin selbst als Tutorin hätten und zweitens, wie hoch sie die Wahrscheinlichkeit einschätzen würden, dass die Kandidatin tatsächlich eingestellt wird. Die Befunde zeigten, dass die jüngere Frau der älteren Bewerberin vorgezogen wurde und dass der jüngeren Bewerberin eine höhere Wahrscheinlichkeit zugesprochen wurde, die Stelle zu bekommen.

Ähnliche Befunde zeigte die Studie von Clapham und Fulford (1997), die Bewerber unterschiedlichen Alters in einem Assessment-Center beurteilen ließen. Negative Altersstereotypisierungen zeigten sich hier darin, dass ältere Bewerber deutlich negativere Beurteilungen als jüngere Bewerber erhielten, auch wenn es keine Unterschiede in den bewerbungsrelevanten Fähigkeiten gab.

So belegen diverse Studien auch, dass "ältere Menschen" im Arbeitsprozess negativer eingeschätzt werden als jüngere Arbeitnehmer (z.B. Rosen & Jerdee, 1976). Diese Befundlage steht im Widerspruch zu den Ergebnissen einiger Studien, die belegen, dass es kaum signifikante Zusammenhänge zwischen dem Lebensalter und der Leistungsfähigkeit gibt, das hohe Alter ausgenommen (Warr, 1994). Interessant ist in diesem Zusammenhang auch das Ergebnis einer Untersuchung von Aldwin, Sutton, Chiara und Spiro (1996), die zeigen konnten, dass sich ältere Arbeitnehmer in der Arbeitszeit weniger unter Stress fühlen als jüngere Arbeitnehmer.

Als Fazit kann konstatiert werden, dass es einen großen Unterschied gibt zwischen dem momentan bestehenden "ageism" in der Gesellschaft, insbesondere bezüglich der Arbeitswelt und der potentiellen Leistungsfähigkeit vieler älterer Menschen , die oftmals unterschätzt wird.

4.3 Zusammenfassung

Die Bestimmung des Alters ist ein sozialer Konstruktionsprozess und letztlich nur in Abhängigkeit vom Betrachter zu determinieren, wobei das subjektive Erleben des Alters meist nicht in Konkordanz mit dem objektiven Lebensalter steht. Die Variable "Alter" wird neben den Faktoren "Geschlecht" und "Hautfarbe" als *primitive category* betrachtet. Sogenannte *"age marker"* rufen als saliente Merkmale eine Altersstereotypisierung hervor.

Mittels Priming-Studien innerhalb der Kognitionsforschung konnte gezeigt werden, dass ein kollektives Altersstereotyp existiert, dass sogar implizit aktiviert werden kann und somit die Enkodierung bestimmter Informationen beeinflusst. Außerdem zeigten sich aufgrund von Untersuchungsergebnissen Belege für einen "automatic ageism" in der sozialen Informationsverarbeitung, sowie Indizien für die verbesserte Verarbeitung stereotypkongruenter Informationen in Bezug auf das Altersstereotyp, beziehungsweise, dass sogar hemmende Einflüsse zum Tragen kommen, wenn es sich um inkongruente Informationen handelt. Dieser beobachtete Faktor wirkt sich positiv auf die Erhaltung des "ageism" Phänomen aus.

Andere Studien konnten zeigen, dass auch das Alter und das Geschlecht des Betrachters einen Einfluss auf die stereotypbehaftete Informationsverarbeitung haben. So beurteilen Frauen andere Menschen generell positiver als Männer, wobei die männlichen Probanden stärker zwischen alt und jung differenzieren, und dieser Effekt bei der Beurteilung von Frauen besonders stark hervortritt.

Ebenso ist das Alter des Betrachters ein nicht zu vernachlässigender Faktor im Hinblick auf die Informationsverarbeitung und die Beurteilung von älteren Menschen. Ältere Personen beurteilen Mitglieder ihrer eigenen Altersgruppe positiver und differenzierter als junge Menschen. Das Altersstereotyp stellt jedoch keine homogene Einheit dar, da es eine differenzierte Betrachtung zulässt und wiederholt demonstriert werden konnte, dass bestimmte Substereotype hinsichtlich der Variable "Alter" bestehen. In Bezug auf die Einstellung zu älteren Arbeitnehmern zeigt sich auch hier das durchgängig beobachtete, negativ getönte Altersbild, was sich in schlechteren Chancen bezüglich des Arbeitsmarktes für ältere Mitmenschen manifestiert. Anzumerken bleibt, dass die vermeintlich verminderte Leistungsfähigkeit, die einen großen Teil der arbeitsweltlichen Sichtweise bezüglich des älteren Arbeitnehmers ausmacht, in Studien mehrheitlich nicht bestätigt werden konnte. Trotzdem bleibt genau dieses Bild des vermindert leistungsfähigen alten Menschen in vielen Köpfen fest verwurzelt.

5. Ausgewählte Untersuchungen bezüglich der Verarbeitung stereotypgeleiteter Informationen

An dieser Stelle sollen einige Untersuchungen referiert werden, die für die vorliegende Arbeit von besonderem Interesse sind. Zunächst wird auf eine Studie von Hense et al. (1995) eingegangen, eine der wenigen Studien, die sich mit den impliziten Erinnerungseffekten in Bezug auf das Altersstereotyp auseinandergesetzt hat.

Derzeit zeigt sich einerseits ein deutlicher Rückgang in der öffentlichen Meinungsäußerung bezüglich stereotypgeleiteter Äußerungen mit Blick auf ethnische Minderheiten, der generell im Sinne einer Verminderung von stereotypen Urteilen in der heutigen Gesellschaft interpretiert werden könnte. Andererseits gibt es Hinweise dafür, dass heute subtilere Formen von Vorurteilen oder Diskriminationen bestehen. Mit anderen Worten, es herrscht oftmals eine Diskrepanz zwischen den gezeigten Äußerungen und den tatsächlich empfundenen stereotypgeleiteten Urteilen. Aus diesem Grund ist es wichtig, implizite Einstellungsmessungen durchzuführen, da davon auszugehen ist, dass negative Einstellungen auch zu älteren Menschen nicht offen gezeigt werden (Bird & Fischer, 1986). Folglich ist der von Hense et al. (1995) gewählte Untersuchungsansatz sowohl von der Thematik als auch von der Vorgehensweise wichtig, um zu verwertbaren Aussagen bezüglich der Altersstereotypisierung zu gelangen.

Die Experimente von Bodenhausen und seinen Mitarbeitern zeigen darüber hinaus vollkommen neue Dimensionen in der Stereotypenforschung auf. So wird in dieser Arbeit der Unterdrückung von stereotyper Information eine große Bedeutung zugemessen. Dieser Mechanismus steht auch im Focus des experimentellen Teils der Untersuchung.

5.1. Implizites Erinnern in Bezug auf Altersstereotype, eine Studie von Hense, Nelson und Penner (1995)

Hense et al. (1995) führten eine Untersuchung durch, die implizite Erinnerungsleistungen für negative Stereotype bezüglich älterer Menschen erforschte. Der Terminus "implizites Erinnern" wird in diesem Zusammenhang folgendermaßen interpretiert: implizites Erinnern findet statt, wenn frühere Erfahrungen von Personen die Art und Weise beeinflussen, in der diese auf gewisse Stimuli reagieren. Aber die Probanden können diese Erfahrungen weder identifizieren, noch ist ihnen bewusst, dass diese Erfahrungen die Reaktionen auf die Stimuli beeinflussen (Ellis & Hunt, 1993; Graf & Schacter, 1985).

Die Studie von Hense et al. (1995) setzte sich mit der Fragestellung auseinander, ob es erstens ein besseres implizites Erinnerungsvermögen für Adjektive, die mit negativen Stereotypen über ältere Menschen assoziiert werden, gibt. Und zweitens, ob eine Beziehung existiert zwischen dem impliziten Erinnerungsvermögen für negative Stereotype über Ältere und der bewussten Einstellung zu ihnen.

Die Schwierigkeit, die sich bezüglich impliziter Gedächtnisstudien ergeben kann, bezieht sich darauf, dass sowohl das implizite als auch das kontrollierte Erinnern dieselben Einflüsse auf die Gedächtnisleistung einer Person haben und eine Trennung diesbezüglich nur sehr schwer vorgenommen werden kann. Um dieses Problem zu bewältigen, benutzten Hense et al. bei ihrer Untersuchung die Prozess-Dissoziations-Prozedur, die von Jacoby und seinen Mitarbeitern entwickelt wurde (vgl. Jacoby, 1991; Jacoby, Toth, Lindsay & Debner, 1992; Jennings & Jacoby, 1993). Dieses Prozess-Dissoziations-Paradigma (PDP) verhindert die Konfundierung der Aufgabenart mit der untersuchten Gedächtnisart. Das wohl bekannteste PDP stellt das false-fame-Paradigma (Jacoby, Woloshyn und Kelly,

1989b) dar. In der hier dargestellten Studie wurde jedoch ein anderes PDP (vgl. Jacoby, Toth und Yonelinas, 1993) benutzt, um die implizite Erinnerungsleistung für negative Stereotype über "Ältere" zu erforschen. In der Untersuchung wurden zunächst alle Versuchspersonen im Hinblick auf ihre Vorurteilsstärke älteren Menschen gegenüber untersucht. Mittels der semantischen Differenzierungsskala von Rosencranz und McNevin (1969) wurden die Probanden in hoch oder niedrig vorurteilsbehaftete Personen eingestuft. Den Versuchspersonen wurde mitgeteilt, dass man ihnen eine Liste mit Wörtern zeigen würde, die benutzt werden könnte, um eine ältere Person zu beschreiben. Die Lernliste wurde so präsentiert, dass jedes Wort für genau zwei Sekunden zu sehen war. Die eine Hälfte der Versuchspersonen sah die dargebotene Liste unter der Bedingung "volle Aufmerksamkeit" (Versuchsperson liest das Wort laut und soll es behalten), die andere Hälfte unter der Bedingung "geteilte Aufmerksamkeit" (Versuchsperson liest das Wort und soll es behalten, während sie Zahlen hört. Nach der Nennung dreier ungeraden Zahlen in Folge musste ein Schalter gedreht werden). Im nächsten Teil des Experimentes sahen die Versuchspersonen eine Testliste mit vierzig Wortfragmenten. Diese Liste war abgeleitet aus Adjektiven der Originalliste (gleiche Anzahl von Fragmenten abgeleitet von negativen stereotypkonsistenten Adjektiven und stereotypinkonsistenten Adjektiven der Lernliste). Hinzu kamen neutrale Worte, die nicht aus der Originalliste stammten. Bei der Hälfte der dargebotenen Fragmente sollten die Probanden das Wortfragment durch einen Begriff aus der Originalliste vervollständigen (inclusion condition), während sie bei der anderen Hälfte kein Wort aus der Originalliste verwenden sollten (exclusion condition). Die Ergebnisse zeigten, dass die durchschnittliche Schätzung für die kontrollierte Erinnerungsleistung unter der Bedingung "volle

Aufmerksamkeit" größer war als unter der Bedingung "geteilte Aufmerksamkeit"

Dieser Befund ist konsistent mit anderen Resultaten in der Kognitionsforschung bezüglich der Effekte zur geteilten Aufmerksamkeit bei kontrollierten Prozessen. In Bezug auf die implizite Erinnerungsleistung gab es keinen signifikanten Effekt für die Aufmerksamkeitsmanipulation. Auch dieser Befund ist durchaus theorienkonsistent. Er zeigt, dass die implizite Kognition durch geteilte Aufmerksamkeit nicht beeinflusst wird. Es ergaben sich signifikante Haupteffekte für die Vorurteilsbedingung und für die Adjektivbedingung. Die implizite Erinnerungsschätzung war signifikant höher für hoch vorurteilsbelastete im Vergleich zu niedrig vorurteilsbelasteten Versuchspersonen. Die Schätzung der impliziten Erinnerungsleistung war zudem signifikant höher, wenn die Fragmente von Adjektiven stammten, die mit dem negativen Altersstereotyp konsistent waren, als wenn sie von stereotypinkonsistenten Adjektiven stammten.

Diese Befunde befinden sich in Übereinstimmung mit denen von Perdue und Gurtman (1990), obwohl in den Untersuchungen verschiedene Vorgehensweisen eingesetzt wurden. Die Ergebnisse legen nahe, dass Stereotype über ältere Menschen unbewusst das Enkodieren und Abrufen von Informationen beeinflussen, die stereotyprelevant sind.

Die Studie von Hense et al. (1995) ging jedoch noch einen Schritt weiter als die Untersuchung von Perdue und Gurtman (1990) und erforschte, ob explizite Einstellungen diese unbewussten Prozesse beeinflussen. Es wurde jedoch keine signifikante Interaktion zwischen der Vorurteilseinstellung und der Adjektivart festgestellt. Das bedeutet, die zweite These, die davon ausging, dass die implizite Erinnerungsleistung für stereotypkonsistente Adjektive abhängig sei von der Stärke des bewussten Vorurteils gegenüber Älteren, konnte nicht bestätigt werden.

Personen mit einem hohen Vorurteilswert erinnern lediglich tendenziell mehr negative stereotypkonsistente als inkonsistente Items. Hense et al. (1995:412) resümieren die Ergebnisse mit folgenden Worten:

„That is, the implicit social cognition associated with negative stereotypes about the elderly is equally inescapable for high and low prejudice participants."

5.2.1 Das Nicht-Beachten stereotyper Informationen: Ausgewählte Untersuchungen

Eine Vielzahl von Motiven können einen Beobachter dazu bringen, soziale Stereotype bei der Beurteilung anderer zu verwenden. Die Stereotypisierung verleiht dem Betrachter eine Effizienz im sozialen Wahrnehmungsprozess, die eine schnelle Einschätzung erlaubt, und dies trotz der minimalen Investition von kognitiven Resourcen. So bleibt mehr Kapazität übrig für prioritäre Aufgaben (Macrae, Milne, Bodenhausen, 1994). Auf der anderen Seite bringt das Stereotypisieren von Mitmenschen auch viele Nachteile mit sich, so die Gefahr von Fehlurteilen aufgrund von undifferenzierter Betrachtungsweise. Wenn man davon ausgeht, dass stereotype Impulse sehr wahrscheinlich in sozialen Situationen spontan entstehen, stellt sich natürlich die Frage, wie leicht diese Prozesse unterdrückt beziehungsweise missachtet werden können (Bodenhausen, Macrae & Milne, 1998). Obwohl Stereotypaktivation automatisch abläuft, ist davon auszugehen, dass die Stereotypunterdrückung in Bezug auf die ablaufenden mentalen Prozesse einen kräfteverzehrenden Akt darstellt. Das könnte zu einem ironischen Dilemma führen. Wenn das Unterdrücken von stereotyprelevanter Information zu einer kognitiven Belastung führt, bedeutet dies, dass auch weniger mentale Energie für andere nicht stereotypbehaftete Informationen übrigbleibt. Dieser Fragestellung gehen Bodenhausen und seine Mitarbeiter in verschiedenen Untersuchungen nach.

Die Untersuchung, die Macrae, Bodenhausen, Milne und Wheeler (1996) zur oben geschilderten Problematik durchführten, lässt sich wie folgt skizzieren: Die Autoren zeigten Studenten das Bild einer Zielperson, während gleichzeitig eine Beschreibung über einen Kopfhörer vom Band lief. Aufgabe der Probanden war es, sich einen Eindruck von der beschriebenen Person zu erarbeiten. Das Bild zeigte einen Skinhead, also eine soziale Kategorie mit starker potentieller Stereotypisierung. Die Bandbeschreibung beinhaltete immer den gleichen Stamm an Kerninformationen, die vollkommen irrelevant in Bezug auf das Stereotyp "Skinhead" waren. Allerdings existierten drei verschiedene Versionen der Bandbeschreibung. In der Niedrig-Stereotyp-Bedingung wurde der Beschreibung eine stereotype Information hinzugefügt. In der Hoch-Stereotyp-Bedingung wurden dem Profil fünf stereotype Informationen zugefügt, und die Kontroll-Bedingung enthielt nur nicht-stereotype Informationen. Die Hälfte aller Versuchsperson unter jeder der drei Bedingungen erhielt die Instruktion, alle stereotypen Informationen bezüglich ihrer Eindrucksbildung zu ignorieren. Begründet wurde dies damit, dass die Forschung zeigen würde, unsere Eindrücke von anderen Menschen seien stark durch stereotype Einstellungen beeinflusst. Die andere Hälfte der Versuchspersonen bekam diesbezüglich keine Informationen. Während das Band mit den Informationen lief, sollten die Versuchspersonen einen Bildschirm betrachten und sobald ein visueller Stimulus erschien, sollte dieser so schnell wie möglich eliminiert werden. Die Reaktionszeit hierfür wurde als Indikator für die Aufmerksamkeitsreserven des Betrachters gesehen. Wenn Stereotypunterdrückung kognitive Fähigkeiten bindet, wie die These besagt, sollte eine verlangsamte Reaktionszeit bei Stereotypunterdrückern zu beobachten sein

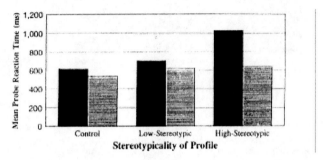

Abb. 1: *Mittlere Reaktionszeit als Funktion der Unterdrückungs-Instruktion und der unterschiedlichen Beschreibungsprofile (Bodenhausen, Macrae & Milne, 1998:353)*

Die Untersuchungsergebnisse (s.Abb.1) bestätigen die aufgestellten Thesen, derart, dass die Gruppe der Nicht-Unterdrücker relativ schnell und gleich reagierte, unabhängig vom Stereotypgehalt der erhaltenen Beschreibung, während die Unterdrücker langsamer reagierten. In der Hoch-Stereotyp-Unterdrücker-Gruppe war die Reaktionszeit 400 ms länger als bei der Nicht-Unterdrücker-Gruppe. Dies zeigt, dass Stereotypunterdrückung eine Ressourcen konsumierende Tätigkeit darstellt. Um zu erfahren, ob dies auch -ironischerweise- zu einer Reduzierung der nicht-stereotypen Informationsverarbeitung führt, wurde das Experiment um einige Details erweitert. Nach der Eindrucksbildung bekamen die Versuchspersonen eine fünfminütige Ablenkungsaufgabe. Danach folgte ein Gedächtnistest für die nicht-stereotypen Informationen, die vom Band kamen. Die Ergebnisse sind in Abbildung 2 dargestellt.

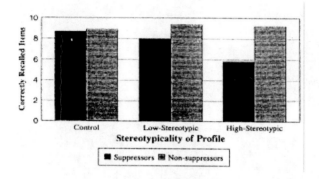

Abb. 2: *Durchschnittliche Anzahl der korrekt wiedergegebenen neutralen Items als Funktion der Unterdrückungs-Instruktion und des Beschreibungsprofils (Bodenhausen et al., 1998 :354)*

Die Nicht-Unterdrücker-Gruppe zeigte über alle Bedingungen etwa vergleichbare Ergebnisse, während die Gedächtnisleistung der Unterdrücker umso geringer war, je mehr sie an stereotyper Information erhalten hatte. Die Hoch-Stereotyp-Unterdrücker erinnerten 37% weniger Informationen als Nicht-Unterdrücker, eine hochsignifikante Differenz. Der Versuch, stereotype Information nicht zu beachten, führte dazu, dass nicht-stereotype Informationen vernachlässigt wurden. Dies betraf somit genau die Informationen, die beachtet werden sollten.

In einer zweiten Studie von Macrae et al. (1996) versuchten die Autoren, ihre Befunde im Hinblick auf stereotype und nicht-stereotype Informationen zu überprüfen. In dieser Studie sahen die Versuchspersonen das Foto eines älteren Mannes, während sie gleichzeitig aufgezeichnete Informationen vom Band hörten, die 12 stereotype Items (z.B. mag es, über die guten alten Tage nachzudenken) und 18 nicht-stereotype Items (z.B.

kocht gerne) enthielten. Die Hälfte der Versuchspersonen wurde gebeten, altersbezogene Stereotypen nicht zu beachten, während die restlichen Probanden diese Instruktion nicht erhielten. Eine Woche später wurden die Versuchsteilnehmer gebeten, einen freien Erinnerungstest durchzuführen. Anschließend wurde das Verhältnis von stereotyper zu nicht-stereotyper erinnerter Information als eine Funktion der Instruktionsbedingung untersucht.

Die Ergebnisse zeigten, dass Stereotyp-Unterdrücker weniger nicht-stereotype Information erinnerten als Nicht–Unterdrücker (Mean proportions: .22 vs .33). Unterdrücker erinnerten dagegen signifikant mehr stereotype Information als Nicht-Unterdrücker (.48 vs .34). Das heißt, obwohl sie versuchten, Stereotype nicht zu beachten, hatten sie letztendlich mehr stereotype als nicht-stereotype Information erinnert. Die beunruhigende Implikation dieser Befunde ist darin zu sehen, dass offensichtlich sogar "wohlmeinende" Beobachter, die Stereotype nicht beachten wollen, zu unbeabsichtigter Erinnerungsbeeinflussung neigen.

Eine Erklärung hierfür wäre, dass in dem beschriebenen Experiment explizit die Anordnung ausgesprochen wurde, Stereotype zu unterdrücken. Es könnte denkbar sein, dass gerade diese Anweisung -ironischerweise- zu dem gefundenen Ergebnismuster geführt hat. Sei es, dass aufgrund dieser Instruktion soziale Besorgtheit erzeugt wurde, die disruptive Effekte auf die Leistung zur Folge hatte. Oder aber die Stereotype waren so potent, dass sie eine resistente Wirkung auf die Informationsverarbeitung ausübten, unabhängig vom Bestehen sozialer Besorgtheit.

In einer Untersuchung von Macrae, Bodenhausen, Milne und Ford (1997) wird deshalb mit dem standard-directed-forgetting-paradigm gearbeitet. Bei dieser Vorgehensweise werden die Teilnehmer üblicherweise mit verschiedenen Stimuli konfrontiert, die sie später wieder vergessen sollen. Es wird ihnen beispielsweise mitgeteilt, sie hätten fälschlicherweise bestimmte Informationen erhalten, da der Versuchsleiter die Unterlagen verwechselt habe. Das bedeutet, die Anweisung, stereotype Information per se zu ignorieren, wird nicht ausgesprochen, sondern es wird verlangt, bestimmte Informationen, die nicht relevant sind, zu vergessen. Bei diesem Prozedere wird die Stereotypisierungsproblematik nicht angesprochen, so dass soziale Besorgtheit bezüglich der reputationalen Konsequenzen durch die fehlende Unterdrückung stereotyper Gedanken nicht entstehen kann. Es gibt zwei Standardversionen des directed-forgetting-paradigm: die Item-Methode und die Listen-Methode (vgl. Basden & Basden & Gargano, 1993). In dem von Macrae et al. (1996) durchgeführten Experiment wurde mit der Listenmethode gearbeitet, bei der die Versuchsteilnehmer zwei verschiedene Listen mit Stimuli erhielten. Nach der Präsentation der ersten Liste wurde der Hälfte der Versuchsteilnehmer die Instruktion gegeben, diese fälschlicherweise ausgehändigte Liste zu missachten und nur die zweite Liste zu fokussieren. Die andere Hälfte der Probanden sollte beide Listen lernen. Nach Bjork (1989) sollten zwei Effekte diese Situation kennzeichnen: Erstens tendieren Versuchspersonen, die die erste Liste vergessen sollen, dazu, weniger Material der ersten Liste zu erinnern als die Kontrollgruppe ohne Vergessensinstruktion. Zweitens neigen die Versuchspersonen mit der Vergessensinstruktion dazu, mehr Items der zweiten Liste zu erinnern als die Versuchspersonen, die beide Listen lernen sollten.

Wenn die Probanden in der Lage sind, die erste Liste zu vergessen, so verfügen sie über mehr Ressourcen für das Erinnern der zweiten Liste. Aber was geschieht, wenn die erste Liste aus stereotypgeleiteter Information besteht? Wird das Ignorieren beziehungsweise Vergessen der Information dadurch erschwert?

Eine Anzahl von Studien belegt, dass die Aktivation von Stereotypen zu einer Förderung der Enkodierung und Speicherung stereotypkonsistenter

Information führt (Fyock & Stangor, 1994; Macrae, Hewstone & Griffiths, 1993). Dies geschieht sogar, wenn Stereotypaktivation subliminal abläuft (Macrae, Milne & Bodenhausen, 1994). Stereotype scheinen einen Rahmen für das Organisieren beurteilungsrelevanter Informationen zur Verfügung zu stellen (Bodenhausen, 1988; Bodenhausen & Wyer, 1985), und diese Funktion kann weitgehend automatisch und unbeabsichtigt ablaufen. Folglich könnte die Instruktion, stereotype Information zu vergessen, schwieriger zu erfüllen sein als in den Fällen, in denen keine Stereotype aktiviert wurden, einfach weil diese Information köhärenter enkodiert und organisiert werden kann.

In der Untersuchung von Macrae, Bodenhausen, Milne und Ford (1997) wurden Studenten unter dem Vorwand, eine Vorstudie zu absolvieren, in ein Labor gebracht. Die erste Aufgabe bestand im Lesen eines kurzen Zeitungsartikels. Die Hälfte der untersuchten Gruppe las einen Artikel über einen Kinderschänder (Stereotypaktivierungsbedingung), die andere Hälfte las einen Text über Verkehrsregeln in Irland (Kontrollbedingung). Alle Versuchspersonen glaubten, später Fragen zum Text beantworten zu müssen. In der Zwischenzeit sollten sie eine angeblich nicht zur Vorphase in Beziehung stehende Listenlernaufgabe abschließen, das heißt, es musste eine Wortliste auswendig gelernt werden, die mittels Computer präsentiert wurde. Die ersten zehn Wörter (Liste 1) bestanden ausschließlich aus Begriffen, die stereotypgeleitet mit einem Kinderschänder assoziiert waren (z.B. "compulsive"). Die zweiten zehn Begriffe (Liste 2) waren Wörter, die nicht mit Kindesmissbrauchern assoziiert waren (z.B. "insolent").

Wenn nun Stereotype automatisch einen organisierenden Einfluss auf die Informationsakquisition haben, sollte es schwierig sein, diese Information zu vergessen, wenn ein Stereotyp aktiviert wurde. Um dies empirisch zu untersuchen, wurde nach der Präsentation der ersten Liste entschuldigend erklärt, die Probanden hätten aus Versehen die falsche Liste bekommen. Sie sollten sie einfach ignorieren und nur der nächsten Liste Beachtung schenken. Die andere Hälfte der Versuchspersonen sollte beide Listen beachten. Nach der Lernphase mussten alle Versuchspersonen eine dreiminütige Ablenkungsaufgabe bearbeiten und anschließend einen Erinnerungstest durchführen, wobei die Probanden so viele Items wie möglich von beiden Listen erinnern sollten.

Wenn vor der Lern-Aufgabe kein Stereotyp aktiviert wurde, sollten folgende Standardergebnisse eintreten: Die Versuchspersonen, die Liste I vernachlässigen sollten, müssten weniger Erinnerung für die Items der ersten Liste zeigen, aber eine verbesserte Erinnerungsleistung für die Items der zweiten Liste. Wie aus Abb.3 ersichtlich, bestätigen die Ergebnisse die Ausgangshypothese.

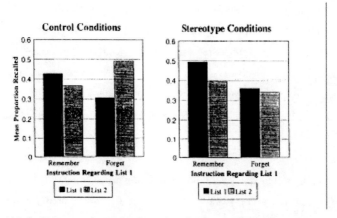

Abb.3: *Erinnerte Items der Liste 1 und Liste 2 als Funktion der experimentellen Instruktionen und in Abhängigkeit eines vorher aktivierten Stereotyps (rechts) oder in Abwesenheit (links) einer Aktivation (Bodenhausen, Macrae & Milne, 1998:358)*

Wie sehen die Ergebnisse jedoch aus, wenn ein relevantes Stereotyp aktiviert wurde? Laut Bodenhausen, Macrae und Milne (1998) ist zu erwarten, dass das Nicht-Beachten der stereotypen Information schwieriger wird, da stereotype Information sehr insistent ist, aufgrund eines automatischen Prozesses, der das effiziente Enkodieren und Organisieren der Information im Hinblick auf stereotype Erwartungen fördert. Daraus ergibt sich, dass das Missachten der ersten Liste schwierig ist, und folglich wird der übliche Nutzen, der normalerweise beim Verarbeiten der zweiten Liste entsteht, ausbleiben.

Dieser Sachverhalt wird durch die Resultate der Untersuchung bestätigt. Wurde ein Stereotyp aktiviert und die erste Liste sollte vergessen werden, waren die Probanden in der Lage, die stereotypen Items der ersten Liste zu vergessen, da sie weniger Wörter dieser Liste erinnerten als die Versuchspersonen der Kontrollbedingung (Ms: .36 vs .49). Aber dies führte nicht gleichzeitig zu einer Förderung der Erinnerungsleistung für die zweite Liste (Ms: .34 vs .39 Vergessen- und Nicht-Vergessen-Instruktion), wie es in der Kontrollbedingung der Fall war. Normalerweise bedeutet das Vergessen der Liste 1, dass mehr Aufmerksamkeit und Energie für das Erinnern der zweiten Liste zur Verfügung steht. Aber sobald die erste Liste aus stereotyp-relevantem Material besteht, ist das Nicht-Beachten erschwert, und konsequenterweise erfolgt keine Begünstigung der zweiten Liste als Folge der Vergessensinstruktion. Stattdessen ist die Vergessensinstruktion assoziiert mit einer verminderten Leistung bei beiden Listen.

Macrae et al. (1997) interpretieren dies folgendermaßen: Die Versuchspersonen sind eventuell in der Lage, stereotype Konzepte zu vernachlässigen, aber durch die große Anstrengung, die notwendigerweise eingesetzt werden muss, um dies zu erreichen, kann die Verarbeitung der zweiten Liste keinen Vorteil aus der Vergessensinstruktion ziehen. Diese

Erklärung impliziert, wenn Menschen nicht genügend Ressourcen zur Verfügung haben, um Stereotype aus den Gedanken aktiv auszuschließen, sollte die Vergessensinstruktion nicht zu "Verbesserungen" beim Lernen der zweiten Liste führen. Darüber hinaus sollte sogar keine verbesserte Erinnerungsleistung für die zu missachtende erste Liste entstehen.

Um diese Annahme zu überprüfen, führten Macrae, Bodenhausen, Milne und Ford (1997) ein zweites Experiment durch. Sie untersuchten wiederum den Einfluss der Vergessensinstruktion auf die Erinnerungsleistung. Zusätzlich wurde jedoch eine Manipulation der Ressourcenverfügbarkeit vorgenommen, das heißt einige Probanden verrichteten die Listenlernaufgabe unter der Bedingung "kognitiver Beschäftigtheit", operationalisiert durch eine Additionsaufgabe.

In dieser Studie wurde die Hälfte der Versuchspersonen mit einem bestimmten Stereotyp ("child abuser") durch eine scheinbar irrelevante vorausgegangene Aufgabe geprimt. Anschließend wurden zwei Adjektivlisten mit je zehn Wörtern zum Lernen präsentiert. Genau wie bei der vorherigen Studie bestand die erste Liste aus zehn Begriffen, die stereotyprelevant waren im Hinblick auf das vorherige Priming. Die zweite Liste enthielt zehn neutrale Items. In dieser Studie erhielten alle Versuchspersonen die Vergessensinstruktion direkt nach der Präsentation der ersten Liste. Eine Hälfte der Probanden führte die Listenlernaufgabe durch wie in der vorangegangenen Studie (non-busy-Bedingung), während die andere Hälfte gleichzeitig noch eine zusätzliche Aufgabe bearbeiten musste (busy-Bedingung). Die Probanden mussten während des Lernens der zweiten Liste die Anzahl der Vokale der Items zählen. Die Resultate dieser Studie sind in Abb. 4 dargestellt:

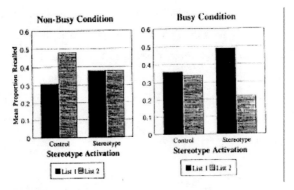

Abb.4: *Erinnerte Items der Liste 1 und Liste 2 als Funktion der Stereotypaktivation und der kognitiven "busyness" (Bodenhausen, Macrae & Milne, 1998:360)*

Da die "non-busy-Bedingung" eine exakte Replikation des vorherigen Experimentes darstellt, wurden auch dieselben Ergebnisse erwartet. Eine Bestätigung dieser Erwartung wurde tatsächlich erreicht. Liste 1 wurde besser erinnert als Liste 2. Wurde ein Stereotyp aktiviert, verschwand die verbesserte Erinnerungsleistung für Liste 2.

Bezüglich der "busy-Bedingung" ergaben sich folgende Befunde: Wurde ein Stereotyp aktiviert, und Liste 1 sollte vergessen werden, wurden mehr Begriffe der Liste 1 als Begriffe der Liste 2 erinnert. War kein Stereotyp anwesend, war die Erinnerungsleistung für beide Listen ähnlich, so dass die Vokalzählaufgabe genügte, um die verbesserte Verarbeitung der zweiten Liste aufzuheben, die aus der Instruktion, die erste Liste zu vergessen, resultierte.

Die Tatsache, dass das Ergebnismuster sich unter der Bedingung Stereotypaktivation umkehrt, ist ein wesentliches Resultat dieser Studie. Es reiht sich in die Ergebnisse anderer Untersuchungen ein, die zeigen, wie schwierig es ist, stereotypes Material nicht zu beachten bzw. zu unterdrücken.

Soziale Ängstlichkeit konnte in den zuletzt beschriebenen Studien keine Rolle gespielt haben, also muss die Potenz stereotypen Materials so hoch gewesen sein, dass sie relativ schwer zu missachten war. Vor allen Dingen dann, wenn nicht genügend kognitive Kapazität zur Verfügung gestellt werden kann, ist es kaum möglich, eine kognitiv so stark beanspruchende Aufgabe zu erfüllen, wie sie das Ignorieren stereotyprelevanter Informationen verlangt.

5.3 Zusammenfassung

Die hier dargestellten Untersuchungen zeigen, dass Stereotype über ältere Menschen unbewusst das Enkodieren und Abrufen von Informationen beeinflussen, die stereotyprelevant sind. In der Studie von Hense et al. (1995) konnte darüber hinaus jedoch nicht belegt werden, dass explizite Einstellungen, z. B. in Form der Vorurteilsstärke, diese unbewussten Prozesse beeinflussen. Es konnten keine Belege dafür gefunden werden, dass eine implizite Erinnerungsleistung für stereotypkonsistente Adjektive von der bewussten Vorurteilsstärke gegenüber älteren Menschen abhängig ist.

In Bezug auf die Unterdrückung stereotyper Information konnten Macrae et al. zeigen, dass die bewusste Nichtbeachtung von stereotypem Material kognitive Ressourcen bindet und somit weniger Kapazitäten für andere Aufgaben zur Verfügung stehen. Kurioserweise kann das bewusste Ignorieren stereotyper Information sogar zu einer verstärkten Erinnerungsleistung gerade für diese Information führen. Wurde jedoch mit einem DF-Paradigma gearbeitet, was nicht das bewusste Ignorieren stereotyper Information verlangte, sondern lediglich das Vergessen von "fälschlicherweise gegebener" Information, konnte die stereotype

Informaton tatsächlich zugunsten der neutralen Information vernachlässigt werden. Wurde jedoch ein Stereotyp aktiviert, konnte die Erinnerungsleistung für die neutrale Informationen nicht verbessert werden. Es kam zu einer verringerten Leistung für die stereotype und neutrale Information aufgrund der starken kognitiven Belastung. Stereotype nicht zu beachten, kann also so anstrengend sein, dass die Informationsverarbeitung der neutralen Informationen darunter leidet. Die Studien von Macrae et al. zeigen die starke Potenz von stereotypem Material. Zudem wird sichtbar, wie schwierig und kapazitätsbeherrschend das Ignorieren von solchem Material ist.

6. Überblick über das empirische Programm

Das empirische Programm dieser Arbeit beschäftigt sich mit der Implizierung des Altersstereotyps bei unterschiedlichen Altersgruppen unter verschiedenen Bedingungen sowie mit den sich daraus entwickelnden Folgen für personelle Beurteilungen und Gedächtnisleistungen.

Dabei wird davon ausgegangen, dass bei der Einstellung von Arbeitnehmern heutzutage das Alter des Bewerbers eine große Rolle spielt. Auch wird einer Person in der heutigen Arbeitswelt bereits zu einem sehr frühen Zeitpunkt das label "alt" zugesprochen. Ziel der vorliegenden Arbeit ist es nun zu erfassen, wie sich unterschiedliche Informationen, die in Form von altersrelevanten Adjektiven gegeben werden, auf die Eignungsbeurteilung eines Bewerbers auswirken. Dies geschieht unter der Bedingung, dass der positive und negative Gehalt der Eigenschaftszuschreibungen stabil gehalten wird, aber die stereotypgeleiteten Items bezüglich der Kategorisierung "jung" und "alt" variieren. Als Erkenntnisinteresse gilt dann, ob sich hier die Tendenz des in unserer Gesellschaft zu beobachtenden "ageism" allein schon durch das Einbringen altersstereotypbehafteter Adjektive innerhalb eines Bewerbungstranskripts in Form einer schlechteren personellen Eignungsbeurteilung nachweisen lässt, ohne dass eine explizite Altersangabe gemacht wurde. Es stellt sich dann auch die Frage, ob altersbezogene Eigenschaften im Arbeitsbereich somit generell negativer eingeschätzt werden als beispielsweise Eigenschaften, die stellvertretend für junge Menschen betrachtet werden. In bisherigen Untersuchungen zum Thema Stereotype zeigte sich, dass eine vorausgehende Aktivierung des entsprechenden Stereotyps einen Effekt auf die Informationsverarbeitung ausübt, wie bereits in Kapitel 5.2 dargestellt (vgl. Macrae, Bodenhausen, Milne & Ford, 1997).

In der hier vorliegenden Arbeit wird in Bezug auf das Altersstereotyp ebenfalls mit einer Stereotypaktivierung gearbeitet. Hat eine vorangegangene Stereotypaktivierung verstärkenden, auslösenden oder keinerlei Einfluss auf die Stärke der Einstellungsbewertung? Das heißt, ist speziell beim Altersstereotyp eine vorangestellte Aktivation in Form eines Fotos und einem dazugehörigen spezifischen Text nötig zur Aktivierung des Altersstereotyps? Oder reichen allein schon die dargebotenen stereotypgeleiteten Adjektive aus, um automatisch eine Aktivierung zu initiieren?

Des Weiteren interessiert die Frage, welche Einflussnahme vom Alter der beurteilenden Gruppe ausgeht. Ebenso wäre zu fragen, ob Gruppenhomogenität bzw -heterogenität zwischen Beurteiler und zu beurteilender Person hinsichtlich des Beurteilungsergebnisses eine Rolle spielt. Oder anders ausgedrückt: Beurteilen alte Menschen Ältere anders als junge Menschen dies tun? Aufgrund einiger Untersuchungsbefunde kann davon ausgegangen werden, dass Mitglieder der eigenen Gruppe positiver eingeschätzt werden sollten als Angehörige einer Außengruppe (vgl. Luszcz & Fitzgerald, 1986). Ebenso belegen Studien (Schulz & Fritz, 1987) eine self-other-Diskrepanz im Hinblick auf das Alter, die zeigt, dass junge Menschen eine negativere Sicht des Alters besitzen als ältere. Folglich könnten in den folgenden Untersuchungen unterschiedliche Beurteilungsergebnisse in Abhängigkeit vom Alter der Probanden erwartet werden (vgl. Kap. 4.2.2.2)

Bezüglich der Verarbeitung stereotyper und nicht-stereotyper Informationen und der relevanten Erinnerungsleistung gibt es richtungsweisende Untersuchungen von Macrae und seinen Mitarbeitern (vgl. Kapitel 5), an denen sich diese Arbeit ausschnittweise orientiert. Das Hauptaugenmerk von Macrae et al. (1997) lag bei der Erinnerungsleistung, während diese Arbeit den Fokus bei der Einstellungsbeurteilung sieht.

Darüber hinaus werden jedoch auch implizite und explizite Erinnerungsmessungen durchgeführt, differenziert nach stereotypbehaftetem und neutralem Material.

Das Directed-Forgetting-Paradigma in Form von Listenlernaufgaben wird aus den Untersuchungen von Macrae et al. (1997) in diese Arbeit übernommen. Zielsetzung ist die Überprüfung, ob durch eine Vergessensinstruktion eine Ausschaltung der stereotypen Information tatsächlich erreicht werden kann, und ob sich dies in einer entsprechenden personellen Beurteilung widerspiegelt. Dies geht über eine entsprechende Erinnerungsleistung hinaus, die aber nichtsdestotrotz durch einen freien Erinnerungstest (explizite Erinnerung) und eine Wortfragmentergänzungsaufgabe (implizite Erinnerung) mit erfasst wird.

Die im Folgenden darzustellenden 4 Experimente lassen sich in zwei Kategorien unterteilen: Die Experimente 1 und 2 beschäftigten sich mit den unterschiedlichen Auswirkungen der implizierten Stereotype in Abhängigkeit vom Alter der Versuchsgruppe und der Auswirkung des Directed–Forgetting-Paradigmas auf die personelle Einstellungsbeurteilung. Die Studien 3 und 4, die erst an späterer Stelle detaillierter besprochen werden, dienten zur Abklärung potentieller Erklärungsmuster, die sich aufgrund der Ergebnissituation aus den beiden ersten Untersuchungen ergeben haben. Dies hat seinen Grund darin, dass die Ergebnisse der ersten beiden Experimente auf unterschiedliche Verarbeitungsmechanismen von älteren und jüngeren Menschen in Bezug auf das Directed-Forgetting-Paradigma hindeuteten.

Experiment 1

Folgende Hypothesen gilt es in diesem Experiment zu überprüfen: *Erstens, es findet eine korrekte Zuordnung der stereotypbehafteten Adjektive zu der entsprechenden Altersgruppe statt.* Das heißt, unter der Versuchsbedingung Stereotyp „alt" sollte die Alterseinschätzung der im Versuch beschriebenen target-Person höher ausfallen als unter der Versuchsbedingung „jung". Wird der Stereotypbedingung eine kongruente Aktivation vorangeschaltet, sollte die Differenz der Altersschätzung zwischen den beiden Stereotypen „alt" und „jung" stärker ausfallen als ohne vorausgehende Aktivation. Wird eine Vergessensinstruktion für Liste 1 durchgeführt, sollte dies zu keinen Unterschieden zwischen den Stereotypbedingungen "jung" und "alt" in Bezug auf die Alterseinschätzung führen. Wenn Liste 1 (stereotyp) wirklich vergessen werden kann, so wird die Beurteilung nur anhand von Liste 2 (neutral) vorgenommen. Das bedeutet, es sollte nicht zu einer Beeinflussung der Alterseinschätzung durch die stereotypbehafteten Items kommen, unabhängig davon, ob es sich um "junge" oder "alte" Items handelt.

Das Alter wird gesellschaftlich eher negativ betrachtet, da es als unattraktiv im Hinblick auf die Leistungsfähigkeit erscheint. Perdue und Gurtman (1990) konnten aufgrund ihrer Untersuchungen zeigen, dass der sogenannte "ageism" Konsequenzen für das Enkodieren und Wiedergewinnen von Eigenschaftsinformationen besitzt. Die kognitive Kategorisierung einer Person als „alt" kann negative Konstrukte schaffen, die leicht zugänglich sind und somit bei der Beurteilung einer Person eher angewandt werden könnten. *Folglich wird zweitens generell eine negativere Beurteilung von Personen erwartet, die mit einem Altersstereotyp in Verbindung gebracht werden, als von Personen, die eher dem Stereotyp „jung" zugeordnet werden können.*

Aufgrund der Untersuchungsergebnisse von Bodenhausen et al. (1998) kann davon ausgegangen werden, dass die Einführung der Aktivation eines Stereotyps zu einer verstärkten kognitiven Verarbeitung führen könnte. *Folglich sollten drittens Personen, die zusätzlich zu der Implizierung „alt" noch eine vorangehende Aktivation des Altersstereotyps erfahren haben, schlechter beurteilt werden als ohne vorangegangene Aktivierung.* Die vierte Hypothese geht davon aus, *dass die Vergessensinstruktion bzgl. der ersten zu erlernenden Liste (stereotypbehaftetes Material) zu einer Aufhebung der Unterschiede in der Beurteilung zwischen der Stereotypisierung „alt" und „jung" führen sollte, während es ohne Vergessensinstruktion unter der Stereotypbedingung „alt" zu einer schlechteren Beurteilung kommen sollte als unter der Stereotypbedingung „jung".* Dies sollte dann der Fall sein, wenn die Versuchspersonen dazu in der Lage sind, die Informationen der ersten Liste zu vergessen, unabhängig von ihrer Art. D. h., wenn diese Information, egal ob es sich um stereotypgeleitete „junge" oder „alte" Adjektive handelt, wirklich ignoriert werden kann, gehen nur die neutralen Items aus der zweiten Liste in die Beurteilung ein. Folglich müsste es sowohl unter der Bedingung „alt" als auch unter der Bedingung "jung" zu einem vergleichbaren Effekt kommen. Ohne Vergessensinstruktion sollte es zu einer schlechteren Beurteilung unter der Bedingung "alt" kommen, wenn man dies mit der Bedingung "junges" Stereotyp vergleicht.

Zusätzlich werden die Werte für explizites und implizites Erinnern erfasst. Die für diesen Bereich aufgestellten Hypothesen werden jedoch zu einem späteren Zeitpunkt (Kap. 7.3) referiert.

Zur Überprüfung der aufgeführten Hypothesen werden zwei Listen in Form von Transkripten, die eine Bewerbungssituation betreffen, dargeboten. Die Listen bestehen aus Paraphrasen und entsprechenden Adjektiven. Die erste Liste beinhaltet nur stereotypbehaftete Items

93

(entweder das Stereotyp "jung" oder "alt" betreffend), während die zweite Liste nur altersneutrale Items enthält. Es wird ein Standard-Forgetting-Paradigma eingesetzt (vgl Bjork, 1989; Bodenhausen et al.1998), dergestalt, dass die Hälfte der Versuchspersonen nach der ersten Liste eine Vergessensinstruktion bekommt, die andere Hälfte nicht. Die Aktivationsmanipulation wird dabei so durchgeführt, dass die Probanden der Aktivationsbedingung vor dem Erhalt der Listen einen Text zu lesen bekommen, der von älteren Menschen handelt. Währenddessen liest die Kontrollgruppe einen altersneutralen Text. Zu einem späteren Zeitpunkt beurteilen die Versuchspersonen die anhand der Transkripte gelernten Listenitems auf einer Rating-Skala bezüglich mehrerer Dimensionen. Daran schließt sich ein impliziter Erinnerungstest in Form eines Wortergänzungstests an. Die explizite Erinnerung für die dargebotenen Listenitems wird als free-recall-Test erfasst.

Experiment 2

Experiment 2 stellt eine Spiegelung des ersten Experimentes dar, wobei die einzige Veränderung im Alter der Versuchspersonen zu sehen ist. Während im ersten Experiment junge Menschen als Versuchspersonen eingesetzt werden, stellen im zweiten Experiment explizit ältere Menschen die Versuchsgruppe. Im Fokus des Interesses steht dabei die Frage, ob ältere Menschen ebenfalls einen Unterschied in der Beurteilung einer Person machen, sobald unterschiedliche Stereotype induziert sind. Oder gilt, dass ältere Menschen ihre eigene Bezugsgruppe (Stereotyp "alt") genauso positiv bewerten wie Personen, die mit dem Stereotyp "jung" assoziiert werden? Das methodische Vorgehen aus Experiment 1 wird detailliert übernommen. Es sind dieselben Fragestellungen von Interesse wie im ersten Experiment. Hierbei sind sowohl die Einzelergebnisse wichtig, als auch der Vergleich der Ergebnisse dieser (älteren) Versuchsgruppe im Verhältnis zur jungen Versuchsgruppe aus dem ersten Experiment. Es wird erwartet, dass *die soziale Urteilsbildung in Abhängigkeit vom stereotypgeleitetem Material durch die Zugehörigkeit zu der beurteilenden Gruppe beeinflusst wird.* Ein Vergleich der beiden Altersgruppen in Bezug auf die Eignungsbeurteilung könnte einerseits zu einer unterschiedlichen Beurteilung des Alterstereotyps führen, dergestalt, dass die älteren Probanden, aufgrund ihrer eigenen Gruppenzugehörigkeit und aufgrund der überpotentiven Merkmale eine positivere Bewertung der Target-Person vornehmen. Andererseits muss die Frage gestellt werden, ob der "ageism" vielleicht ein so starkes gesellschaftliches Phänomen darstellt, dass auch die eigene Altersgruppe sich der negativen Stereotypisierung bzgl. der Arbeitswelt nicht entziehen kann und folglich zu einer negativeren Einschätzung der eigenen Gruppe kommt im Vergleich zu den "jungen" Stereotypen. Es gilt die Fragestellung, wo Übereinstimmungen bzw. Differenzen zu beachten sind, die altersinduziert zu sein scheinen.

Experiment 3

Das dritte Experiment soll überprüfen, ob der fehlende Vergessenseffekt in Experiment 2 auf altersrelevante Differenzen in der Fähigkeit, irrelevante Informationen zu unterdrücken, zurückzuführen ist. Hierbei gilt es auch festzustellen, inwieweit sich eine zusätzliche kognitive Beschäftigung beim Lernen von Begriffen auf die Behaltensleistung auswirkt.

Es wird somit die Hypothese erstellt, dass für die älteren Versuchspersonen unter der Vergessensinstruktion keine verbesserte Erinnerungsleistung für

Liste 2 im Vergleich ohne Vergessensinstruktion erwartet werden kann, da aufgrund von fehlenden Inhibitionsmechanismen die Items der Liste 1 nicht ignoriert werden können. Somit ist keine erweiterte Speicherkapazität für Liste 2 vorhanden und aufgrund der fehlenden Inhibition sollte es bei der Experimentalgruppe auch nicht zu einer verringerten Erinnerung für die erste Liste kommen.

Des Weiteren wird bzgl. der Einführung des Faktors "busyness" für die ältere Versuchsgruppe unter der Vergessensinstruktion folgende Veränderung der expliziten Erinnerungsleistung zu erwarten sein im Vergleich zur Bedingung ohne "busyness". Wenn sich die oben aufgestellte Hypothese bestätigt, dass ältere Menschen aufgrund fehlender Inhibitionsmechanismen kein typisches DF-Ergebnismuster zeigen, sondern auch mit der Vergessensinstruktion beide Listen wahrscheinlich gleich stark erinnern werden, kann eine zusätzliche kognitive Belastung beim Erlernen der zweiten Liste lediglich zu einer Verschlechterung der Erinnerungsleistung für die zweite Liste führen.

Genau wie die ersten beiden experimentalen Untersuchungen stellt Experiment 3 eine Listenlernaufgabe dar. Es werden wiederum zwei Listen zum Lernen dargeboten, wobei in dieser Untersuchung neutrale Items benutzt werden. Es wird der ersten und zweiten Untersuchung vergleichbar ein Directed-Forgetting-Paradigma eingesetzt. Die Hälfte der Versuchspersonen bekommt nach dem Erlernen der Begriffe die Instruktion, die erste Liste wieder zu vergessen, da sie versehentlich ausgegeben worden sei, und nur die zweite Liste zu beachten. Die Probanden der Kontrollgruppe sollen die erste und die zweite Liste beachten. Als weitere Bedingung wird das Erlernen der zweiten Liste für die Hälfte der Versuchspersonen erschwert, da sie gleichzeitig die Instruktion bekommen, die Vokale der dargebotenen Items zu zählen, während sie die Adjektive erlernen sollen. Zu einem späteren Zeitpunkt sollen die Begriffe beider Listen in einem Free-recall-Test erinnert werden. Abschließend wird zusätzlich ein Wiedererkennungstest durchgeführt.

Experiment 4

Experiment 4 soll die Ergebnisse der dritten Untersuchung bezüglich altersrelevanter Differenzen absichern. Da das dritte Experiment nur mit Älteren durchgeführt wird, stellt das vierte Experiment noch einmal eine Listenlernaufgabe mit Vergessensinstruktion für eine junge Versuchsgruppe dar, um so die Differenzen zwischen jungen und alten Versuchspersonen im Hinblick auf die Hemmung irrelevanter Informationen zu überprüfen. Es wird angenommen, dass jüngere Personen dazu in der Lage sind, erlernte Informationen, die später als irrelevant bezeichnet werden, zu vergessen und in Folge dessen von dieser "Ersparnis" beim Verarbeiten anderer Informationen zu profitieren.

6.1 Experiment 1: Der Einfluss stereotypgeleiteter Information auf die Einstellungsbeurteilung bei jungen Versuchspersonen

Zur Überprüfung der Hypothese, dass induzierte Stereotype ("jung" oder "alt") sich auf die soziale Urteilsbildung in Form von unterschiedlichen personellen Beurteilungen auswirken, wurde ein Experiment durchgeführt, in welchem ein DF-Paradigma in Form einer Listenlernaufgabe eingesetzt wurde. Diese Vorgehensweise wurde benutzt, um auszuschließen, dass die Versuchspersonen auf die direkte Anweisung, stereotypes Material nicht zu beachten, gerade dann darauf mit einer besonderen Beachtung reagieren, wie dies in der Studie von Macrae, Bodenhausen, Milne und Wheeler

97

(1996) zu beobachten war. In Experiment 1 wurden Versuchspersonen bei der ersten Listlernaufgabe zwar mit stereotypbehafteten Items konfrontiert, aber es wurde zu keiner Zeit der Begriff "Stereotyp" in mündlicher oder schriftlicher Form benutzt. Die zweite Liste bestand aus neutralen Items. Beide Listen setzten sich aus Personenattributen zusammen, die entweder stereotypen Inhalts für ältere, beziehungsweise jüngere Personen waren (Liste1) oder neutral personenbeschreibend (Liste2). Da die eine Hälfte der Versuchspersonen die erste Liste nicht beachten sollte, da sie "fälschlicherweise" in die experimentelle Anordnung gelangt sei, wurde für diese Gruppe, die zur Hälfte mit "jungen" Eigenschaften, im Vergleich zur zweiten Gruppe, die zur Hälfte mit "alten" Eigenschaften konfrontiert wurde, eine vergleichbare Beurteilungswertung erwartet, da durch das Vergessen der ersten Liste in beiden Gruppen nur die zweite identische neutrale Liste beachtet werden sollte. Im Gegensatz dazu sollte ohne Vergessensinstruktion eine unterschiedliche Bewertung der Zielperson durch die Gruppe mit induzierten "jungen" Items und der Gruppe mit induzierten "alten" Items erwartet werden, derart, dass die letztere Gruppe im Vergleich zur ersten Gruppe eine negativere Bewertung vornehmen sollte. Dies wurde aufgrund des ageism-Phänomens erwartet, hinzu kommt, dass die jungen Beurteiler aufgrund des Gruppenhomogenitätseffektes einen Repräsentanten ihrer eigenen Bezugsgruppe, induziert durch jugendliche Traits, besser beurteilen sollten.

Eine weitere Variable in diesem Experiment ist in der Variation der Aktivationsbedingung zu sehen. Die Hälfte der Probanden wurde vor der Listenlernaufgabe durch das Lesen eines Textes, der von älteren Personen handelte, sensibel gemacht für die Einordnung der später folgenden Personenattribute in die Kategorie "alt". Dies sollte die Annahme überprüfen, ob eine Verstärkung des Altersstereotyps durch eine zusätzliche vorausgehende Aktivierung erreicht werden kann. Eine Anzahl von Studien konnte belegen, dass die Aktivation von Stereotypen zu einer Förderung der Enkodierung und Speicherung stereotypkonsistenter Information führt (vgl. Fyock & Stangor, 1994; Macrae. Hewstone & Griffiths, 1993). Somit sollte die Einführung einer Aktivationsbedingung auch zu einer stärkeren Ergebnisdifferenzierung führen. Das heißt, mit einer kongruenten Verbindung einer Aktivation des Altersstereotyps mit der Darbietung altersrelevanter Adjektive sollte eine verstärkt negativere Beurteilung der Target-Person erfolgen als unter der Bedingung ohne Aktivation.

Zusätzlich zu den Eignungsbeurteilungswerten werden auch Erinnerungstests in Form eines freien Recalls und einem Wort-ergänzungstests durchgeführt. Generell ist davon auszugehen, dass die Vergessensinstruktion beim impliziten Erinnern keinen Einfluss auf die Erinnerungsleistung hat, während die explizite Erinnerungsleistung durch die Vergessensinstruktion beeinflusst werden sollte. Des Weiteren sollten alle Versuchspersonen eine Schätzung des Alters der zu beurteilenden Person abgeben. Dies kann Hinweise darauf geben, ob das induzierte Altersstereotyp auch de facto von den Probanden so verarbeitet wurde. Am Ende der Versuchsdurchführung wurde die Einschätzung bestimmter stereotypbehafteter Adjektive in Bezug auf die Personengruppen alte und junge Personen erfasst als ein spezifisches Maß für die Vorurteilsstärke des Beurteilers.

6.1.1 Methode

Versuchsplan

Sieht man von den Kontrollmaßnahmen ab, lässt sich die Untersuchung für die erste Versuchsphase in einem 2 (Aktivation:mit/ohne) x 2 (Stereotyp:

alt/jung) x 2 (Vergessen : mit/ohne) Versuchsplan beschreiben. Als abhängige Variable wurden die Werte der Rating-Skalen für folgende Dimensionen erhoben: Entwicklungs- und Karrierechancen, fachliche Kompetenz, soziale Kompetenz, Durchsetzungsvermögen, Anpassungsfähigkeit/Flexibilität, Empfehlung zur Einstellung. Zusätzlich wurde ein Gesamtscore pro Person errechnet aus der Summe aller Ratings. Eine weitere abhängige Variable stellte das zu schätzende Alter der im Experiment beschriebenen Person dar.

Für die Phase des impliziten Erinnern liegt ein 2 (Aktivation: mit/ohne) x 2 (Stereotyp: alt/jung) x 2 (Vergessen:mit/ohne) x 2 (Itemart: neutral/kritisch) x 2 (Priming: mit/ohne) Versuchsplan vor mit Messwiederholung auf den letzten beiden Faktoren. Als abhängige Variable wurden die erinnerten, geprimten, neutralen Items und die erinnerten, nicht geprimten, neutralen Items, sowie die erinnerten, geprimten, kritischen Items und die erinnerten, nicht geprimten, kritischen Items erhoben, die im Wortergänzungstest richtig benannt wurden.

Das Design für das explizite Erinnern sieht einen 2 (Aktivation: mit/ohne) x 2 (Stereotyp: alt/jung) x 2 (Vergessen: mit/ohne) x 2 (Itemart: neutral/kritisch) Versuchsplan mit Messwiederholung auf dem letzten Faktor vor. Als abhängige Variable wurden die im free-recall- Test erinnerten kritischen und neutralen Adjektive erfasst.

Versuchspersonen

An diesem Experiment nahmen 64 Versuchspersonen teil, wobei 32 männliche und 32 weibliche Versuchsteilnehmer den einzelnen Bedingungen so zugeteilt wurden, dass unter jeder Versuchsbedingung gleich viele männliche und weibliche Probanden untersucht werden konnten. Die Versuchspersonen waren überwiegend Studierende der Fachhochschule Trier aus verschiedenen Fachbereichen (Betriebswirtschaftslehre; Versorgungstechnik; Maschinenbau; Informatik, Ingenieurwesen) sowie Auszubildende. Das Alter der Versuchsteilnehmer variierte zwischen 18 und 40 Jahren und betrug im Mittel 22.54 Jahre (SD: 4.63). Die Versuchspersonen nahmen nach persönlicher Ansprache freiwillig an dem Experiment teil. Sie wurden nicht für ihre Teilnahme entlohnt.

Material

Aktivationsmaterial

In dieser Untersuchung wurde eine Aktivationsbedingung für das Altersstereotyp eingesetzt. Diese Aktivationsbedingung (A1) wurde in Form eines Textes realisiert mit dem Titel „Impfung für Senioren empfohlen". Ein zusätzliches Aktivierungspotential sollte das Portraitfoto eines circa 65 jährigen Mannes neben der Überschrift bieten. Der Inhalt des Textes thematisierte die Empfehlung einer Impfung gegen Lungenentzündung speziell für Senioren. Eine Aktivation des Altersstereotyps sollte dadurch erreicht werden, dass der Begriff „Senioren" beziehungsweise „ältere Menschen" in diesem kurzen Text (sieben Zeilen) fünf Mal benutzt wird. Unterstützend sollte die bildliche Darstellung des älteren Mannes wirken.

Den Text bekam die Hälfte der Versuchspersonen zu sehen, die andere Hälfte erhielt eine Notiz mit dem Titel „Impfstoff gegen Borreliose" (Kontrollbedingung A2). Neben dieser Überschrift war das Foto einer Zecke eingescannt. Der Inhalt dieses Textes war altersneutral gestaltet (siehe Anhang A) und bezüglich der Länge (sieben Zeilen) vergleichbar mit dem Text aus der Aktivationsbedingung (A1).

Listenmaterial

Für die Versuchsbedingung" Stereotyp" (jung/alt) wurden vier Listen mit je 10 Adjektiven erstellt. Zwei Listen enthielten Adjektive, die das Stereotyp "jung" repräsentierten, während die beiden anderen Listen Adjektive enthielten , die mit dem Stereotyp "alt" assoziiert waren, d.h. es handelte sich um Personenattribute stereotypen Inhalts. Innerhalb jeder Liste wurden immer fünf positiv und fünf negativ konnotierte Adjektive aufgenommen.

Die Adjektive, aus denen sich die Listen zusammensetzen, stammten aus einer Voruntersuchung, in welcher stereotypbehaftete Eigenschaftswörter erhoben wurden. 60 Personen wurden gebeten, stereotype Adjektive für junge und ältere Personen (ab 60 Jahre) aufzuschreiben. Dies sollten die Probanden getrennt für positive und negative Eigenschaftsbeschreibungen tun. Alle gefundenen Begriffe wurden dann zu vier Listen zusammengefasst.

Es ergaben sich folgende Häufigkeiten: Für das Stereotyp alt/negativ 44 Begriffe, für das Stereotyp alt/positiv 40 Begriffe, für das Stereotyp jung/positiv 43 Begriffe und für das Stereotyp jung/negativ 41 Begriffe.

Die 4 Listen wurden 42 neuen Versuchspersonen vorgelegt. Sie sollten die 20 zutreffensten Adjektive jeder Liste ankreuzen. Aus den Eigenschaftswörtern, die am häufigsten gewählt wurden, wurden dann vier Ranglisten erstellt. Aus diesem so entstandenen stereotypbehafteten Adjektivpool wurden für jede Liste fünf positiv und fünf negativ konnotierte Adjektive ausgesucht. Diese Eigenschaftswörter mussten auch inhaltlich zusammenpassen, da sie bei der Versuchsanordnung eine

Person charakterisieren sollten, die sich für eine Position im mittleren Management bewirbt.

Jede Liste (Bewerbungstranskript) war optisch folgendermaßen gestaltet: Auf der linken Seite des Blattes erschien eine Aussage in Bezug auf das Verhalten bzw. das Erscheinungsbild des Bewerbers während des Vorstellungsgespräches (in der Aussage selbst wurde auf den Gebrauch jeglicher Adjektive verzichtet, um Konfundierungen zu vermeiden). Parallel dazu stand auf der rechten Seite in verstärktem Druck das passende stereotypbesetzte Adjektiv (s.Anhang A). Beispiel:

Er wohnt in der Nähe der Firma   **heimatverbunden**
und möchte dort bleiben

Die positiv und negativ konnotierten Adjektive wurden alternierend dargeboten. Die zweiten Listen, die den Versuchspersonen vorgelegt wurden, beinhalteten immer altersneutrale Items. Für diese Listen wurden Adjektive ausgewählt, die bisher noch nicht mit jungen oder alten Menschen assoziiert wurden, d. h. die Adjektive durften auf den von den Versuchspersonen erstellten stereotypbehafteten Listen nicht genannt sein und mussten gleichzeitig geeignet sein, das Verhalten bzw. das Erscheinungsbild eines Stellenbewerbers zu beschreiben. Auch hier wurden für jede Liste fünf positive und fünf negative Items zusammengestellt. Die "neutralen" Adjektive wurden aus dem Duden (Bedeutungswörterbuch, 1970) entnommen. Insgesamt standen also zwei Listen mit dem Stereotyp "alt", zwei Listen mit dem Stereotyp "jung" und zwei neutrale Listen zur Verfügung (s. Anhang). Da die erste Liste immer eine „stereotypbehaftete" Liste war und die zweite Liste immer eine "neutrale" Liste, gab es insgesamt acht verschiedene Möglichkeiten, die Listen zu kombinieren. Unter der Vergessensinstruktion (V2) sollte immer die zuerst dargebotene (stereotypbehaftete) Liste unbeachtet bleiben und der Inhalt der zweiten (neutralen) Liste in Erinnerung bleiben. Unter der Ohne-Vergessen-Instruktion (V1) sollten beide Listen beachtet werden.

Rating-Skala

Es waren Einschätzungen über die target-Person für die folgenden Bereiche vorzunehmen: Entwicklungs- und Karrierechancen, fachliche Kompetenz, soziale Kompetenz, Durchsetzungsvermögen, Anpassungsfähigkeit/Flexibilität und Empfehlung zur Einstellung. Die Rating-Skala umfasste sieben Stufen, wobei "eins" die beste Bewertung und "sieben" die schlechtest mögliche Bewertung darstellte (s. Anhang).

Implizites Erinnern

Es wurde ein Wortfragmenttest durchgeführt, in dem doppelt so viele Adjektivfragmente (40) im Vergleich zu den vorher gelesenen Listenitems (20) gezeigt wurden. Die Hälfte der Wortfragmente stellte als komplettes Wort ein Adjektiv dar, das in der vorherigen Versuchsanordnung schon einmal präsentiert wurde (priming). Die andere Hälfte der Wortfragmente war als vollständiges Adjektiv innerhalb des Versuches noch nicht von der Versuchsperson gesehen worden. Wurde in der ersten Versuchsphase als Versuchsbedingung Liste alt 1 und Liste neutral 1 benutzt, so wurden im Wortfragmenttest Liste alt 1 und 2 und Liste neutral 1 und 2 eingesetzt et vice versa. Bei den 40 jeweils präsentierten Wortfragmenten lag die Erkennungswahrscheinlichkeit immer unter 50%. Dies war in den entsprechenden Vorversuchen festgestellt worden.

Rangreihe

Am Ende des Experimentes waren von jeder Versuchsperson zwei
identische Listen mit jeweils acht stereotypassoziierten Adjektiven in eine
Rangreihe zu bringen, einmal für ältere Menschen und einmal für jüngere
Menschen. Die Liste bestand aus zwei positiven und zwei negativen
stereotypassoziierten Adjektiven bzgl. älterer Menschen und aus zwei
positiven und zwei negativen stereotypbehafteten Adjektiven für junge
Menschen, entnommen aus dem bereits beschriebenen stereotypassoziierten Adjektivpool.

Versuchsdurchführung

Vor Beginn des Experimentes wurde den Versuchsteilnehmern der
Versuchsablauf erklärt. Die Versuchspersonen wurden nochmals darauf
hingewiesen, dass die Teilnahme freiwillig erfolgt und dass jederzeit die
Möglichkeit eines Abbruchs der Untersuchung bestehen würde.
Gleichzeitig wurde darauf hingewiesen, dass bei Unklarheiten bzgl. der
experimentellen Instruktionen, Fragen gestellt werden dürften.

Die Durchführung der Versuche fand in Einzel- und
Gruppensitzungen statt. Vor dem Austeilen der Versuchsunterlagen
erläuterte die Versuchsleiterin, dass nur auf Anweisung des Versuchsleiters
umgeblättert werden durfte und in keinem Fall in den Unterlagen
zurückgeblättert werden sollte, da dies zum Abbruch des Versuchs führen
würde.

Zunächst wurde den Versuchspersonen ein kurzer Text dargeboten mit
der Instruktion, ihn innerhalb von zwei Minuten aufmerksam zu lesen, um
zu einem späteren Zeitpunkt Fragen zum Text beantworten zu können. Mit

dieser Instruktion sollte eine intensive Auseinandersetzung mit dem Inhalt des Textes erreicht werden. Fragen zum Text wurden zu einem späteren Zeitpunkt nicht gestellt. Die Hälfte der Versuchspersonen (32) las nun unter der Bedingung A1 den Text zur Aktivierung des Altersstereotyps, während die übrigen Versuchspersonen mit dem neutralen Text (A2) konfrontiert wurden. Die Versuchsleiterin forderte die Probanden nach zwei Minuten auf umzublättern.

Auf der nächsten Seite wurde dem Versuchsteilnehmer die schriftliche Information gegeben, dass nun eine Liste mit Informationen über einen Bewerber folgen würde, die bereits vom Gesprächsleiter des Vorstellungsgesprächs bearbeitet worden sei. Die Versuchsperson hatte nun fünf Minuten Zeit, diese Seite mit Informationen zu betrachten, auf deren Basis sie später die Eignung des Kandidaten beurteilen sollte. Die Zeit wurde wiederum durch die Versuchsleiterin mittels einer Stoppuhr gemessen. Nach dem Durchlaufen dieser Bedingung wurde der Hälfte der Versuchspersonen mündlich mitgeteilt, dass aufgrund eines Fehlers des Versuchsleiters die falsche Liste in ihre Unterlagen geraten sei . Der Versuchsleiter entschuldigte sich und teilte eine neue Liste aus. Die Versuchspersonen wurden gebeten, den Inhalt der bereits versehentlich gelernten Liste wieder zu vergessen und die zweite Liste zu beachten. Die zuerst dargebotene Liste beinhaltete immer stereotypbehaftete Items. Die zweite Liste, die anschließend ebenfalls fünf Minuten dargeboten wurde, bestand immer aus neutralem d.h. stereotypfreiem Material.

Die zweite Hälfte der Versuchspersonen, die keine Vergessensinstruktion bekam, wurde nach dem Betrachten der ersten Liste aufgefordert, sich ebenfalls für den selben Zeitraum mit der zweiten Liste zu beschäftigen.

Alle Versuchspersonen gaben anschließend anhand einer Rating-Skala (Antwortmöglichkeit 1 bis 7) eine Bewertung über den Bewerber ab. Es wurden sechs Dimensionen erfasst. Die Probanden ohne

Vergessensinstruktion sollten ihre Bewertung aufgrund beider Listen durchführen. Die Gruppe, die eine Vergessensinstruktion bzgl. der ersten Liste erhalten hatte, sollte ihre Ratings auf der Grundlage der zweiten Liste vornehmen. An dieser Stelle wurde ebenfalls das Alter und das Geschlecht jeder Versuchsperson erhoben.

Anschließend wurde der Versuchsperson auf dem Bildschirm eines Lap-Tops (12.1 Zoll, SVGA) ein Wortfragment für genau 10 Sekunden dargeboten. Danach hatte der Versuchsteilnehmer Gelegenheit, das von ihm zu einem Adjektiv ergänzte Wortfragment auf einem vorbereiteten Papier einzutragen. Wurde das dargebotene Wortfragment nicht durch den Probanden als vollständiges Adjektiv identifiziert, wartete er auf die Präsentation des nächsten Wortfragmentes. Dieser Vorgang wiederholte sich 40mal. Es wurden 20 geprimte und 20 ungeprimte Adjektivfragmente in randomisierter Reihenfolge gezeigt.

An den impliziten Erinnerungstest schloss sich ein expliziter Test in Form eines "free recall" an. Die Versuchspersonen wurden schriftlich aufgefordert, alle Adjektive zu erinnern bzw. aufzuschreiben, die sie auf den beiden zuvor gezeigten Listen, auf der rechten Seite in Fettdruck stehend, gesehen hatten. Die Versuchsgruppe mit der Vergessensinstruktion wurde darauf hingewiesen, die Adjektive beider Listen zu erinnern. Des Weiteren wurden alle Probanden darauf aufmerksam gemacht, dass die Reihenfolge, in der die Begriffe erinnert würden, keine Rolle spielen würde. Für die Bearbeitung dieser Aufgabe stand jeder Versuchsperson 10 Minuten Zeit zur Verfügung.

Im Anschluss daran gab die Versuchsperson auf einer vorbereiteten Seite eine Schätzung des Alters der Person ab, die durch die Listenitems charakterisiert wurde.

Abschließend brachten alle Versuchspersonen 8 stereotypbesetzte Eigenschaftsworte in eine Rangreihe, in dem hinter das Adjektiv die Zahl für die gewählte Platzierung eingetragen wurde. Diese Aufgabe musste zweimal durchgeführt werden. Einmal musste eine individuelle Zuordnung der Rangvergabe passend für junge Menschen durchgeführt werden und dieselbe Prozedur wurde in Bezug auf alte Menschen durchgeführt. Damit sollte ein Vergleichsmaßstab zwischen den Versuchspersonen erhoben werden in Bezug auf die Ausprägung des Altersstereotyps.

6.1.2 Ergebnisse

Zunächst werden die Resultate bezüglich der persönlichen Einstellungs-beurteilung dargestellt. Daran anschließend wird auf den Zusammenhang zwischen dem erfassten Maß für die Vorurteilsstärke und einigen ausgewählten Befunden eingegangen. Das Signifikanzniveau wurde generell mit .05 festgelegt. Die Ergebnisse der impliziten und expliziten Erinnerungsleistung werden sowohl aus thematischen als auch aus Gründen der Übersichtlichkeit zu einem späteren Zeitpunkt referiert werden.

Zunächst wurde geprüft, inwieweit das durch die Versuchsperson geschätzte Alter des im Versuchstranskript vorgestellten fiktiven Bewerbers in Übereinstimmung zu der induzierten Altersklasse steht. Die in den Voruntersuchungen als stereotypbehafteten Eigenschaftszuschrei-bungen für junge und ältere Personen erfragten Adjektive wurden in der Untersuchung bestimmten Bedingungen zugeordnet. Es wurde die Hypothese erstellt, dass eine korrekte Zuordnung der stereotypbehafteten Adjektive zu folgender Alterseinschätzung führen sollte: *Unter der Versuchsbedingung Stereotyp „alt" sollte die Alterseinschätzung der im Versuch beschriebenen target-Person höher ausfallen als unter der Versuchsbedingung Stereotyp „jung". Wurde der Stereotypbedingung "alt" eine Aktivation vorangeschaltet, sollte die Differenz der*

Altersschätzung zwischen den beiden Stereotypen „alt" und „jung
"stärker ausfallen als ohne vorausgehende Aktivierung. Wurde eine
Vergessensinstruktion durchgeführt, sollten keine Unterschiede unter den
verschiedenen Stereotypbedingungen zu beobachten sein, während ohne
Vergessensinstruktion wiederum eine höhere Altersschätzung des
Stereotyps „alt" erfolgen sollte im Verhältnis zum Stereotyp „jung".

Zur Überprüfung dieser Hypothesen wurde eine 2 (Aktivation: mit/ohne) x 2 (Stereotyp: jung/alt) x 2 (Vergessensinstruktion: mit/ohne) Varianzanalyse berechnet (vgl.Tab.1). Entsprechend den Erwartungen der ersten Hypothese konnte ein signifikanter Haupteffekt F (1,56) = 16.39, p= .00; eta ^{2} = .23 bezüglich des Faktors Stereotyp (alt/jung) festgestellt werden. Anhand der Mittelwerte zeigt sich eine deutlich höhere Altersschätzung unter der Stereotypbedingung "alt" (M = 35.8) als unter der Stereotypbedingung "jung" (M = 28.6). Eine erwartete Interaktion der Variablen "Stereotyp" und "Vergessensinstruktion", derart, dass unter der Bedingung "Vergessensinstruktion" das Alter unter der Stereotypbedingung "alt" und "jung" vergleichbar eingeschätzt wurde, und unter der Bedingung "keine Vergessensinstruktion" es zu einer höheren Alterseinschätzung des Stereotyps "alt" im Vergleich "jung" kam, war nicht zu verzeichnen.

Die Variable "Aktivation" verfehlte knapp die Signifikanzgrenze F (1,56) =3.46, p = 0.68; eta ^{2} = .06. Dieses Ergebnis gibt Hinweise darauf, dass generell eine erhöhte Altersschätzung vorgenommen wurde, wenn eine Aktivationsbedingung vorgeschaltet wurde, unabhängig von der nachfolgenden Stereotypart (mit Aktivation M = 33.82; ohne Aktivation M = 30.56). Es fanden sich jedoch keine Hinweise auf eine Interaktion der beiden Variablen, wobei erwartet worden war, dass eine Aktivation nur in Verbindung mit dem Stereotyp "alt" zu einer erhöhten Alterseinschätzung führen würde. Dies war in dieser Weise nicht der Fall,

da die Aktivation sowohl hinsichtlich des Stereotyps "alt" als auch des
Stereotyps "jung" zu einer, wenn auch nur deskriptiv, zu beobachtenden
Erhöhung der Alterseinschätzung führte (Tabelle 1 gibt die Ergebnisse
bezüglich der Variable "geschätztes Alter" wider)

Abhängige Variable: geschätztes Alter

Source	Type III Sum of Squares	df	Mean Square	F	Sig.	Eta Squared
Corrected Model	1111,090	7	158,727	3,217	,006	,287
Intercept	66338,441	1	66338,441	1344,673	,000	,960
AKTIV	170,629	1	170,629	3,459	,068	,058
STEREO	808,691	1	808,691	16,392	,000	,226
INSTRUK	63,004	1	63,004	1,277	,263	,022
AKTIV *STEREO	48,129	1	48,129	,976	,328	,017
AKTIV *INSTRUK	2,066	1	2,066	,042	,839	,001
STEREO *INSTRUK	2,066	1	2,066	,042	,839	,001
AKTIV *STEREO *INSTRUK	16,504	1	16,504	,335	,565	,006
Error	2762,719	56	49,334			
Total	70212,250	64				
Corrected Total	3873,809	63				

a R Squared = ,287 (Adjusted R Squared = ,198)
b Altersgruppe = jung

Tabelle1: *Ergebnisse der dreifachen Varianzanalyse für die AV
" geschätztes Alter"*

Die Ergebnisse in Bezug auf die Einschätzung der beschriebenen Zielperson durch die Versuchsteilnehmer hinsichtlich ihrer Eignung für die zu besetzende Stelle wurden durch sechs Einzeldimensionen erfasst: Entwicklungs- und Karrierechancen, fachliche Kompetenz, soziale Kompetenz, Durchsetzungsvermögen, Anpassungsfähigkeit/Flexibilität und Empfehlung zur Einstellung.

Vor der ergebnisorientierten Darstellung der einzelnen Dimensionen erfolgt als erster Analyseschritt die Betrachtung der Beurteilungsresultate als Gesamtscore. Hierzu wurden die Werte jeder Versuchsperson über die sechs Einzeldimensionen hinweg aufsummiert und anschließend der Mittelwert berechnet. Folglich entstand ein neuer Wert (Gesamtscore) als abhängige Variable. Diesen neuen Wert betreffend wurde eine 2 (Aktivation) x 2 (Stereotyp) x 2 (Vergessensinstruktion) Varianzanalyse berechnet. In diesem Zusammenhang interessierte die Überprüfung der folgenden Hypothese: *Es findet generell eine negativere Beurteilung der Personen statt, die mit einem Altersstereotyp in Verbindung gebracht werden als der Personen, die in die Kategorie „jung" eingeordnet werden.* Diese Hypothese konnte durch einen entsprechenden signifikanten Haupteffekt auf dem Faktor Stereotyp $F_{(1,56)} = 6.79$, $p = .012$; eta $^2 = .10$ bestätigt werden. Wurde durch die Versuchsbedingung das Stereotyp "alt" induziert, erfolgte insgesamt eine schlechtere Beurteilung der Zielperson ($M = 3.66$) als bei einer Beschreibung mittels "junger" Adjektive ($M = 3.25$).

Die nächste Hypothese geht davon aus, *dass eine zeitlich vorausgehende Altersstereotypaktivierung zusätzlich zur Implizierung des Altersstereotyps zu einer schlechteren Beurteilung führt als ohne vorausgehende Aktivierung.* Bezüglich der Wirkung der Altersstereotypaktivierung in Verbindung mit der Stereotypdimension "jung" werden dabei keine Vorhersagen getroffen. Es zeigte sich ein signifikanter Haupteffekt auf dem Faktor "Aktivation" $F_{(1,56)} = 8.27$, $p = .006$; eta $^2 = .13$, der darauf hinweist, dass sich durch eine vorangeschaltete Aktivation generell der Beurteilungswert verschlechtert (mit Aktivation $M = 3.68$; ohne Aktivation $M = 3.24$), unabhängig davon, ob die nachgeschaltete Versuchsbedingung das Stereotyp "alt" oder "jung" impliziert. Eine Interaktion der Variablen "Aktivation" und "Stereotyp", derart, dass eine Aktivierung nur eine Veränderung der Einstellungs-beurteilung unter der Stereotypbedingung "alt" zur Folge hat, konnte nicht gefunden werden. Deskriptiv zeigte sich jedoch die Tendenz, dass die Aktivationsbedingung unter der Stereotypbedingung "jung" zu einer stärkeren Differenzierung der Werte führt (mit Aktivation $M = 3.59$; ohne Aktivation $M = 2.91$) als unter der Stereotypbedingung "alt" (mit Aktivation $M = 3.76$; ohne Aktivation $M = 3.55$).

Überraschenderweise zeigte sich ein unerwarteter Haupteffekt auf dem Faktor "Instruktion" $F_{(1,56)} = 6.44$, $p = .014$; $eta^2 = .10$. Das heißt, dass die Vergessensinstruktion zu einer Verschlechterung (ohne Vergessen $M = 3.26$; mit Vergessen $M = 3.65$) des Einstellungsurteils geführt hat.

Die letzte Hypothese geht davon aus, *dass eine Vergessensinstruktion für die erste Liste (stereotypbehaftete Items) zu einer vergleichbaren Bewertung der Stereotypbedingungen "alt" und "jung" führt, während es ohne Vergessensinstruktion zu schlechteren Werten unter der Stereotypbedingung "alt" kommt im Vergleich zur Stereotypbedingung "jung".*

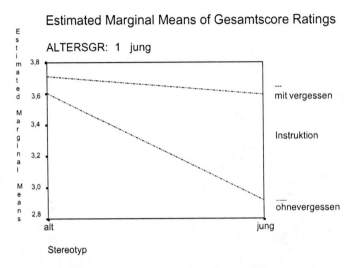

Abb. 5: *Interaktion der Variablen Stereotyp* * *Instruktion*

Die somit erwartete Interaktion der Variablen "Stereotyp" und "Instruktion" verfehlte nur knapp die Signifikanzgrenze (F $(1,56)$ = 3.46, p = .06; eta^2 = .06). Es zeichneten sich jedoch deutliche deskriptive Tendenzen in hypothesenkonformer Weise ab (siehe Abb.5). Eine Überprüfung der einfachen Haupteffekte zeigte einen signifikanten Effekt des Faktors Stereotyp ($F(1,30)$= 9.92, p= .00; eta^2=.25) unter der Bedingung „ohne Vergessen", während es mit der Vergessensinstruktion zu keinem signifikanten Effekt kam ($F(1,30)$= .22, p= .64; eta^2=.00). Der Faktor Instruktion zeigte keinen Effekt unter der Bedingung "alt" ($F(1,30)$= .32, p= .58; eta^2= .10), aber unter der Bedingung "jung" ($F(1,30)$= 6,35, p= .02; eta^2= .18).

Eine Übersicht über die Ergebnisse bezüglich der abhängigen Variable "Gesamtscore Ratings" zeigt die folgende Tabelle 2.

Dependent Variable: Gesamtscore Ratings

Source	Type III Sum of Squares	df	Mean Square	F	Sig.	Eta Square d	Noncent. Parameter	Observed Power
Corrected Model	10,614	7	1,516	3,999	,001	,333	27,994	,973
Intercept	764,292	1	764,292	2015,781	,000	,973	2015,781	1,000
AKTIV	3,136	1	3,136	8,271	,006	,129	8,271	,807
STEREO	2,573	1	2,573	6,787	,012	,108	6,787	,726
INSTRUK	2,441	1	2,441	6,439	,014	,103	6,439	,703
AKTIV * STEREO	,879	1	,879	2,318	,134	,040	2,318	,322
AKTIV * INSTRUK	,271	1	,271	,715	,401	,013	,715	,132
STEREO * INSTRUK	1,313	1	1,313	3,463	,068	,058	3,463	,448
AKTIV * STEREO * INSTRUK	4,340E-04	1	4,340E-04	,001	,973	,000	,001	,050
Error	21,233	56	,379					
Total	796,139	64						
Corrected Total	31,847	63						

a Computed using alpha = ,05
b R Squared = ,333 (Adjusted R Squared = ,250)
c Altersgruppe = jung

Tabelle 3: *Ergebnisse der dreifachen Varianzanalyse für die AV Gesamtscore Ratings*

Um ein differenzierteres Bild der oben dargestellten Ergebnisse zu ermöglichen, sollen im Folgenden die Ergebnisse der Einzeldimensionen, in der Reihenfolge ihres Erscheinens im Fragebogen, betrachtet werden. Aus Gründen der Übersichtlichkeit zeigt die Tabelle 4 im Überblick sämtliche signifikanten Ergebnisse der Einzeldimensionen.

	Karriere Chancen	Fachliche Kompetenz	Soziale Kompetenz	Durchsetzungsvermögen	Flexibilität	Empfehlung zur Einstellung	Gesamtscore	Reduzierter Gesamtscore
Aktivation	**						**	**
Stereotyp	**	**			**		**	**
Instruktion	**		**				**	**
Akt.*Stereo.	**							
Aktivation* Instruk-tion								
Stereo.* Instruk-tion	*				**		*	*
Stereo.*Instr.* Aktivation								

Tabelle3: *Überblick über die Ergebnisse der Einzeldimensionen*
*** auf dem .05% Niveau signifikant*
* p< .07

Als erstes gilt festzuhalten, dass die Berechnung einer dreifachen Varianzanalyse mit den unabhängigen Faktoren Aktivation, Stereotyp und Instruktion keine signifikanten Effekte bezüglich der abhängigen Variable Entwicklungs- und Karrierechancen zeigt. Ein einzelner Wert erbrachte eine "beinahe" Signifikanz $F (1,56) =3.81$, $p =.056$; $eta^2 = .06$. Dieser F-Wert betrifft die Interaktion "Stereotyp" und "Instruktion". Er zeigte eine Befundlage tendenziell ähnlich der Interaktion beim Gesamtscore.

Die zweite erhobene Dimension betrifft die abhängige Variable "fachliche Kompetenz". Hier zeigte sich der erste signifikante Haupteffekt auf dem Faktor "Aktivation" $F (1,56) = 7.61$, $p =.008$; $eta^2 =.12$. Mit Aktivation (M = 3.47) wurden schlechtere Bewertungen vorgenommen als ohne Aktivation (M = 2.72). Der zweite Haupteffekt betraf den Faktor "Stereotyp" $F (1,56) = 5.28$, $p =.025$; $eta^2 = .09$. Der hier gefundene Wert stand im Widerspruch zu dem erwarteten und auf der Dimension

Gesamtscore auch bestätigtem hypothesenkonformen Ergebnis. Das heißt, in Bezug auf die Dimension "fachliche Kompetenz" wurde unter der Stereotypbedingung "alt" eine bessere Wertung abgegeben (alt M = 2.78) als unter der Bedingung "jung" (jung M = 3.41). Den älter eingeschätzten Personen wurde somit eine höhere fachliche Kompetenz zugeschrieben als den als jünger eingeschätzten Personen. Bezüglich des Faktors "Instruktion" wurde ebenfalls ein signifikantes Ergebnis errechnet F (1,56) = 6.39, p =.01; eta² = .10. Eine Betrachtung der Mittelwerte zeigt für die Instruktion "Vergessen" (M =3.44) schlechtere Werte als für die Instruktion "Kein Vergessen" (M = 2.75). Zusätzlich wurde die Interaktion der Variablen "Aktivation" und "Stereotyp" signifikant F(1,56) = 4.23, p = .043; eta² = .07, jedoch nicht in der erwarteten hypothesenkonformen Weise. Die Aktivation hatte einen starken Effekt unter der Stereotypbedingung "jung" (mit Aktivation M = 4.06; ohne Aktivation M = 2.75), aber fast keine Wirkung unter der Stereotypbedingung "alt" (mit Aktivation M = 2.87; ohne Aktivation M = 2.69).

Bezüglich der Einzeldimension "soziale Kompetenz" ist nur ein signifikanter Haupteffekt hinsichtlich der Variable Stereotyp F(1,56) =8.58; p = .005; eta² = .13 festzustellen. Hier zeigt sich ein hypothesenkonformes Ergebnis, dergestalt, dass unter der Stereotypbedingung "jung" bessere Beurteilungen erfolgten (M = 3.28) als unter der Stereotypbedingung "alt" (M = 4.13).

Die vierte Einzeldimension betrifft die abhängige Variable "Durchsetzungsvermögen". Sie zeigte keine relevanten Effekte, außer hinsichtlich der unabhängigen Variable "Instruktion" F(1,56) = 6.49, p = .01; eta ² = .10. Dieser Effekt zeigte auch hier eine Verschlechterung der Beurteilung unter der Bedingung "mit Vergessen" (M =3.81) und bessere Werte ohne die Vergessensinstruktion (M = 2.94).

Ein deutlicher Haupteffekt ist auf dem Faktor "Stereotyp" $F(1,56) =$ 15.54, p = .00; eta² = .21 bezüglich der Dimension "Anpassungsfähigkeit /Flexi-bilität" festzustellen. Eine Betrachtung der Mittelwerte zeigt eine starke hypothesenkonforme Tendenz in der Beurteilung der Stereotypbedingung "alt" (M= 4.09) und der Stereotypbedingung "jung" (M = 2.72).

Ein weiteres signifikantes Ergebnis ist in der Interaktion der Variablen "Stereotyp" und "Instruktion" zu erkennen $F(1,56) = 3.88$, p = .05; eta² = .06. Diese Interaktion zeigte unter der Bedingung "Vergessen" kaum Unterschiede zwischen der Stereotypbedingung "jung" und "alt", aber unter der Bedingung "keine Vergessensinstruktion" sehr große Unterschiede (M alt = 4.25; M jung =2.19). Auch dieses Resultat zeigt Hypothesenkonsens (siehe Abb.6)

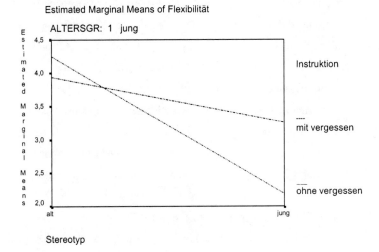

Abb. 6: *Interaktion der Variablen Instruktion* Stereotyp*

Die letzte einzelne Beurteilungsdimension bezieht sich auf den Faktor "Empfehlung zur Einstellung". Die durchgeführten Berechnungen zu dieser abhängigen Variable zeigten keine signifikanten Effekte noch Interaktionen auf.

Da diese Dimension „Empfehlung zur Einstellung" den einzigen Wert darstellt, der keinerlei beobachtbaren Erkenntnisgewinn hervorbringt, wurde eine erneute Berechnung des Gesamtscores vorgenommen, bereinigt um die Werte dieser Einzeldimension. Dieser neu entstandene Wert wird im Folgenden unter der Bezeichnung "Reduzierter Gesamtscore" geführt.

Die Ergebnisse bezüglich der abhängigen Variable "Reduzierter Gesamtscore" zeigen verschiedene Haupteffekte. Auf dem Faktor "Aktivation" ist der erste Haupteffekt zu verzeichnen $F(1,56) = 10.29$, p = .002; eta^2 = .15. Er zeigt eine verbesserte Beurteilung zugunsten der Versuchsbedingung "ohne Aktivation" (x = 3.19) im Vergleich zu der Beurteilung "mit Aktivation" (x =3.67). Ebenso konnte hinsichtlich der Bedingung „Stereotyp" ein signifikanter F-Wert (F (1,56) =6.85, p =.01; eta^2 = .11) errechnet werden. Die deskriptive Statistik zeigt einen Mittelwert für die Versuchsbedingung "Stereotyp alt" von 3.63 und einen Durchschnittswert von 3.24 für die Bedingung „Stereotyp jung", was sich als hypothesenkonform erweist.

Der signifikante Haupteffekt bezüglich des Instruktionsfaktors von F (1,56) =8.73, p = .00; eta^2 = .14 zeigt auch hier das bereits bekannte Muster einer besseren Beurteilung der Zielperson ohne die Vergessensinstruktion (x = 3.21), im Vergleich zur Beurteilung mit Vergessensinstruktion, die vorsah, die jeweils erste Liste mit dem stereotypbehafteten Material zu vergessen (x = 3.65).

In Bezug auf die Interaktion der Variablen "Stereotyp" und "Instruktion" verfehlten die Werte auch hier die Signifikanz, vergleichbar der abhängigen Variablen "Gesamtscore". Da der Wert nur sehr knapp die Signifikanzgrenze überschreitet (F (1,56) = 3.77, p = .057; eta^2 = .06),

kann man doch davon ausgehen, dass   der Trend in Richtung hypothesenkonformes Ergebnis zeigt.

Bezüglich des erfassten Maßes für die Vorurteilstärke, dass sich als
Aufsummierungswert aus den absoluten Differenzen zwischen den beiden
Rangreihen errechnete, konnten nach Berechnung einer 2 x (Geschlecht :
Weiblich/Männlich) x 2 (Aktivation: Mit/Ohne) x 2 (Stereotyp: Alt/Jung) x
2 (Instruktion: Mit/Ohne Vergessen) Varianzanalyse keine signifikanten
Effekte gefunden werden. Somit kann davon ausgegangen werden, dass
bezüglich der genannten Variablen in den einzelnen Zellen keine
signifikanten Unterschiede bezüglich der Vorurteilstärke zu realisieren
waren (siehe Tab.4).

Abhängige Variable: Gesamtscore Rangreihendifferenzen

Source	Type III Sum of Squares	df	Mean Square	F	Sig.	Eta Squared
Corrected Model	261,063	4	65,266	1,624	,173	,051
Intercept	86831,980	1	86831,980	2160,246	,000	,947
SEX	123,104	1	123,104	3,063	,083	,025
AKTIV	2,183	1	2,183	,054	,816	,000
STEREO	28,544	1	28,544	,710	,401	,006
INSTRUK	104,019	1	104,019	2,588	,110	,021
Error	4823,449	120	40,195			
Total	91888,000	125				
Corrected Total	5084,512	124				
Corrected Total	5084,512	124				

a R Squared = ,051 (Adjusted R Squared = ,020)

Tabelle 5: *Ergebnisse der VA für die AV Gesamtscore*
Rangreihendifferenz

6.1.3 Diskussion des ersten Experimentes

Zunächst wird auf die Ergebnisse der personenbezogenen Einstellungsbeurteilung, in Abhängigkeit von den verschiedenen Versuchsbedingungen, eingegangen sowie auf die sich daraus ergebenden Implikationen. Des Weiteren sollen einige Befunde besprochen werden, die sich nicht thesengeleitet gezeigt haben, die sich jedoch bei der Analyse der Ergebnisse als darstellenswert ergeben haben.

Die Diskussion soll in einem knappen Rahmen ablaufen, da die Resultate auch im Zusammenhang mit den Ergebnissen des nachfolgenden Experiments betrachtet werden müssen. Folgerichtig wird eine ausführlichere Diskussion zu einem späteren Zeitpunkt erfolgen.

Die erste Hypothese der Untersuchung bezog sich auf die Erwartung eines Effektes bezüglich der Unterschiede des geschätzten Alters, korrespondierend zu den unterschiedlichen stereotypbehafteten Adjektiven in den zwei Versuchsbedingungen, die das Stereotyp "alt" beziehungsweise "jung" betrafen. Hier konnte bestätigt werden, dass die stereotypbehafteten Eigenschaftszuschreibungen in Form von Adjektiven, die junge beziehungsweise ältere Personen charakterisieren sollten, auch zu signifikant unterschiedlichen Alterseinschätzungen führten. Bei der Darbietung der stereotypen "alten" Adjektive wurde die zu beurteilende target-Person älter eingeschätzt als bei der Präsentation der "jungen" Adjektive. Dieses Ergebnis bestätigt sozusagen a priori die notwendige Grundvoraussetzung für die Interpretation der nachfolgend interessierenden Ergebnisse. Das heißt, es ist davon auszugehen, dass die implizit induzierten Altersbilder tendenziell so von den Probanden wahrgenommen wurden, wie es von der Versuchsanordnung intendiert war. Dies ist von Bedeutung, da von Seiten des Versuchsleiters zu keinem Zeitpunkt in mündlicher oder schriftlicher Form Aussagen zum Alter der zu beurteilenden Person gemacht wurden. Die durch die Voruntersuchung erarbeiteten stereotypen Items stellten somit ein verwertbares Basismaterial zur Verfügung.

Bezüglich der Alterseinschätzung der target-Person durch die Probanden zeigte sich ein zwar knapp die Signifikanzgrenze verfehlender, aber nicht uninteressanter Effekt. Wurde der Faktor Aktivation eingesetzt, zeigte sich deskriptiv die Tendenz, das Alter höher einzuschätzen, als ohne den Faktor "Aktivation". Bemerkenswert hierbei war die Tatsache, dass sich die Aktivation in Abhängigkeit von der Art des Stereotyps nicht unterschiedlich auswirkte, sondern generell zu einer höheren Alterseinschätzung führte. Es stellt sich somit die Frage, warum sich eine Altersaktivierung auch bei "jungen" stereotypbehafteten Adjektiven in Form einer höheren Alterseinschätzung auswirkte. Im Versuch sollte das Aktivieren eines Altersstereotyps die Zugänglichkeit für altersstereotypes Material erhöhen, was auch der Fall war. Offensichtlich veränderte die Altersaktivierung aber ebenso, wenn auch nur geringfügig, die Verarbeitung der nachfolgenden "jungen" Items. So zeigte sich, dass die target-Person im Mittel um fünf Jahre älter eingeschätzt wurde, wenn das Stereotyp "alt" in Kombination mit einer Aktivierung induziert wurde. Unter der Stereotypbedingung "jung" führte die Aktivation zu einer Erhöhung des geschätzten Alters um zwei Jahre.

Die Vergessensinstruktion zeigte in Bezug auf die Alterseinschätzung dagegen nicht die erwartete Wirkung. Auch mit beziehungsweise trotz der Vergessensinstruktion wurde zwischen den verschiedenen *Stereotypbedingungen* differenziert, das heißt, unter der Stereotypbedingung "alt" wurde das Alter höher eingeschätzt als unter der Stereotypbedingung "jung". Das in dieser Form nicht erwartete Ergebnis könnte damit zusammenhängen, dass die explizite Aufforderung, das Alter der target-Person einzuschätzen, zu einer Berücksichtigung der eigentlich zu unterdrückenden ersten (stereotypbehafteten) Liste führte. Die Frage nach dem Alter der Zielperson könnte hier die Funktion eines Hinweisreizes übernommen haben und zu einer erleichternden Zugänglichkeit für die „zu vergessende" Information geführt haben. Eine andere Erklärung besteht darin, dass das Alter bzgl. der ersten Liste "online" verarbeitet worden sein könnte, und später kam es dann nicht zu einer Korrektur aufgrund der Vergessensinstruktion.

Dass eine negativere Einschätzung stattfand, wenn die target-Person mit den altersstereotypinduzierenden Adjektiven in Verbindung gebracht wurde, war ein weiteres Ergebnis dieser Untersuchung. Dies muss jedoch in Bezug auf die abhängige Variable "Gesamtscore-Ratings" betrachtet werden. Ein solches Resultat stand im Einklang mit den Erwartungen und erscheint im Hinblick auf die folgenden Betrachtungen durchaus logisch. Innerhalb der bereits angesprochenen Versuchsanordnung wurde eine personelle Beurteilung der durch vorgegebene Adjektive charakterisierten, fiktiven Person im Hinblick auf deren Eignung zur Einstellung verlangt. Aufgrund der verschiedenen altersstereotypen Adjektive konnte es sich entweder um eine junge oder eine ältere Person handeln. Auf der Basis dieser Annahme erfolgte dann eine Beurteilung zugunsten des "jungen" Stereotyps. Dieser Befund ist hypothesenkonform und korrespondiert mit der pejorativen Sicht in Bezug auf das Alter in unserer Gesellschaft (vgl. "ageism" Kap.4.1). Alter wird innerhalb des Arbeitsprozesses als negativer Faktor gewertet, besonders wenn man den Blick auf das Kriterium "Leistungsfähigkeit" richtet. Dass "ageism" im Sinn einer negativeren Wahrnehmung von älteren Menschen besteht (vgl. Perdue &Gurtman, 1990), kann das hier gefundene Ergebnis bestätigen. Die Benachteiligung älterer Personen zeigt sich somit nicht nur im Arbeitsprozess selbst, sondern bereits im Hinblick auf die Einstellungschancen (vgl. Braithwaite, Lynd-Stevenson & Pigram, 1993). Belegt wird dies dadurch, dass sich das "vermutete" höhere Alter bereits in einer schlechten personellen Beurteilung widerspiegelte, obwohl die Anzahl der positiven und negativen Eigenschaftszuweisungen unter den Bedingungen "alt" und "jung" in der hier vorliegenden Untersuchung konstant vergleichbar gehalten wurde.

Die folgende Hypothese ging davon aus, dass eine zeitlich vorausgehende Altersstereotypaktivierung zusätzlich zur Implizierung des Altersstereotyps durch entsprechende Adjektive zu einer schlechteren Beurteilung führen würde als ohne vorausgehende Aktivierung. Bezüglich der Wirkung der Altersstereotypaktivierung in Kombination mit der nachfolgenden Versuchsbedingung "junges" Stereotyp wurden keine Prognosen gestellt. Interessanterweise zeigen die Untersuchungsergebnisse, dass eine vorausgeschaltete Altersaktivation generell zu einer Verschlechterung der Werte führte. Im Hinblick auf das Stereotyp "alt" in Verbindung mit der Aktivation ist dieses Ergebnis hypothesenkonform, da die Altersstereotypaktivierung die Verarbeitung stereotypkongruenter Informationen begünstigt (siehe Kap.4.2 und 5.2), wie bereits zahlreiche Studien belegen konnten (vgl. Fyock & Stangor, 1994; Macrae, Hewstone & Griffiths, 1993; Macrae, Milne & Bodenhausen, 1994). Womit aber kann erklärt werden, dass durch die Altersaktivierung auch eine schlechtere Beurteilung des nachfolgend induzierten "jungen" Stereotyps erfolgte? Eine potentielle Erklärung hierfür könnte sein, dass durch die Aktivierung des Altersstereotyps eine andere gefilterte Betrachtung der "jungen" Items stattgefunden hat. Das heißt, unter der Prämisse, es handele sich um einen älteren Menschen, werden jugendliche Eigenschaften nicht mehr so positiv konnotiert, sondern eher als unpassend empfunden. Sie werden schlechter bewertet, als wenn sie isoliert betrachtet werden.

Ein anderer möglicher Erklärungsversuch könnte darin bestehen, dass die zweite Liste der "neutralen" Items vermehrt unter dem Aspekt der Altersstereotypisierung wahrgenommen wurde und somit die ehemals neutralen Adjektive negativ eingefärbt, im Sinn des Altersstereotyps, interpretiert und "passend" erfahren wurden.

Interessanterweise führte die Aktivationsbedingung unter der Stereotypbedingung "jung" zu einer stärkeren Differenzierung der Werte als unter der Stereotypbedingung "alt". Dies steht jedoch nicht im Widerspruch zu den eben ausgeführten potentiellen Erklärungsmustern. Die Altersaktivierung unter der Versuchsbedingung "alt" führte nicht zu einem noch stärkeren Effekt, was dadurch bedingt worden sein könnte, dass die dargestellten altersstereotypen Items unter der Bedingung "alt" schon so potent waren, dass eine vorausgegangene Aktivierung nicht notwendigerweise zu einer effizienteren Enkodierung und Organisation der Information im Hinblick auf die stereotype Erwartung führte, wie dies Theorien geleitet angenommen worden war.

Die erwartete hypothesenkonforme Interaktion der Variablen "Stereotyp" und "Vergessensinstruktion" verfehlte knapp die Signifikanzgrenze. Deskriptiv zeigte sich jedoch eine deutliche Tendenz, dass die Vergessensinstruktion, die erste Liste betreffend, zu keinerlei Unterschieden in der Bewertung der Stereotypbedingungen "alt" und "jung" führte, und andererseits das Ausbleiben der Vergessensinstruktion zu einer schlechteren Beurteilung der target-Person unter der Stereotypbedingung "alt" führte als unter der Bedingung "jung". Dies zeigt, dass es gelungen war, der Vergessensinstruktion Folge zu leisten und die erste (stereotypbehaftete) Liste bei der Beurteilung nicht mit ein zubeziehen, sondern nur die neutrale zweite Liste, die für beide Versuchsbedingungen gleich war. Ohne die Vergessensinstruktion war zu erwarten, dass, genau wie in Hypothese zwei dargestellt, die Unterschiede bezüglich der Stereotypen zu unterschiedlichen Einstellungsbeurteilungen führen würde, im Sinn der schlechteren Beurteilung des Altersstereotyps. Allerdings war nicht zu erwarten, dass es unter der Vergessensbedingung

124

generell zu einer schlechteren Einschätzung der Zielperson kommen würde als unter der Kombination der Versuchsbedingungen ohne Vergessen /Stereotyp "alt". Da wir auf Grund der Werte davon ausgehen können, dass tatsächlich ein Nicht-Beachten der ersten (stereotypbehafteten) Liste stattgefunden hat, könnte dieses Ergebnis nur durch eine negativere Einschätzung der neutralen Items der zweiten Liste zustande gekommen (siehe nächster Abschnitt) sein.

Ein unerwartetes Resultat der Untersuchung betrifft die Vergessens-instruktion, insofern, als diese generell zu einer Verschlechterung der Einstellungsbeurteilung führte. Es war davon ausgegangen worden, dass es hier zu keinem Effekt kommen sollte, da es zwar zu unterschiedlichen Bewertungen in der Nicht-Vergessengruppe kommen würde, diese sich gegenseitig aber wieder aufheben sollten, und die Vergessensinstruktion lediglich zu einer Bewertung der neutralen Items führen sollte. Wie ist dieser abweichende Befund zu erklären? Unter der Vergessensinstruktion sollten nur die "neutralen" Items beachtet werden. Es wäre denkbar, dass die "neutralen" Items in diesem Fall, für sich genommen, in Bezug auf die Einstellung als negativ betrachtet wurden, da sie möglicherweise als zu wenig aussagekräftig bezüglich der Bewerbungssituation eingestuft wurden.

Im folgenden nun wird die Diskussion der Resultate bezüglich der Einzeldimensionen nur insofern dargestellt, als es sich um gravierende Abweichungen oder zusätzliche Effekte im Vergleich zum Gesamtscore handelt.

Die erste Abweichung im Verhältnis zum Gesamtscorewert ist beim Faktor "Fachliche Kompetenz" zu finden. Hier wurde die target-Person, die mittels altersstereotypbehafteter Adjektive beschrieben wurde, besser bewertet als die als "jung" eingeschätzte Person. Das heißt, in diesem Fall wird den älter eingeschätzten Personen mehr fachliche Kompetenz zugeschrieben als den jünger eingeschätzten Personen. Dies steht im Widerspruch zu sämtlichen übrigen Ergebnissen, den Faktor Stereotyp betreffend, da es immer zu einer schlechteren Bewertung des altersinduzierten Stereotyps kam, im Vergleich zum "jungen" Stereotyp. Dieses Ergebnis zeigt, dass eine differenzierte Sichtweise des Altersstereotyps in Bezug auf die Arbeitswelt durchaus möglich ist, beziehungsweise, dass die einzelnen Dimensionen isoliert betrachtet und bewertet wurden. Des Weiteren ergab sich eine Wechselwirkung zwischen den Variablen "Aktivation" und "Stereotyp", wobei die Aktivation einen starken Effekt unter der Stereotypbedingung "jung" zeigte, aber fast keine Wirkung unter der Stereotypbedingung "alt". Unter der Bedingung "Aktivation" und "junges Stereotyp" war im Verhältnis zur Bedingung "ohne Aktivation" und "junges Stereotyp" eine starke Verschlechterung innerhalb der Bewertung des Faktors "Fachliche Kompetenz" zu erkennen. Dies ist ein sehr widersprüchlicher Befund. Da es einen Effekt bezüglich des Stereotyps gibt, der besagt, ältere erhalten eine bessere Bewertung als jüngere Personen, ist es erstaunlich, dass die Aktivation bei dem "jüngeren" Stereotyp zu einer Verschlechterung der Bewertung führte. Dies spricht nicht für eine Bewertung der "jüngeren" Adjektive im Sinn eines Altersstereotyps. Vielmehr kann man davon ausgehen, dass diese Information als inkongruent angesehen wurde und somit zu einer schlechteren Bewertung führte. Andererseits führte die Aktivation bei den nachfolgenden altersrelevanten Adjektiven nicht zu einer schlechteren Bewertung als ohne Aktivation. Einerseits könnte man die Aktivation generell in Frage stellen, dies würde aber andererseits den Befund bezüglich der Aktivation in Kombination mit dem "jungen" Stereotyp widersprechen. Logischerweise könnten die altersstereotypen Adjektive hier so stark stereotypisierend wirken, dass sie nicht oder nur geringfügig durch eine Aktivation verstärkt werden konnten.

Die Beurteilungen der übrigen Einzeldimensionen zeigten kein abweichendes Bild im Vergleich zum Gesamtscore auf, ausgenommen die Variable "Empfehlung zur Einstellung". Die Beurteilungen in diesem Bereich ließen überhaupt keine Effekte erkennen. Das bedeutet, hinsichtlich dieser Dimension wurde zwischen den einzelnen Versuchsbedingungen, unabhängig von ihrer Art, keinerlei Differenzierung sichtbar. Dies könnte damit zusammenhängen, dass sich die Versuchspersonen mit der Aufforderung für eine Beurteilung "Empfehlung zur Einstellung" überfordert fühlten. Ein Hinweis darauf gibt der Mittelwert über alle Bedingungen (3.58), der anzeigt, dass im Durchschnitt genau die Mitte der Beurteilungsskala gewählt wurde.

6.2 Experiment 2

Der Einfluss stereotypgeleiteter Informationen auf die Einstellungsbeurteilung bei älteren Versuchspersonen

Ebenso wie Experiment 1 untersuchte Experiment 2 den Einfluss von induzierten Stereotypen mittels eines Bewerbungstranskripts auf die personelle Beurteilung einer fiktiven Person. Von besonderem Interesse dabei war, inwieweit sich die verschiedenen Versuchsbedingungen einerseits auf die Beurteilung der Zielperson auswirken, und andererseits, inwieweit sich Effekte im Bereich des impliziten und expliziten Erinnerns zeigen würde.

Es lagen dieselben Versuchsbedingungen vor wie im ersten Experiment. Veränderungen wurden aber bezüglich der Versuchspersonengruppe vorgenommen. Das Mindestalter der Probanden betrug in dieser Untersuchung sechzig Jahre.

Zu Grunde liegend für das zweite Expeiment war die Überlegung, *dass, ebenso wie in der vorangegangenen Untersuchung, die induzierten Stereotype ("alt"/"jung") zu einer korrespondierenden Altersschätzung der target-Person führen sollten.* Des Weiteren interessierte die Fragestellung, inwieweit die induzierten Stereotype zu einer unterschiedlichen Beurteilung der Zielperson führen würde. Würden "jüngere" positiver beurteilt als "ältere" Personen, wie es dem Befund der ersten Untersuchung entspräche ? Oder würden aufgrund des eigenen Alters der Probanden keine Unterschiede bezüglich der Versuchsbedingungen, die das "Stereotyp" betreffen, zu verzeichnen sein? Werden ältere Versuchspersonen einen "älteren" Bewerber nicht negativer bewerten als einen "jungen" Bewerber? Da der zu Beurteilende und der Beurteiler zur selben sozialen Gruppe gehören, sollten diese Versuchspersonen eher über ein positives Altersbild verfügen. Ein wichtiger Aspekt bei der Wahrnehmung und Beurteilung von älteren Menschen ist, wie bereits ausgeführt, das eigene Alter des Betrachters. Ältere Probanden verfügen über eine andere Art der Repräsentation des Altersstereotyps, da sie selbst Teil dieser Gruppe sind (vgl. Hummert et al.,1994). In einigen Untersuchungen konnte gezeigt werden, dass Mitglieder der eigenen Gruppe günstiger beurteilt werden als die anderer Gruppen (Luszcz & Fitzgerald, 1986). Es stellt sich somit die Frage, ob die altersmäßige Zugehörigkeit der Versuchspersonen zu der zu beurteilenden Person ausreicht, um nicht stereotypisiert und dem "ageism" unserer Gesellschaft folgend zu urteilen. Würden die Probanden, durch ihr eigenes Alter bedingt, dem Phänomen des ageism entgehen können, oder würden sie in diesem Set, wo es um die Einstellung eines Bewerbers geht, selbst durch stereotypes Denken beeinflusst, auch wenn es die eigene Kategorie betrifft? In dieser Untersuchung interessierte weiterhin das Verhalten der älteren Menschen im Hinblick auf die Beurteilung der implizierten

Stereotype und der Vergleich zum Verhalten der jungen Versuchsgruppe. *Würden die Ergebnisse des 1. Experimentes repliziert werden können, oder würden die älteren Menschen andere Beurteilungen zeigen als junge Probanden?*

Eine weitere Fragestellung richtete sich auf das Directed-Forgetting-Paradigma. Die in dieser Untersuchung durchgeführte Vergessensinstruktion betraf immer die erste Liste (stereotype Items). Das bedeutet, wenn die Vergessensinstruktion von den Probanden befolgt wurde, sollte eine Beurteilung der Zielperson nur anhand der zweiten Liste (neutrale Items) erfolgen. Dies dürfte nicht zu unterschiedlichen Bewertungen führen, während es bei Ausbleiben der Vergessensinstruktion zu dem selben Ergebnismuster kommen sollte wie unter der Stereotypbedingung, derart, dass das Stereotyp "alt" negativer beurteilt werden wird wie das Stereotyp "jung".

Ein nächster Punkt, der im Untersuchungsinteresse stand, betrifft die Aktivierungsbedingung. Würde vor der Darbietung der stereotypbehafteten "alten" Items ein Altersstereotyp aktiviert werden, sollte eine Verstärkung des Altersstereotyps erfolgen und somit eine Förderung der Enkodierung und Speicherung der stereotypkongruenten Information. So sollte es unter der Aktivationsbedingung mit dem nachfolgenden Stereotyp "alt" zu einer anderen, schlechteren Beurteilung kommen als ohne Aktivation.

Die Erinnerungstests in Form eines free recalls und einem Wortfragmenttest ließen unterschiedliche Ergebnisse erwarten. Für beide Tests wurde davon ausgegangen, dass die kritischen (stereotypen) Items besser erinnert werden würden als die neutralen Items.

Für den free recall war anzunehmen, dass die Vergessensinstruktion dazu führen würde, dass weniger Items der ersten Liste erinnert würden als der zweiten Liste. Es konnte davon ausgegangen werden, dass die Probanden mehr Ressourcen für die Bearbeitung der zweiten Liste aufbringen würden können und somit die erste Liste vernachlässigt würde.

In Bezug auf das implizite Erinnern sollte die Vergessensinstruktion keinen Einfluss auf das Vervollständigen der dargebotenen Wortfragmente haben.

Für das explizite Erinnern sollte die Vergessensinstruktion ohne Aktivierung zu einer verringerten Erinnerungsleistung für die erste Liste und zu einer verbesserten Erinnerungsleistung für die zweite Liste führen, da durch das Nichtbeachten der ersten Liste mehr Speicher- und Verarbeitungskapazität für die zweite Liste bestehen würde. Dagegen sollte die Vergessensinstruktion mit Aktivierung zu einer Verschlechterung der Behaltensleistung für beide Listen führen. Diese Annahme ging davon aus, dass das Missachten der ersten Liste aufgrund der effizienteren Enkodierung und Organisation der stereotypen Information durch die Stereotypaktivierung erschwert würde. Es müsste sehr viel mehr Anstrengung investiert werden, um diese Information zu unterdrücken. Dies sollte zu einem derart großen Ressourcenverbrauch führen, dass die zweite Liste nicht mehr von der Vergessensinstruktion profitieren sollte. Dies würde auch zu einer verringerten Erinnerungsleistung für die zweite Liste führen.

6.2.1 Methode

Versuchsplan

Das beim 2. Experiment eingesetzte Design war identisch mit dem Versuchsplan des ersten Experimentes (vgl. 6.2).

130

Versuchspersonen

An diesem Experiment nahmen 64 Versuchspersonen teil. Die 32 männlichen und die 32 weiblichen Versuchspersonen wurden den verschiedenen Versuchsbedingungen so zugeteilt, dass unter jeder Bedingung gleich viele Männer und Frauen untersucht werden konnten. Die Probanden wurden aus verschiedenen Bereichen rekrutiert: Sportvereine, Chor, Seniorenkreis, Kirche und allgemeine Treffen. Es handelte sich um geistig und körperlich aktiv im Leben stehende Personen. Die Versuchspersonen nahmen nach persönlicher Ansprache an dem Experiment teil, sie wurden nicht für ihre Teilnahme entlohnt. Das Alter der Probanden lag zwischen 60 und 85 Jahren und betrug im Durchschnitt 67,98 Jahre (SD = 5.93).

Material

Das in diesem Experiment verwandte Material war identisch mit dem in Experiment 1 benutzten Material, um eine Vergleichbarkeit zwischen den beiden Untersuchungen zu gewährleisten. Deshalb wird an dieser Stelle auf Punkt 6.2 dieser Arbeit verwiesen werden.

Versuchsdurchführung

Das Gleiche wie für das Material gilt für die Durchführung des zweiten Experimentes: das Prozedere war in Experiment 1 und 2 identisch. Somit werden die den Punkt Durchführung interessierenden Fakten unter Kapitel 6.2 näher ausgeführt.

6.2.2 Ergebnisbesprechung Experiment 2

Für die erste Testphase wurden mehrere 2 (Aktivation: Mit/Ohne) x 2 (Stereotyp: Alt/Jung) x 2 (Vergessensinstruktion: Mit/Ohne) Varianz-analysen berechnet mit Blick auf unterschiedliche abhängige Variablen.

Die erste abhängige Variable bezieht sich auf die Variable "geschätztes Alter" der Zielperson. Es zeigte sich hypothesenkonform eine Differenzierung zwischen den beiden unterschiedlichen induzierten Stereotypen $(F (1,56) = 53.36, p = .00, eta^2 = .48)$, insofern, als unter der Versuchsbedingung "alt" ein signifikant höheres Alter $(x = 38.33)$ als unter der Versuchsbedingung "jung" $(x = 28.47)$ geschätzt wurde. Eine erwartete Interaktion der Variablen "Stereotyp" und "Vergessens-instruktion" konnte nicht bestätigt werden. Ebenso wirkte sich die Variable "Aktivation" nicht auf die Altersschätzung aus (Ergebnisse siehe Tab. 6).

Dependent Variable: geschätztes Alter

Source	Type III Sum of Squares	df	Mean Square	F	Sig.	Eta Squared
Corrected Model	1696,746	7	242,392	8,316	,000	,510
Intercept	71389,160	1	71389,160	2449,112	,000	,978
AKTIV	21,973	1	21,973	,754	,389	,013
STEREO	1555,316	1	1555,316	53,357	,000	,488
INSTRUK	79,879	1	79,879	2,740	,103	,047
AKTIV *STEREO	20,816	1	20,816	,714	,402	,013
AKTIV *INSTRUK	2,441	1	2,441	,084	,773	,001
STEREO *INSTRUK	10,973	1	10,973	,376	,542	,007
AKTIV * STEREO * INSTRUK	5,348	1	5,348	,183	,670	,003
Error	1632,344	56	29,149			
Total	74718,250	64				
Corrected Total	3329,090	63				
Corrected Total	3329,090	63				

a R Squared = ,510 (Adjusted R Squared = ,448)
b Altersgruppe = alt

Tabelle 5: *Ergebnisse der dreifachen Varianzanalyse für die AV "geschätztes Alter"*

Im Folgenden werden zur besseren Übersichtlichkeit alle Ergebnisse, die den Gesamtwert betreffen, vorab in Tabellenform (Tab. 7) dargestellt.

Dependent Variable: Gesamtscore Ratings

Source	Type III Sum of Squares	df	Mean Square	F	Sig.	Eta Squared
Corrected Model	437,484	7	62,498	2,801	,014	,259
Intercept	18598,141	1	18598,141	833,614	,000	,937
AKTIV	13,141	1	13,141	,589	,446	,010
STEREO	172,266	1	172,266	7,721	,007	,121
INSTRUK	50,766	1	50,766	2,275	,137	,039
AKTIV STEREO	*97,516	1	97,516	4,371	,041	,072
AKTIV INSTRUK	*1,266	1	1,266	,057	,813	,001
STEREO INSTRUK	*23,766	1	23,766	1,065	,306	,019
AKTIV STEREO * INSTRUK	*78,766	1	78,766	3,530	,065	,059
Error	1249,375	56	22,310			
Total	20285,000	64				
Corrected Total	1686,859	63				
Corrected Total	1686,859	63				

a R Squared = ,259 (Adjusted R Squared = ,167)
b Altersgruppe = alt

Tabelle 7: *Ergebnisse der dreifachen Varianzanalyse der AV "Gesamtscore Ratings"*

Das zweite Resultat bezieht sich auf die AV Gesamtscore-Rating. Hier zeigte sich eine deutlich schlechtere Beurteilung (M = 3.11) der Zielperson (F(1,56) = 7.72, p = .00; eta² = .12), wenn ein "altes" Stereotyp impliziert wurde, im Vergleich zu einem "jungen" Stereotyp (M =2.57). Des Weiteren war eine signifikante Interaktion der Variablen "Aktivation" und

"Stereotyp" ($F(1,56) = 4.37$, $p = .04$, eta $= .07$) nachweisbar. Unter der Bedingung Stereotyp "alt" mit Aktivation zeigte sich ein niedrigerer ($M = 2.83$) Wert im Vergleich zur Bedingung Stereotyp "alt" ohne Aktivation ($M = 3.40$). Im Gegensatz dazu wurden beim Stereotyp "jung" bessere Werte ohne Aktivation ($M = 2.44$) als mit Aktivation ($M = 2.70$) nachweisbar. Eine Überprüfung der einfachen Haupteffekte zeigte, dass der Faktor "Aktivation" weder unter der Bedingung "alt" ($F(1,30) = 2.79$, $p = .10$; $eta^2 = .09$) noch unter der Bedingung "jung" ($F(1,30) = 1.38$, $p = .25$; $eta^2 = .04$) signifikant wurde. Ebenso wurde der Faktor "Stereotyp" unter der Bedingung "mit Aktivation" nicht signifikant ($F(1,30) = .19$, $p = .67$, $eta^2 = .00$), aber unter der Bedingung "ohne Aktivation" trat Signifikanz auf ($F(1,30) = 14.13$, $p = .00$; $eta^2 = .32$).

Es war keine signifikante Interaktion der Variablen "Stereotyp" und "Vergessensinstruktion" zu verzeichnen (siehe Tab.6), obwohl diese erwartet worden war. Unter der Vergessensinstruktion hätte es zu einer Gleichbewertung der Stereotype "alt" und "jung" kommen sollte. Ohne Vergessensinstruktion dagegen hätte sich das Muster der negativeren Bewertung des Stereotyps "alt" im Vergleich zu "jung" wiederholen sollen. Um eine Erklärung für dieses den Erwartungen nicht entsprechende Ergebnis abgeben zu können, bedarf es vorab einer differenzierten Betrachtung der Einzeldimensionen.

Die Einzeldimension "Entwicklungs- und Karrierechancen" erbrachte als abhängige Variable einen Haupteffekt auf dem Faktor Stereotyp ($F(1,56) = 10.08$, $p = .00$, $eta^2 = .15$). Unter der Bedingung "alt" wurde im Durchschnitt die Bewertung 3.09 abgegeben, und unter der Bedingung "jung" zeigte sich eine bessere Bewertung von 2.34. Außerdem wurde die Interaktion der Variablen Aktivation und Stereotyp ($F(1,56) = 4.48$, $p = .04$, $eta^2 = .07$) signifikant (siehe Abb. 7).

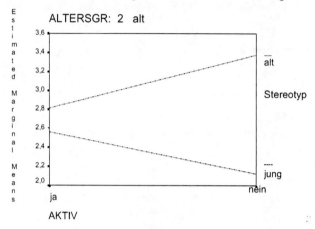

Estimated Marginal Means of Entwicklung

ALTERSGR: 2 alt

Abb. 7: *Interaktion der Variablen Aktivation* Stereotyp*

Wurde eine Altersstereotypaktivierung vorgeschaltet, hatte dies bei den nachfolgenden "alten" stereotypbehafteten Items eine Verbesserung in der Beurteilung zur Folge (M = 2.81), wenn man dies mit den Werten "ohne Aktivation" (M = 3.38) vergleicht. Handelte es sich jedoch um das Stereotyp "jung", so hatte eine vorgeschaltete Aktivation den umgekehrten Effekt zur Folge. Es zeigte sich eine Verschlechterung (M = 2.56) im Vergleich zu der Versuchsbedingung "ohne Aktivation" (M = 2.13). Eine Überprüfung der einfachen Haupteffekte erbrachte keine Signifikanzen für den Faktor "Aktivation" unter den Bedingungen "alt" und "jung". Des Weiteren zeigte sich ein einfacher Haupteffekt für den Faktor "Stereotyp" unter der Bedingung "ohne Aktivation" $(F(1,30) = 14.71, p= .00; eta^2 =.33)$.

Die zweite Beurteilungsdimension betrifft die fachliche Kompetenz. Hier wurden keinerlei signifikante Haupteffekte oder Interaktionen beobachtet.

Im Gegensatz dazu wurden bei der Variablen "Soziale Kompetenz" jedoch wieder ein signifikanter Unterschied im Hinblick auf die Stereotypbedingung (F(1,56) = 7.11, p = .01, eta² =.13) nachweisbar. Die das Stereotyp "alt" betreffenden Werte waren deutlich schlechter (M = 3.44) als die das Stereotyp "jung" betreffenden Werte (M = 2.72).

Der Faktor "Durchsetzungsvermögen" zeigte, dass die Vergessensinstruktion zu unterschiedlichen Ergebnissen führte (F(1,56) = 6.18, p = .01, eta² = .10). Es wurden generell unter der Vergessensinstruktion schlechtere Bewertungen abgegeben (M = 3.25) als ohne Vergessensinstruktion (M = 2.56).

In Bezug auf die Dimension "Flexibilität" zeigte sich der Stereotypfaktor signifikant (F(1,56) = 6.36, p = .01, eta² = .10). Auch hier wurde das bereits bekannte Muster der schlechteren Beurteilung unter der Stereotypbedingung "alt" (M = 3.19) als unter der Bedingung "jung" (M = 2.44) ausgewiesen. Ebenso zeigte der Faktor "Empfehlung zur Einstellung" dieses Resultat (F(1,56) = 4.87, p = .03, eta² = .08). Hier führte außerdem die Interaktion der Variablen "Aktivation" und "Stereotyp" zu einem signifikanten Ergebnis (F(1,56) = 6.09, p = .02, eta² = .10), dergestalt, dass das Stereotyp "alt" von der Aktivation profitierte (Aktivation/alt M = 2.62, ohne Aktivation/alt M =3.31), während das Stereotyp "jung" sich durch die Aktivation verschlechterte (Aktivation/jung M = 2.69, ohne Aktivation/jung M = 2.19). Die Testung der einfachen Haupteffekte bezüglich dieser Interaktion (siehe Abb.8) erbrachte keine Signifikanz für den Faktor "Stereotyp" unter der Bedingung "Mit Aktivation". Es ergab sich jedoch ein Haupteffekt für den Faktor "Stereotyp" unter der Bedingung "Ohne Aktivation". Keine signifikanten einfachen Haupteffekte zeigten sich für den Faktor "Aktivation" unter den Stereotypbedingungen "alt" und "jung".

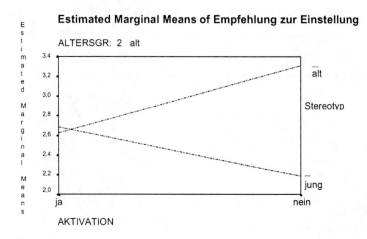

Estimated Marginal Means of Empfehlung zur Einstellung

ALTERSGR: 2 alt

(Y-axis label, top to bottom) Estimated Marginal Means

Y-axis values: 3,4 3,2 3,0 2,8 2,6 2,4 2,2 2,0

alt

Stereotyp

jung

X-axis: ja nein

AKTIVATION

Abb. 8: *Interaktion der Variablen Aktivation* Stereotyp für die AV "Empfehlung zur Einstellung"*

Des Weiteren ergab sich eine dreifache Interaktion der Variablen "Aktivation", "Stereotyp" und "Instruktion" ($F(1,56) = 6.06$, $p = .02$, eta^2 = .10) für die abhängige Variable "Empfehlung zur Einstellung". Ohne Vergessensinstruktion hatte die Aktivation Einfluss auf die Beurteilung des Stereotyps "jung" bzw. des Stereotyps "alt". Mit Aktivation verbesserte sich der Wert für das Stereotyp "alt" ($M = 1.87$) im Vergleich zum Wert "Ohne Aktivation" ($M = 3.25$). Für das Stereotyp "jung" hingegen verschlechterte sich die Beurteilung durch die Aktivation (mit Aktivation $M = 3.00$; ohne Aktivation $M = 2.00$).

Mit Vergessensinstruktion zeigte die Aktivation keinerlei Einfluss auf das Stereotyp. Mit Aktivation wurde das Stereotyp "alt" im Durchschnitt mit 3.38 bewertet, und ohne Aktivation ergab sich genau derselbe Wert. Dasselbe Muster zeigte sich für das Stereotyp "jung", allerdings mit besseren Werten als unter der Bedingung "alt". Mit und ohne Aktivation zeigen sich unter der Vergessensinstruktion für das Stereotyp "jung" der identische Mittelwert von 2.38 (siehe Abb. 9, 10).

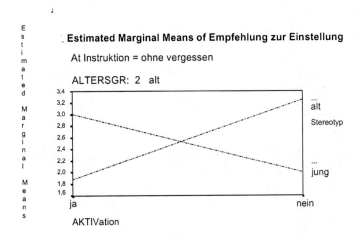

Abb. 9: *Interaktion der Variablen Aktivation*Stereotyp unter der Bedingung "Ohne Vergessen"*

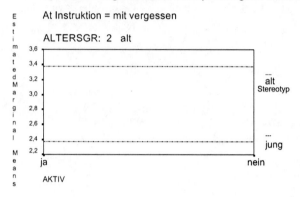

Estimated Marginal Means of Empfehlung zur Einstellung

At Instruktion = mit vergessen

ALTERSGR: 2 alt

Abb.10: *Interaktion der Variablen Aktivation* Stereotyp unter der Bedingung "Mit Vergessen"*

Der reduzierte Gesamtscore zeigte einen signifikanten Effekt für den Faktor "Stereotyp" ($F(1,56) = 7.57$, $p = .00$; $eta^2 = .12$). Unter der Stereotypbedingung "alt" wurde die Zielperson schlechter beurteilt (M= 3.14) als unter der Bedingung "jung" (M= 2.59). Ansonsten waren keine signifikanten Effekte zu verzeichnen.

Um die Ergebnisse der zweiten Untersuchung übersichtlicher darzustellen, sei an dieser Stelle auf Tabelle 8 verwiesen, die einen reinen ergebnisorientierten Überblick zeigt und somit auch das Nachvollziehen der folgenden Diskussion erleichtern soll.

	Kar-riere-Chan-cen	Fachl. Kom-pe-tenz	Sozia-le Kom-pe-tenz	Durch-set-zungs-vermögen	Flexibili-tät	Empfeh-lung zur Einstel-lung	Gesamt-score	Red. Ge-samt-score
Aktivation								
Stereotyp	*		*			*	*	*
Instruktion				*				
Akt.*Stereo.	*					*		*
Akt.*Instr.								
Stereo* Instr.								
Stereo.* Instr.* Akt.						*		

Tab.8: *Überblick über die signifikanten Effekte der 2. Untersuchung (*auf dem .05% Niveau signifikant)*

6.2.3 Diskussion

Im Folgenden werden die Ergebnisse des zweiten Experiments besprochen, dessen Besonderheit im Alter der Versuchspersonengruppe zu sehen ist. Es handelte sich im Gegensatz zum ersten Experiment um ältere Probanden ab sechzig Jahren. Da ansonsten die gleichen Versuchsbedingungen eingesetzt wurden, sollen nicht nur die Ergebnisse dieses Versuchs diskutiert werden, sondern an geeigneten oder notwendigen Punkten Unterschiede sowie Gemeinsamkeiten besprochen werden.

Bezüglich der erhobenen abhängigen Variable "Geschätztes Alter" zeigte sich ein signifikant höheres Alter unter der Stereotypbedingung "alt" im Vergleich zur Stereotypbedingung "jung". Dieses Ergebnis ist hypothesenkonform und zeigt, dass die verwendeten Adjektive unter der

Stereotypbedingung "alt" auch tatsächlich älteren Menschen und die unter der Stereotypbedingung "jung" benutzten Items jüngeren Personen zugeordnet wurden. Diese Conditio ist unerlässlich für die korrekte Interpretierbarkeit der Untersuchungsergebnisse. Aber trotz der Tatsache, dass dieser Faktor hochsignifikant wurde, wäre ein zahlenmäßig noch differenzierteres Ergebnis wünschenswert gewesen. Andererseits bleibt festzuhalten, dass eine deutliche Bewertung in Richtung des intendierten Alters vorgenommen wurde. Dass eine stärkere Polarisierung in Richtung des geschätzten Alters unter der Stereotypbedingung "alt" nicht in Richtung des sechsten Lebensjahrzehnts stattfand, ist einerseits durch die Versuchsanordnung begründet, andererseits durch die subjektive Einschätzung, ab wann man alt ist. Die Versuchsbeschreibung erklärte den Probanden, dass es sich um ein Transkript eines Einstellungsgespräches für eine Stelle im mittleren Management gehandelt habe. Eine Erklärung für die Alterseinschätzung der Probanden geben die folgenden Überlegungen: Wird die target-Person als jung eingeschätzt, geht die Versuchsperson wohl von einem Bewerber aus, der vor nicht allzu langer Zeit das Studium beendet hat. Vermuten die Probanden eine ältere Person, gehen sie dagegen von einem Bewerber aus, der bereits über Berufserfahrung verfügt, der sich aber nicht kurz vor dem Rentenalter befindet. Des Weiteren muss bei der Altersschätzung der Probanden bedacht werden, dass die Einstufung eines Menschen in die Kategorie "alt" im Arbeitsleben im Allgemeinen bereits sehr früh einsetzt (ab 40 Jahre).

Die erwartete Interaktion zwischen den Variablen "Stereotyp" und "Vergessensinstruktion", die erstens davon ausgeht, dass es ohne Vergessensinstruktion zu einer höheren Altersschätzung unter der Stereotypbedingung „alt" kommen sollte als unter der Bedingung "jung" und zweitens, dass es mit einer Vergessensinstruktion zu keinen unterschiedlichen Altersschätzungen bzgl. der Stereotyparten kommen sollte, wurde nicht bestätigt. Dies lässt den Schluss zu, dass die älteren Versuchspersonen entweder nicht dazu in der Lage waren, die Vergessensinstruktion zu befolgen, oder aber, dass durch die explizite Forderung nach einer Alterseinschätzung die zu vergessende Information der ersten Liste (stereotypbehaftete Information) wieder zugänglich wurde. Ebenso kam es nicht zu einer signifikanten Interaktion der Variablen "Aktivation" und "Stereotyp". Es wurde davon ausgegangen, dass eine dem Stereotyp · "alt" vorausgehende Aktivation zu einer erhöhten Altersschätzung führen würde, im Vergleich zur selben Bedingung ohne Aktivation. Dass dies nicht der Fall war, wird erklärbar, wenn man von folgender Prämisse ausgeht. Wirkt die Frage nach dem Alter per se als Aktivation, so ist davon auszugehen, dass die eigentliche Aktivationsbedingung nicht mehr zwischen den Bedingungen differenzieren kann, da es durch die verlangte Altersschätzung grundsätzlich zu einer Aktivierung kommt. Das heißt, folglich wäre die Aktivationsbedingung zumindest für das Stereotyp "alt" grundsätzlich vorhanden, wenn auch vollkommen unbeabsichtigt. Allerdings könnte die Frage nach dem Alter der Zielperson unter der Stereotypbedingung "jung" nicht als Aktivation wirken, was dann zu Unterschieden in der Bewertung führen könnte. Dies entspricht zumindest tendenziell auch den referierten Ergebnissen. Die Aktivationsbedingung veränderte die Alterseinschätzung der Stereotypbedingung "alt" nur um 0.03 Jahre, während die Aktivationsbedingung die Bewertung des Stereotyps "jung" um 2.3 Jahre veränderte.

Eine neu berechnete Varianzanalyse, die als vierten Faktor die unabhängige Variable "Altersgruppe"" (Jüngere/Ältere) einbezog, zeigte keine signifikant unterschiedlichen Bewertungen in Bezug auf die Altersgruppe. Das bedeutet, die Bewertungen bzgl. des geschätzten Alters der target-Person waren hinsichtlich der Experimente 1 und 2 vergleichbar.

Ein wichtiger zweiter Punkt betrifft das Ergebnis bzgl. der abhängigen Variable "Gesamtscore Rating". Hier zeigte sich, hypothesenkonform, ein signifikanter Effekt für den Faktor "Stereotyp". Wurde ein "altes" Stereotyp impliziert, wurde eine schlechtere Beurteilung vorgenommen als unter der Bedingung "junges Stereotyp". Man kann somit davon ausgehen, dass auch ältere Versuchspersonen bei der Einstellungsbeurteilung stereotypgeleitet bewerten und somit älter eingeschätzte Bewerber negativer beurteilen als jünger eingeschätzte Bewerber. Dies spricht für eine starke Verwurzelung des Altersstereotyps in unserer Gesellschaft, da die Mitglieder der eigenen Altersgruppe stereotypgeleitet bewertet wurden.

Die Interaktion der Variablen "Aktivation" und "Stereotyp" zeigte sich anders als prognostiziert. Das Stereotyp "alt" profitierte von der Aktivationsbedingung, da in diesem Fall eine bessere Bewertung erfolgte als ohne Aktivation. Das Stereotyp „jung" hingegen führte mit einer vorausgehenden Aktivation zu verschlechterten Werten. Dies könnte durch kongruente bzw. inkongruente Bedingungsmuster erklärbar werden. Die Kombination "alt"/"mit Aktivation" wurde als kongruent erlebt, während die Zusammenstellung "Altersaktivierung"/"jung" als unpassend empfunden wurde. Ohne Aktivation zeigte sich das schon besprochene Befundmuster der negativeren Bewertung des Stereotyps "alt" im Vergleich zu "jung".

Von besonderem Interesse für die Untersuchungen war die Interaktion der Variablen "Stereotyp" und "Vergessensinstruktion". Erwartet worden war, dass es ohne Vergessensinstruktion zu einer schlechteren Beurteilung des Stereotyps "alt" kommen sollte, im Vergleich zum Stereotyp "jung". Mit Vergessensinstruktion sollte es nicht zur Beachtung der stereotyper Information kommen und somit zu einer Beurteilung anhand der zweiten, neutralen Liste, die für die Probanden identisch war. Somit hätte unter der Vergessensinstruktion eine vergleichbare Bewertung für beide Stereotype erfolgen müssen. Stattdessen zeigten die Ergebnisse, dass es auch unter der Vergessensinstruktion zu einer starken Differenzierung zwischen den beiden Stereotypen kam. Auch wenn die stereotype Information nicht beachtet werden sollte, wurde das Stereotyp "alt" negativer eingeschätzt als das Stereotyp "jung". Eine potentielles Erklärungsmuster könnte darin zu sehen sein, dass die älteren Versuchspersonen die stereotype Information nicht unterdrücken konnten. Dies erscheint jedoch nicht sehr wahrscheinlich, da die Versuchsanordnung nicht von den Probanden explizit verlangte, stereotype Information zu unterdrücken. Vielmehr war ihnen mitgeteilt worden, sie hätten aus Versehen die falsche Liste erhalten und sollten sie deshalb nicht mehr beachten. Ein andere Erklärungsmöglichkeit wäre, davon auszugehen, dass ältere Menschen Schwierigkeiten haben, zwischen relevanten und irrelevanten Informationen zu unterscheiden. Dies würde Probleme bei der Nicht-Beachtung bzw. beim zielgerichteten Vergessen von Informationen beinhalten.

Der in diesem Experiment besprochene Befund steht nicht in Übereinstimmung mit den Ergebnissen des ersten Experimentes, wo jüngere Versuchspersonen ein anderes Ergebnismuster zeigten. Warum die älteren Probanden die zu vergessende Information trotzdem beachteten und in ihr Urteil mit einbezogen, bleibt finaliter abzuklären. In Bezug auf die Variable "Gesamtscore Rating" gab es einen signifikanten Haupteffekt in einer zusätzlich berechneten vierfaktoriellen Varianzanalyse auf dem Faktor Versuchsgruppe. Vergleicht man generell die Ergebnisse der älteren Versuchsgruppe (Exp.2) mit denen der jüngeren Versuchsgruppe (Exp.1), so zeigte sich, dass die älteren Probanden insgesamt mildere Urteile abgaben (M = 2.84) als die jüngeren Versuchspersonen (M = 3.46).

Für die Einzeldimension "Entwicklungs- und Karrierechancen" ergab sich das bereits bekannte Muster der schlechteren Bewertung des

Stereotyps "alt". Interessanterweise zeigte sich kein solcher Effekt bei der jüngeren Versuchsgruppe. Das bedeutet, die Älteren sehen die Zukunftschancen für ältere Arbeitssuchende restriktiver eingeschränkt, als dies jüngere Menschen tun. Möglicherweise resultiert diese Einschätzung aus dem größeren Erfahrungsbereich der älteren Menschen und dem vorhandenen Selbstbild. Die Interaktion von Aktivation und Stereotyp spiegelt denselben Befund wider, der bereits für die Dimension "Gesamtscore Rating" diskutiert wurde. Dasselbe Interaktionsmuster wurde bei der jüngeren Versuchsgruppe im Bereich "fachliche Kompetenz" konstatiert. Auch hier hat die Bedingungskongruenz bzw. Inkongruenz zu denselben Ergebnissen geführt.

Für die Kategorie "Fachliche Kompetenz" fanden sich für die Gruppe der älteren Versuchsteilnehmer keinerlei Effekte unter den verschiedenen Bedingungen. Dies bedeutet unter anderem, dass die älteren Probanden unter der Stereotypbedingung "alt" bezüglich dieser Dimension kein anderes Urteil abgaben als unter der Bedingung "jung". Interessant ist dabei der Vergleich mit der jüngeren Versuchsgruppe, die sogar bezüglich der Variable " Fachliche Kompetenz" unter der Stereotypbedingung "alt" ein besseres Urteil abgab als unter der Bedingung "jung". Dies war das einzige Bewertungsmuster dieser Art, in der die Älteren durch die jüngere Versuchsgruppe besser bewertet wurde als die Jüngeren. Das bedeutet, in Bezug auf die Dimension "Fachliche Kompetenz" gab es eine Umkehrung der gefundenen Resultate. Dies könnte darin begründet sein, dass fachliche Kompetenz und Erfahrung gleichgesetzt wurden, und die Probanden zumindest im ersten Experiment davon ausgingen, dass Ältere auf Grund ihrer beruflichen Erfahrung mehr Wissen erarbeitet haben, sozusagen eine stereotypgeleitete Aussage in positivem Sinne.

Im Bereich soziale Kompetenz kam jedoch wieder das ansonsten durchgängige Muster der schlechteren Beurteilung des Stereotyps "alt" zum Tragen. Die älteren Probanden schätzten die sozialen Fähigkeiten unter der Stereotypbedingung "alt" schlechter ein als unter der Bedingung "jung". Dasselbe Ergebnis zeigte sich auch bei der jungen Versuchsgruppe. Für den Faktor "Durchsetzungsvermögen" kam es nicht zu einer unterschiedlichen Beurteilung des induzierten Stereotyps. Hier sahen die Älteren keinen Unterschied bei den Stereotypen "jung" und "alt". Dies korrespondiert mit den diesbezüglichen Ergebnissen der jüngeren Versuchsgruppe. Die Dimension "Durchsetzungsvermögen" scheint nicht sensibel zu sein für altersinduzierte Stereotype.

Ein Effekt zeigte sich in Experiment 2, genau wie in Experiment 1, beim Faktor "Instruktion", derart, dass unter der Vergessensinstruktion die Zielperson schlechter bewertet wurde als ohne Vergessensinstruktion. Scheinbar führt die vermehrte Beachtung der zweiten Liste zu einer schlechteren Beurteilung, da neutrale Items im Hinblick auf die Beurteilung eines Bewerbers eher negativ interpretiert wurden.

Im Hinblick auf den Bereich "Flexibilität" wurde unter der Stereotypbedingung "alt" wieder eine schlechtere Beurteilung abgegeben als unter der Bedingung, "jung". Dieses Ergebnis korrespondiert mit dem Resultat der jungen Versuchsgruppe, die ein vergleichbares Ergebnismuster zeigte. Die Dimension "Flexibilität" dürfte im Besonderen von einer altersstereotypen Einstellung beeinflusst worden sein. Das "allgemeine" Altersstereotyp beinhaltet für viele Menschen die Eigenschaft, unflexibel zu sein, sich schlecht auf Veränderungen einstellen zu können sowie starr an Gewohnheiten festzuhalten. Diese Einstellung scheint sich tatsächlich in der Bewertung beider Versuchsgruppen zu manifestieren.

Der Faktor "Empfehlung zur Einstellung" zeigte im 2. Experiment ebenfalls ein schlechtere Bewertung unter der Stereotypbedingung "alt", im Vergleich zur Bedingung "jung". Bemerkenswert ist die Tatsache, dass es bzgl. dieser Dimension im ersten Experiment bei der jüngeren Versuchsgruppe zu keiner unterschiedlichen Beurteilung kam. Es zeigte sich vielmehr die grundsätzliche Tendenz, unter allen Bedingungen genau die Mitte der Beurteilungsskala anzukreuzen. Die ältere Versuchsgruppe hatte hier jedoch deutliche Akzente in ihrer Bewertung in Richtung stereotypgeleitetes Urteilen gezeigt. Die Interpretation der Daten legt nahe, dass die ältere Versuchsgruppe differenzierter bewertete, das heißt sie war bereit, eine eindeutige Entscheidung zu treffen. Es kann davon ausgegangen werden, dass sich ältere Menschen wohl eher zutrauen, weitreichende Entscheidungen zu treffen, insbesondere dann, wenn es sich um erfahrene, aktiv im Leben stehende Personen handelt. Hierbei spielt wohl eine Rolle, dass diese Personengruppe über eine größere lebensgeschichliche Erfahrung verfügt. Eventuell zeigen Ältere zudem eher die Bereitschaft, auch aufgrund unvollständiger Informationen weitreichende Urteile abzugeben, da sie schon öfter mit solchen Situationen konfrontiert waren. Dahingegen fühlen sich jüngere Menschen wohl eher überfordert, tragende Entscheidungen vorzunehmen. Sie fühlen sich eher unsicher zu determinieren, ob eine Einstellung erfolgt oder nicht und wählen so eine Beurteilung im mittleren Bereich, um die Möglichkeit eines Fehlurteils zu minimieren.

Des Weiteren kam es unter der Dimension "Empfehlung zu Einstellung" zu einer dreifachen Interaktion der Variablen "Aktivation", "Stereotyp" und "Vergessensinstruktion." Ohne die Vergessensinstruktion kam es zu dem bereits schon öfter referierten Befund, dass kongruente Bedingungen bezüglich der Bewertung zu positiveren Ergebnissen (mit Aktivation/Stereotyp alt) und inkongruente Bedingungen zu einer Verschlechterung der Bewertung führten (Altersaktivierung/Stereotyp "jung"). Wurde jedoch eine Vergessensinstruktion eingeführt, zeigte die Aktivationsbedingung keinen Effekt bezüglich der verschiedenen

Stereotype, obgleich die Vergessensinstruktion zu einer unterschiedlichen Bewertung der Stereotype "alt" und "jung" führte. Dies bestätigt den schon besprochenen Befund, dass die Vergessensinstruktion bei der älteren Versuchsgruppe eine Beeinflussung der Beurteilung durch die zu vergessende stereotype Information nicht verhindern konnte. Dies ist ein zentraler Befund der vorliegenden Arbeit. Warum waren ältere Menschen scheinbar nicht in der Lage, die stereotype Information der ersten Liste, entgegen der Aufforderung des Versuchsleiters, zu vernachlässigen? Die Ergebnisse legen nahe, dass ältere Menschen Probleme haben, dem Directed-Forgetting-Paradigma Folge zu leisten. Beinhalten die hier gefundenen Resultate, dass ältere Personen Schwierigkeiten haben, zwischen relevanter und irrelevanter Information zu differenzieren? Ist es für sie schwieriger als für junge Menschen, nicht mehr brauchbare Informationen "loszulassen", um verstärkt Kapazität für relevante Informationen zur Verfügung zu haben? Die hier besprochenen Ergebnisse waren Gegenstand spezifischer Hypothesen für die weiteren Experimente.

Nachzutragen bleibt der Befund bezüglich des erhobenen Maßes für die Vorurteilsstärke. Auch hier zeigte sich eine Gleichverteilung der Vorurteilswerte im Hinblick auf die verschiedenen Bedingungen. Dieses Ergebnis gilt für beide Experimente. Interessant ist jedoch der Befund, dass die jüngere Versuchsgruppe im Mittel durchgängig höhere Werte im Bereich der Vorurteilsstärke aufwies als die ältere Versuchsgruppe.

Des Weiteren konnte für den Bereich der Altersschätzung kein Effekt der Vergessensinstruktion nachgewiesen werden. Dies gilt sowohl für die jüngere als auch für die ältere Versuchsgruppe. Als die Instruktion ausgegeben wurde, die erste Liste zu vergessen, hätte dies zu einer vergleichbaren Altersschätzung in Bezug auf die Stereotype "alt" und "jung" führen sollen. Wäre der Vergessensinstruktion Folge geleistet worden, hätte die Altersschätzung lediglich aufgrund der zweiten Liste stattfinden dürfen. Da diese unter allen Bedingungen vergleichbar (altersneutraler Inhalt) war, hätte daraus eine einheitliche Altersschätzung resultieren müssen, was jedoch nicht der Fall war. Ohne Vergessensinstruktion sollte es zu einer unterschiedlichen Altersschätzung in Abhängigkeit vom induzierten Stereotyp ("jung"/"alt") kommen. Tatsächlich kam es aber mit und ohne Vergessensinstruktion zu einer differenzierten, stereotypabhängigen Altersschätzung. Das bedeutet, sowohl die jüngere (Experiment 1) als auch die ältere Versuchsgruppe (Experiment 2) hatten auch unter der Vergessensinstruktion die Information der Liste 1 für die Alterschätzung benutzt. Während darüber hinaus die ältere Versuchsgruppe bei der Einschätzung der Rating-Skala ebenfalls die Informationen der ersten Liste trotz der Vergessensinformation benutzte, fanden diese Informationen durch die junge Versuchsgruppe in Bezug auf die Eignungsbeurteilung kaum Beachtung. Dies weist auf einen bedeutsamen Unterschied zwischen den beiden Altersgruppen hin. Es stellt sich somit auch die Frage nach einem Erklärungsmuster für die Unterschiedlichkeit in der Beachtung zu vergessender Informationen innerhalb der jüngeren Versuchsgruppe, während die ältere Versuchsgruppe stringent die zu vergessenden Informationen verwertete, sowohl bzgl. der Alterseinschätzung als auch bei der Eignungsbeurteilung.

Die Schätzung des Alters der target-Person war eine der letzten Aufgaben, die von der Versuchsperson innerhalb des Experimentes zu erbringen war. Die gezielte Frage nach dem Alter der target-Person könnte hier durchaus die Funktion eines Hinweisreizes übernommen haben und somit der ersten Liste wieder stärkere Präsens eingeräumt haben. Es wurde von den Versuchsteilnehmern wahrscheinlich gezielt im Gedächtnis nach Reizen gesucht, die eine Alterseinschätzung erleichtern. Da die zweite Liste hierfür keine verwertbaren Informationen enthielt, haben möglicherweise   alle Vpn, unabhängig vom ihrem Alter, auf die Informationen der ersten Liste zurückgegriffen, um eine Altersschätzung abgeben zu können. In Anbetracht dieses Erklärungsmusters widerspricht dieses dargestellte Ergebnis nicht der zu überprüfenden These, dass ältere Menschen Schwierigkeiten haben, bestimmte Informationen zu unterdrücken, d.h. relevante und irrelevante Informationen unterschiedlich zu verarbeiten, während jüngere Versuchsteilnehmer dazu besser in der Lage sind.

7 Gedächtniseffekte im Alter

Eine zentrale Thematik dieser Arbeit betrifft die Vergleichbarkeit der Ergebnisse der Experimente 1 und 2. Da hier lediglich das Alter der Versuchspersonen variiert, stellt sich aufgrund der teilweise unterschiedlichen Ergebnisse die Frage, ob ältere Personen Informationen anders verarbeiten, speichern und erinnern als jüngere Menschen. In den vorausgehenden Experimenten wurden Erhebungen bezüglich des impliziten (Wortfragmentergänzungen) und expliziten Erinnerns (freies Erinnern) durchgeführt. Die Ergebnisse werden im Anschluss an die im Folgenden zu referierenden Theorien und Untersuchungen bezüglich der Informationsverarbeitung und –gewinnung bei älteren Menschen dargestellt.

Auch die bereits referierten Befunde der ersten beiden Experimente bezüglich der Eignungsbeurteilung können nicht völlig unabhängig von Gedächtniseffekten betrachtet werden, da die vorzunehmende Bewertungen anhand von erinnerten Informationen vorgenommen werden mussten. Insbesondere wurde dem Directed-Forgetting-Paradigma eine zentrale Bedeutung zuerkannt.

In diesem Kapitel wird nun zunächst ein Abriss über die verschiedenen Erklärungsansätze bezüglich der (zumeist schlechteren) Gedächtnisleistungen von älteren Menschen erfolgen. Ergänzt wird dies durch die Darstellung einiger ausgewählter Forschungsbefunde zu dieser Thematik. Daran anschließend werden die eigenen Ergebnisse bzgl. der Gedächtnistestungen dargestellt und mit den vorher referierten Befunden in Zusammenhang gebracht bzw. verglichen.

7.1 Überblick über den Zusammenhang zwischen den Faktoren "Alter" und "Erinnerungsleistung"

Vergleicht man die Gedächtnisleistungen von Erwachsenen, die über 60 Jahre alt sind, mit Personen um die Zwanzig, so zeigen die älteren eine geringere Leistung als die jüngeren Erwachsenen, was die Testformen "free-recall", "cued-recall" und "recognition" in Bezug auf sprachliches Material betrifft (vgl. Burke & Light, 1981; Craik, 1977; Guttentag, 1985).

Obwohl solche Ergebnisse der Künstlichkeit der Standard-Labortests bzgl. des Gedächtnisses zugeordnet werden könnten, zeigen ältere Personen auch geringere Leistung bei Erinnerungstests, die mit größerer ökologischer Validität geplant wurden (West, 1986). So zeigen ältere Menschen z.b. weniger Erinnerung für Prosa-Stellen (Cohen, 1988), für Informationen bzgl. simulierter medizinischer Labels (Morell et al., 1989), für das Erscheinungsbild von Telefonen und Münzen (Foos, 1989) sowie für Namen und Gesichter von Personen (Bahrick, 1984). Warum diese Gedächtnisbeeinträchtigungen im Alter vorkommen, versuchen verschiedene theoretische Ansätze zu erklären.

Die Erklärungen differieren dabei zwischen eher optimistischen bzw. eher pessimistischen Sichtweisen. Die optimistischen Betrachtungsweisen führen die reduzierte Gedächtnisleistung im Alter auf den ineffizienten Gebrauch von Enkodierungs- und Abrufstrategien zurück, also auf ein Problem, das durch hilfreiche Interventionen behebbar würde. Weniger optimistische Standpunkte gehen dagegen davon aus, dass die verfallenden Gedächtnisleistungen als Konsequenzen irreversibler altersbedingter Veränderungen von Basismechanismen betrachtet werden müssten.

Vergleicht man die Untersuchungen, so lassen sich in der Summe vier verschiedene Faktoren herausfiltern, die die geringe Gedächtnisleistung der älteren, in Relation zu den jüngeren Erwachsenen, erklären könnten: Probleme des Metagedächtnisses, defekte semantische Enkodierung, Probleme bei absichtlicher Erinnerung und verringerte Verarbeitungsressourcen.

7.1.1 Probleme des Metagedächtnisses

Der Begriff "Metagedächtnis" umfasst einmal das verbalisierbare Wissen einer Person über ihr eigenes Gedächtnis (Flavell & Wellman, 1977), darüber hinaus aber auch Wissen über die Funktionsweise, die Begrenzungen, die Schwierigkeitsstufen von Gedächtnisanforderungen sowie über die Effizienz verschiedener Enkodierungs- und Abrufstrategien.

In Bezug auf die altersbezogenen Minderleistungen im Gedächtnisbereich kristallisierten sich aus Sicht der Metagedächtnisperspektive verschiedene Hypothesen heraus, so z. B. dass ältere Menschen deshalb weniger erinnern, weil sie falsche Vorstellungen über geeignete Strategien bei unterschiedlichen Erinnerungsaufgaben besitzen würden. Das heißt dem zu Folge, es wäre wenig wahrscheinlich, dass Ältere spontan geeignete Strategien einsetzen oder ihre Enkodierungs- und Abrufprozesse wirkungsvoll überwachen würden. Angeführt werden drei Gründe, die für den ineffizienten Gebrauch der Enkodierungs- und Abrufstrategien von älteren Personen verantwortlich gemacht werden: das Fehlen bzw. Nicht-Benutzen dieser Strategien, die verminderte Aufmerksamkeitskapazität und das reduzierte Gespür für die Selbsteffizienz bei Erinnerungsaufgaben (Light, 1991).

Beim Fehlen entsprechender Strategien wird davon ausgegangen, dass Erinnerungs-Förderungs-Strategien weniger von solchen Personen verlangt werden, die dem Erziehungssystem weiter entfernt stehen. So spielen Erinnerungsstrategien eine kleinere Rolle im Leben von älteren

155

Menschen. Dazu passt die Aussage, dass ältere weniger als jüngere Erwachsene erinnern, sei lediglich ein Artefakt des Vergleichs junger Studenten mit alten Nicht-Studenten in Laborsituationen.

Diese Aussage zeigt jedoch einige Unzulänglichkeiten. Einige Studien zur Wirkungsweise des Alters beim Strategiengebrauch im Alltagsleben (Cavanaugh et al., 1983; Dobbs & Rule, 1987) belegen, dass es nur kleine Unterschiede zwischen den Altersgruppen in der berichteten Häufigkeit im Strategiengebrauch gibt, mit der Ausnahme, dass sich ältere Personen mehr auf externale Erinnerungshilfen stützen und jüngere eher auf internale Mnemotechniken. Insgesamt gesehen, wird die Rolle der Strategien wahrscheinlich jedoch überschätzt, insofern, als sogar junge Personen selten absichtlich mnemotechnische Strategien einsetzen (Intons-Peterson & Fournier, 1986). In Folge dessen müssten, sobald man junge mit älteren Studenten vergleicht, altersrelevante Differenzen bei der Erinnerung neuer Informationen verschwinden, wenn sie wirklich vom gegenwärtigen erzieherischen Status abhängen. Die erzielten Ergebnisse konnten dies jedoch nicht zeigen (Hartley, 1986; Salthouse et al., 1988). Weiterhin wurden auch dann sehr unterschiedliche Ergebnisse bei älteren Personen gefunden, wenn sie sich in Bezug auf eine bestimmte Thematik stets auf dem Laufenden hielten. Hier hätten keine Differenzen zu jüngeren Personen erwartet werden dürfen. Die Ergebnisse waren jedoch themenabhängig, und es gab keinesfalls eine einheitliche Befundlage hierzu. Würde es sich wirklich um einen fehlenden Strategieneinsatz handeln, sollte ein breites Strategie-Training für ältere Menschen doch letztlich dazu führen, dass altersrelevante Differenzen ausgeschaltet würden. Aber dies konnte in dieser Form auch nicht bestätigt werden (vgl. Kliegl et al., 1989). Somit kann diese Annahme nicht aufrecht erhalten werden.

Eine weitere populäre Hypothese geht von einer verringerten Aufmerksamkeitskapazität aus. Das heißt, ältere Menschen seien weniger dazu in der Lage als jüngere Erwachsene, geeignete selbstinitiierte Enkodierungs- und Abrufstrategien einzusetzen, da der Alterungsprozess mit einer reduzierten Aufmerksamkeitskapazität einhergehe. Dies würde bedeuten, dass die Leistung älterer Personen durch den Gebrauch von Orientierungsaufgaben und durch den Einsatz von weniger beanspruchenden Wiedererkennungstests gefördert werden könnte (vgl. Craik, 1977, 1986). Die Annahme, dass der reduzierte Gebrauch von mnemotechnischen Strategien die Konsequenz einer geringen Aufmerksamkeitskapazität im Alter ist, wurde nicht entsprechend empirisch untersucht. Somit kann hierzu keine eindeutige fundierte Stellung bezogen werden. Cohen (1988) konnte in seiner Untersuchung jedoch zeigen, dass der Gebrauch verschiedener Strategien durch jüngere und ältere Personen eher zu qualitativen als zu quantitativen Differenzen führt. Generell wirken experimentelle Bedingungen, die die Enkodierung bzw. die Abrufstrategien beeinflussen, gleichermaßen für junge und ältere Menschen (Arbuckle et al., 1990; Brigham & Pressley, 1988; Mueller et al. 1986; Rankin & Firnhaber, 1986). Zum Beispiel profitieren jüngere und ältere Menschen gleichermaßen von einer Generierungsbedingung im Vergleich zu einer „nur-Lese"-Bedingung. Ebenso gilt dies für den „picture-superiority-effect (vgl. Park et al., 1983;). Ein Pfeiler der Unzulänglichkeits-Hypothese besagt, dass ältere oberflächlicher enkodieren als jüngere Erwachsene und selten semantische Prozesse einsetzen (Burke & Light, 1981). Einige Befunde stellen dies jedoch wiederum in Frage. Sie zeigen Ergebnisse, die für eine äquivalente semantische Enkodierung in verschiedenen Altersklassen sprechen (Rankin & Hinrichs, 1983; Tulving, 1983).

Ein weiteres Erklärungsmuster geht davon aus, dass ältere Erwachsene selbst glauben, ihre Erinnerungsfähigkeiten seien vermindert. Dieses Fehlen von Selbst-Effizienz in Bezug auf die Erinnerung habe nachteilige Konsequenzen für ihre Leistung (vgl. Bandura, 1989; Berry et al., 1989; Cavanaugh & Green, 1990). Hierbei wird davon ausgegangen, dass den älteren Personen ein Gespür für die Beherrschung von Gedächtnisfähigkeiten fehlt, entweder, weil sie Veränderungen in ihrer eigenen Erinnerung beobachtet haben, oder weil ihre Kultur lehrt, dass Gedächtnisverfall im Alter sowohl unvermeidlich als auch nicht behebbar sei. Als Ergebnis dieser Selbstüberzeugung strengen sich ältere beim Erinnern nicht so stark an wie jüngere Menschen. In Folge davon erinnern sie auch weniger. Diese Erfahrung wiederum reduziert die Gefühle der Selbsteffizienz usw.

Mittlerweile wurden psychometrische Instrumente zur Messung stabiler Konzepte bezüglich der Selbst-Effizienz entwickelt (Berry et al., 1989). Obwohl die darin benutzten Frageformulierungen kritisch betrachtet werden müssen, gibt es durch diese Instrumente Hinweise, dass ältere Personen ihre eigene Kompetenz bei Erinnerungsaufgaben schlecht einschätzen können. Andererseits gibt es jedoch keine starken Evidenzen dafür, dass Selbst-Effizienz in einer kausalen Beziehung zu Erinnerungsleistungen steht. Allerdings existieren einige Hinweise, dass die Umkehrung stimmen könnte, z. B. dass die Selbst-Effizienz-Einschätzung durch die Leistung beeinflusst wird (Hertzog et al., 1990; Lachman & Leff, 1989). Bis jetzt gibt es jedoch wenig Unterstützung für die Annahme, dass altersrelevante Differenzen im Gedächtnis vom Gebrauch ineffizienter Enkodierungsstrategien der älteren Menschen herrühren.

Zusammenfassend kann Folgendes festgehalten werden: Es gibt wenig Unterstützung für die These, dass Probleme im Metagedächtnis als ursächlich für Altersdifferenzen bzgl. der Erinnerungsleistung anzusehen sind. Es wurden weder Belege für eine starke altersbedingte Differenz im Einsatz von Mnemotechniken gefunden, noch bewirkte eine entsprechende Schulung der älteren Personen diesbezüglich eine Verbesserung ihrer Leistung. Die Annahme, dass eine niedrige Selbsteffizienz für die meist schlechtere Erinnerungsleistung von älteren Menschen verantwortlich zu machen sei, sollte solange vorsichtig betrachtet werden, bis kausale Beziehungen zu Gedächtnisleistungen nachgewiesen werden können (Light, 1991).

7.1.2 Die semantische Defizit-Hypothese

Diese Sichtweise geht davon aus, dass Gedächtnisprobleme auf eine geringere semantische Enkodierung im Alter zurückgeht. Da ein entsprechendes Sprachverständnis notwendig ist für eine Behaltensleistung, könnten somit Probleme beim Sprachbegriffsvermögen automatisch zu einem Erinnerungsabfall führen. So gehen z. B. Craik und Byrd (1982) davon aus, dass das Alter assoziiert sei mit einer Abschwächung in der Vielfalt, der Breite und der Tiefe von Verarbeitungsoperationen beim Enkodieren und Abrufen von Informationen. Dies beinhalte auch, dass Enkodierungen älterer Personen weniger assoziative und schlussfolgernde Informationen enthalten würden, bzw. dass ein enkodiertes Ereignis weniger modifiziert würde durch den spezifischen Kontext, in welchem es für die ältere Person vorkomme. Folglich führe diese Differenz zu einer weniger charakteristischen (und so weniger erinnerbaren) Enkodierung des Ereignisses.

Verschiedene Annahmen liegen der Theorie der semantischen Defizithypothese zu Grunde: Erstens, Ältere enkodieren weniger reichhaltig, umfassend und tief. Zweitens, Enkodierungsdefizite unterliegen Erinnerungsproblemen. Drittens, die Enkodierung von Älteren hat weniger assoziativen oder schlussfolgernden Gehalt. Und viertens, ihre Enkodierung ist allgemeiner und bezieht sich weniger auf spezifische Kontextbedingungen. Auf diese vier Faktoren soll nun folgend kurz eingegangen werden.

Die Begriffe "Reichhaltigkeit" sowie " Ausmaß" und "Tiefe der Verarbeitung" können in Termen von Netzwerkmodellen des Gedächtnisses verstanden werden. "Tief" ist hier in dem Sinn zu verstehen (Anderson, 1983), dass ein Anwachsen der Zahl von assoziativen Pfaden zwischen Ideen stattfindet. Dass die Verarbeitung die Aktivation von früheren Schemata oder generellem Wissen miteinbezieht, wird mit dem Begriff "reicher" bezeichnet. Der Terminus "umfassend" kann ähnlich ausgelegt werden, in Termen der Anzahl von Pfaden, die während der Enkodierung aktiviert werden. Altersbezogene Differenzen in der Enkodierung können entweder durch den Inhalt entstehen oder dadurch, dass die Organisation der Kenntnisse bei alten und jungen Personen unterschiedlich ist, so dass die Verbindungsmuster im Netzwerk über das Alter differenzieren. Wenn ältere und jüngere Menschen nicht dasselbe Bedeutungssystem für Wörter oder denselben Fundus von pragmatischen Informationen teilen, wären Unterschiede im Begriffsvermögen in Folge dessen nicht überraschend (Light, 1991). Die meisten Belege sind konsistent mit der Konklusion, dass weder die Organisation der Konzepte noch die Charakteristiken der semantischen Aktivation mit dem Alter variieren. So existieren beispielsweise einige Belege für die Stabilität des Musters für Wortassoziationen über die Erwachsenenjahre (Burke & Peters, 1986; Lovelace & Cooley, 1982; Scialfa & Margolis, 1986). Ebenso konnten stabile Organisationen der Kategorienrepräsentationen über die Erwachsenenzeit hinweg nachgewiesen werden (Byrd, 1984;

Hertzog et al., 1986; Petros et al., 1983). Es scheint keine altersbezogenen Unterschiede in der Repräsentation von kulturell definierten Skripten zu geben (Hess, 1985).

Bezüglich der Aktivationsausbreitung (spreading activation) zeigen Studien mittels semantischen Primings bei lexikalischen Entscheidungen, Wortbenennungen und Urteilen der semantischen Bezogenheit keine Belege für altersrelevante Differenzen im Ausmaß der Aktivation, wenn der Assoziationstyp variiert wurde (Balota & Duchek, 1988). Insgesamt gesehen, gibt es kaum Belege für altersrelevante Differenzen in der Organisation von Kenntnissen. Außerdem scheint die Menge, die Breite und das Tempo, in der sich die Aktivation zwischen Konzepten innerhalb eines semantischen Netzwerkes ausbreitet, über das Alter hinweg ähnlich abzulaufen. Allerdings sollte auch erwähnt werden, dass ältere Personen oftmals Wort-Findungs-Probleme haben, die sich in Defiziten bei der Aktivation von orthografischen oder phonologischen Informationen von Konzepten niederschlagen. Ebenso zeigen ältere Erwachsene einen reduzierten Output bei verbalen Flüssigkeitsaufgaben (vgl. McCrae et al., 1987; Obler und Albert, 1995) und sie haben mehr "auf der Zunge liegende" (Tipp-of-the–tongue) Erfahrungen (Cohen & Faulkner, 1986). Allerdings ist es unwahrscheinlich, dass altersrelevante Unterschiede in der Aktivation von orthografischen und phonologischen Repräsentationen die semantische Enkodierung im Alter beeinflussen.

Insgesamt gesehen, kann die These, dass Defizite in der semantischen Verarbeitung den Erinnerungsproblemen von älteren Menschen zugrunde liegen, nicht bestätigt werden. Die Organisation von Kenntnissen ist über das Alter hinweg stabil. Ältere Personen unterscheiden sich nicht von jüngeren in Bezug auf Geschwindigkeit, Breite oder Menge der "spreading activation" in der Wahrscheinlichkeit der Inferenzherstellung oder im Gebrauch von Kontextreizen.

7.1.3 Verschlechterung der beabsichtigten Erinnerung

Bei der Verschlechterung der beabsichtigten Erinnerung muss zwischen impliziter Messung und expliziter Messung unterschieden werden. Bei der indirekten Messung werden z.B. Wort-Fragment-Tests, Wortstammergänzungsaufgaben oder lexikalische Entscheidungsaufgaben durchgeführt. Bei diesen Aufgaben wird die Erinnerung abgeleitet von einer Verbesserung der Leistung, wenn die Informationen, die zu einem früheren Zeitpunkt im Experiment involviert waren, häufiger oder schneller benutzt oder beurteilt werden als neue Informationen (repetition priming). Interessant ist die Frage, ob ältere Menschen eine verschlechterte Erinnerung zeigen, wenn die Testung in Form eines recalls oder recognition erfolgt, was eine bewusste Erinnerung verlangt, und ob sie eine normale Erinnerung zeigen, wenn sie indirekt und ohne Erinnerungsinstruktion getestet werden. Werden einzelne Informationen (single-item-priming) geprüft, scheint dies der Fall zu sein. Bei Einzelitems sind ähnliche priming-levels über das Alter hinweg gefunden worden für Wortstammergänzungen ((Howard, 1988); Light & Singh, 1987) und für die perzeptuelle Identifikation von "degraded words" (Light & Singh, 1987) und für Bildnennungen (Mitchell, 1989) Bei den meisten dieser Studien wurden die Probanden direkt und indirekt bzgl. des Gedächtnisses getestet. Obwohl altersrelevante Differenzen fast als invariabel bei direkten Gedächtnismessungen beobachtet wurden, waren die Differenzen bei indirekten Gedächtnismessungen oft gering. Ein schwierig einzuordnender Befund dieser Studien ist wohl der, dass altersrelevante Differenzen beim priming zwar gering und nicht signifikant sind, aber meistens jüngere Erwachsene begünstigen.

Zwar gibt es auch reliable Befunde für bessere Leistungen durch jüngere Erwachsene bei impliziten Tests, doch Light (1991) gibt zu beachten (vgl.

Chiarello & Hoyer, 1988; Howard, 1988; Rose et al., 1986), dass solche Befunde Unterschiede in den Prozessen indizieren könnten, die zwar dem priming unterliegen, andererseits   aber zu klein seien, um mit konventionellen Stichprobengrößen entdeckt zu werden. Die beobachteten geringfügigen Vorteile beim priming bei jüngeren könnten auch aus einer Kontamination der Priming-Aufgabe mit   expliziten Erinnerungen resultieren, da jüngere Personen bessere Leistungen bei expliziten Erinnerungsaufgaben als ältere zeigen. Die Ergebnisse könnten insgesamt so interpretiert werden (Light, 1991), dass ältere Personen nur oder vor allem dann eine Verschlechterung zeigen, wenn ein bewusstes Erinnern gefragt ist. Um Erklärungsmuster für diese Befunde darzulegen, sollen drei mögliche Interpretationen betrachtet werden: intakte Aktivation bei zugleich beeinträchtigter Verarbeitung von kontextueller Information, verminderte selbstinitiierte konstruktive Aktivitäten und   multiple Gedächtnissysteme.

Ein Erklärungsversuch für   Priming-Effekte besteht darin, dass sie nur die Aktivation von vorher existierenden Repräsentationen voraussetzen, während recall und recognition mehr elaborative Verarbeitung von kontextueller Information verlangen würden (vgl. Graf & Mandler, 1984). In Übereinstimmung mit dieser Sichtweise implizieren die Befundmuster bei älteren Menschen, dass   Aktivationsprozesse intakt bleiben, während kontextuelle Informationsverarbeitung verschlechtert wird. Belege dafür, dass die semantischen Aktivationsprozesse intakt sind, wurden bereits an anderer Stelle besprochen, aber es stellt sich die Frage, ob dies für jegliche Aktivation gilt (Light, 1991).

Wenn nicht-semantische Attribute von Ereignissen gefragt sind, erinnern ältere Menschen tatsächlich weniger Information als jüngere. So sind ältere weniger geschickt beim Überwachen   der Informationsquelle. Sie sind nicht so gut darin, wieder abzurufen, wie   eine Information präsentiert wurde, z. B. auditiv oder visuell (Kausler & Puckett, 1981a; Lehman & Mellinger, 1984), in welcher Buchstabenart (Kausler & Puckett, 1980), ob in männlicher oder weiblicher Stimme (Kausler & Puckett, 1981b) oder in einer bestimmten Farbe (Park & Puglisi, 1985). Ältere haben größere Schwierigkeiten als jüngere Menschen zu erinnern, ob sie ein Wort gesehen oder generiert haben (Rabinowitz, 1989). Ebenso haben sie Probleme bei der Unterscheidung, ob sie ein Fakt im Rahmen eines experimentellen settings erlernt haben, oder ob es ihnen schon zu einem früheren Zeitpunkt bekannt war (Janowski et al., 1989).

Ältere Menschen lassen sich stärker von irreführenden Informationen beeindrucken (Cohen & Faukner, 1989). So neigen sie beispielsweise eher dazu, ein vorher gesehenes Gesicht als berühmt einzustufen, wenn sie dieses zu einem späteren Zeitpunkt wieder sehen. Dieses indiziert eine falsche Quellen-Attribution (Dywan & Jacoby, 1990).

Es gibt somit eine Reihe von Belegen, die zeigen, dass ältere Menschen ein schlechteres Gedächtnis für den Kontext des Erinnerten haben. Aber damit ist nicht bewiesen, dass dies die Ursache für die verschlechterte absichtliche Erinnerung bei älteren Personen darstellt.

Einige Forscher gehen davon aus, dass indirekte Gedächtnisleistungen typischerweise eher daten-getriebene als konzept-getriebene Prozesse beanspruchen (Jacoby & Dallas, 1981). Sie argumentieren, dass indirekte Erinnerungstests von den physikalischen Ähnlichkeiten zwischen dem studierten Material und den Testitems in größerem Umfang abhängen würden, als dies bei den direkten Erinnerungstests der Fall sei. Wenn dem so wäre, sollten beträchtliche altersrelevante Unterschiede dann zu verzeichnen sein, wenn die Aufgabe selbstinitierte konstruktive Operationen verlangt und wenig Umgebungsunterstützung für den Abruf zur Verfügung stellt (z. B. free recall). Dem entgegen sollten altersrelevante Differenzen bei den Aufgaben minimal sein, die für substantielle Umgebungsunterstützung sorgen (z. B. perzeptuelle Identifikation). Es zeichnen sich Belege dafür ab, dass bei direkter Erinnerungsmessung die Verfahren mit einer stärkeren Umgebungsunterstützung kleinere altersrelevante Differenzen aufzeigen (Craik & MacDowd, 1987).

Die Abruf-Unterstützungs-Hypothese fokussiert die physikalische Ähnlichkeit zwischen dem Studienmaterial und den angebotenen Abrufhilfen im Test. Dies führt zur Vorhersage, dass, wenn die Menge der Abruf-Unterstützung über die verschiedenen Gedächtnisaufgaben konstant gehalten wird, die altersrelevanten Differenzen bei direkten und indirekten Messungen ähnlich sein sollten. Die Ergebnisse verschiedener Untersuchungen zeigen jedoch Altersunterschiede für direkte Messungen und keine Unterschiede für indirekte Messungen (Howard, 1988; Light & Albertson, 1989; Light & Singh, 1987).

Andere Forscher gehen davon aus, dass die schlechteren Leistungen von älteren Menschen bzgl. des beabsichtigten Erinnerns mit Defiziten spezifischer Gedächtnissysteme zusammenhängen, die bei impliziten Tests nicht beansprucht werden. Nach Tulving (1972) ist das Gedächtnis unterteilt in ein semantisches und ein episodisches Gedächtnissystem. In einer späteren Untersuchung arbeitete Tulving (1985) ein monohierarchisches Arrangement von drei Systemen aus, mit dem prozeduralen Gedächtnis, das das semantische Gedächtnis als ein spezialisiertes Subsystem enthält, das wiederum das episodische Gedächtnis als spezialisiertes Subsystem beinhaltet. Mitchell (1989) geht davon aus, dass sich nur das episodische Gedächtnis bei den älteren Personen verschlechtert, während das semantische und prozedurale Gedächtnis im Alter intakt bleiben. Priming-Effekte werden unter diesem Blickwinkel dem prozeduralen Gedächtnis zugeordnet. Diese Sichtweise ist jedoch nicht unumstritten. So wachsen z. B. Wortfindungsstörungen im Alter an.

Insofern könnten die altersunabhängigen Ergebnisse im Priming als Unterstützung für die Sichtweise genommen werden, dass die Enkodierung von neuen Informationen (die episodische Gedächtnisprozesse involviert) kein Problem für Ältere ist, der Abruf aber schon. Es gibt weitere zahlreiche empirische und theoretische Einwände gegen diesen theoretischen Ansatz (vgl. Squire, 1987; Tulving & Schacter, 1990), die jedoch an dieser Stelle nicht diskutiert werden können.

Insgesamt betrachtet, gibt es aber hinreichende Belege dafür, dass ältere Menschen Probleme beim Abrufen von neuen Informationen haben, wenn eine absichtliche Erinnerung verlangt wird, aber das indirekte Messungen der Erinnerung kleinere oder keine Differenzen aufweisen.

7.1.4 Reduzierte Verarbeitungsressourcen

Hier stellt sich die Frage, ob altersrelevante Veränderungen auf Veränderungen in fundamentalen Verarbeitungsmechanismen basieren, wie z. B. auf reduzierter Aufmerksamkeitskapazität, reduzierter Arbeits-Speicher-Kapazität oder kognitiver Langsamkeit.

Das Konzept der Verarbeitungsressourcen beinhaltet nach Navon (1984) jeglichen internalen Input, der für die Verarbeitung wichtig ist. Dazu können solche Faktoren gehören wie der Kommunikationskanal, der Speicherort, die Verarbeitungsgeschwindigkeit, die Aufmerksamkeit und die Arbeitsspeicherkapazität. Dabei ist jedoch die Beziehung zwischen Aufmerksamkeit, Arbeitsspeicherkapazität und Verarbeitungsgeschwindigkeit komplex und schwierig zu trennen.

Hasher und Zacks (1979) gehen davon aus, dass ältere Menschen größere Ressourcen einsetzen müssen, wenn man von ihnen verlangt, unter geteilten Aufmerksamkeitsbedingungen Informationen zu lernen oder abzurufen. Dann seien nur solche Aspekte der Erinnerung, die mühevoll sind, mit schlechterer Leistung bei Älteren verbunden, während Aspekte der Erinnerung, die automatisch ablaufen, intakt bleiben würden. Diese Sichtweise von Hasher und Zacks (1979) beinhaltet, dass die Erinnerung für zeitliche, räumliche und oftmals genutzte Informationen über das Alter hinweg stabil bleibt. Bzgl. des Faktors "geteilte Aufmerksamkeits-Ressourcen" ergaben sich sehr unterschiedliche Untersuchungsbefunde, so dass kein klares Fazit gezogen werden kann (vgl. Wickens et al., 1987;).

Ob die Erinnerung für zeitliche, räumliche und oft benutzte Informationen im Alter invariant ist, wird durch die meisten Untersuchungsbefunde negativ beschieden. Im Hinblick auf temporale Informationen sind jüngere Personen bei der Rekonstruktion von Wortfolgen besser als ältere (Naveh-Benjamin, 1990). Das Gleiche trifft für räumliche Informationen zu. Junge Menschen zeigen ein besseres Erinnerungsvermögen für örtliche Strukturen (Bruce & Herman, 1986) und für positionelle Anordnungen von Buchstaben, Worten und Bildern (Cherry & Park, 1989; Pezdek, 1983; Salthouse et al., 1988).

Bezüglich des Faktors "Oft-genutzte-Information" ist die Befundlage etwas komplexer. Einige Studien berichten über Gedächtnisvorteile der jüngeren Probanden (Hasher & Zacks, 1979), andere hingegen fanden keine Alterseffekte (vgl. Attig & Hasher, 1980; Ellis et al., 1988).

Der Faktor "Arbeitsspeicher-Kapazität" , der ebenfalls als Ursache für die schlechtere Gedächtnisleistung der älteren Menschen in Betracht gezogen wird, kann in verschiedene Annahmen aufgesplittet werden. So spricht Salthouse (1990) von einem "within-context-assessment". Seine Mitarbeiter und er manipulierten die Komplexität durch die Variation der Anzahl von identischen mentalen Operationen, die innerhalb einer Aufgabe ausgeführt werden mussten. Die Älteren wurden hierbei durch anwachsende Komplexität ungünstiger beeinflusst, was den Schluss erlaubte, dass eine Beziehung zwischen Alter und reduzierter Arbeitsspeicherkapazität bestehen würde. Aber nicht alle Untersuchungen bzgl. des within-context-assessment des Arbeitsspeichers haben solche altersrelevante Differenzen erbracht (Light & Anderson, 1985; Morris et al., 1990. Eine andere Annahme bzgl. des Arbeitsspeichers stammt von Hasher und Zacks (1988), die davon ausgehen, dass ältere Erwachsene keine reduzierte Arbeitsspeicher-Kapazität aufweisen, sondern dass die altersrelevanten gefundenen Gedächtnisunterschiede eher eine Konsequenz der verkleinerten Effizienz von inhibitorischen Prozessen seien, wobei der Inhalt des Arbeitsspeichers bei jungen und bei älteren Menschen differieren könnte. Ältere Erwachsene könnten wahrscheinlich Gedankengänge hegen, die vom Zielpfad abweichen würden, wie z.B. persönlich relevante Gedanken oder kontextuell unangemessene Interpretationen von Begriffen oder Phrasen. Wenn dem so ist, würde dies bei der Erklärung hilfreich sein, warum Ältere weniger target-Informationen erinnern als Jüngere. Der Erklärungsansatz von Hasher und Zacks (1988) erscheint sehr vielversprechend und wird deshalb in Kap. 7.2 differenzierter dargestellt.

Der Begriff des "cognitive slowing" wird von vielen Forschern bemüht, um altersrelevante Differenzen zu erklären. Es gibt viele Belege, dass das Alter begleitet wird von einer langsameren Bearbeitung fast aller Aufgaben, in denen die Antwortgeschwindigkeit erhoben wurde (vgl. Cerella, 1985; Fisk et al., 1988). Diese generelle Verlangsamung der älteren Personen führte zur Komplexitäts-Hypothese, die beinhaltet, dass die Latenzen von Älteren länger sind als die von Jüngeren bei konstanten Verhältnissen. Hierfür wurden verschiedene Erklärungsmuster angeboten, von gestörten oder geschwächten neuronalen Verbindungen (Cerella, 1990) bis zu einem proportionalen Anwachsen von Information, die bei jedem Verarbeitungsschritt verloren geht (Myerson et al., 1990). Empirische "Versuche", die zu demonstrieren versuchten, dass die verminderte

Leistungsfähigkeit des Gedächtnisses im Alter von einer kognitiven Langsamkeit herrührt, haben jedoch wenig Erfolg gezeigt.

Zusammenfassend kann festgehalten werden: Es wurden vier verschiedene potentielle Erklärungsansätze vorgestellt, die das altersbezogene Nachlassen der Gedächtnisleistung zu erklären versuchten. Keiner der Ansätze bietet momentan eine ausreichende Erklärung für die vielmals zu beobachtete verringerte explizite Gedächtnisfunktion im Alter. Was jedoch am ehesten als gesichert betrachtet werden kann, ist der Befund, dass altersrelevante Verringerungen für neue Informationen im Gedächtnis nicht generalisiert werden können, sondern nur dann bestätigt werden, wenn absichtliche Erinnerung gefordert ist. Leistungsunterschiede zwischen älteren und jüngeren Personen konnten jedoch für indirekte Messungen zumeist nicht verifiziert werden.

7.2 Inhibitionsprozesse und Gedächtnis

Die Theorien der selektiven Aufmerksamkeit versuchen zu erklären, wie ein Teil von Informationen effizient verarbeitet wird, der im Kontext von irrelevanten Informationen präsentiert wird. Traditionell lag die Betonung der Aufmerksamkeitstheorien auf der target-Verarbeitung bzw. der ausgewählten Information. Das Schicksal der nicht ausgewählten Information schien weniger wichtig und interessant zu sein, wegen der Annahme, dass sie einfach passiv zerfalle (vgl. Broadbent, 1982; Treisman, 1986).

Mittlerweile existieren verschiedene Theorien der selektiven Aufmerksamkeit (vgl. Keele & Neill, 78; Tipper, 1985), die davon ausgehen, dass ein aktiver Unterdrückungs- oder Hemmungsprozess besteht, der während des Auswählens direkt an der nicht-ausgewählten oder ablenkenden Information operiert. Bei dieser Betrachtungsweise kommt eine effiziente Auswahl nicht nur durch die einfachere Verfügbarkeit der ausgesuchten Information zustande, sondern auch durch das Unterdrücken von Repräsentationen der irrelevanten Information. So kann die Repräsentation von nicht-ausgewählter Information aktiv missachtet werden, derart, dass ein Informationsstrom entkoppelt wird vom Response-Mechanismus, sodass die Reaktion auf die ausgewählte Information erleichtert wird und die Antwort auf irrelevante Information verlangsamt wird (Allport, Tipper & Chmiel, 1985; Navon, 1989 a, b). Belege für die Inhibitions-Sichtweise kommen beispielsweise von Aufmerksamkeitsaufgaben, die ein selektives Antworten auf einen Zielstimulus verlangen, der unter mehreren ähnlichen Distraktoren erscheint. So könnte z. B. die Aufgabe eines Probanden lauten, einen roten Buchstaben zu nennen, der in einer Reihe von einem roten und grünen Buchstaben steht. Bei einer kritischen Sequenz von Durchgängen wird der Distraktorstimulus des einen Durchgangs zum Zielstimulus des nächsten Durchgangs. Diesbezügliche Studien konnten zeigen (vgl. Lowe, 1979; Neill, 1977; Tipper, 1985), dass die Reaktionen auf solche Zielitems verlangsamt sind, im Vergleich mit Kontrollbedingungen, bei denen der Zielreiz vorher nicht als Distraktor fungiert hatte. Dieses Phänomen wird negatives Priming genannt.

Einige Forschungen haben die Natur dieses Inhibitionseffektes zu erklären versucht. Tipper (1985) zeigte beispielsweise, dass sich der Inhibitionseffekt auf semantische Assoziationen der vorher irrelevanten Information ausweitet. Der Inhibitionseffekt hängt also nicht von perzeptuellen Merkmalen der Stimuli ab. Die Inhibition war auch noch präsent, wenn der Distraktor beim Priming-Durchgang ein Wort war und das folgende semantisch in Beziehung stehende target ein Bild darstellte (Tipper & Driver, 1988). Andere Studien zeigten, dass der Effekt nicht abhängig ist von einem spezifischen motorischen Response (Neill, Lissner & Beck, 1990) oder sogar einer besonderen Response-Modalität (Tipper, MacQueen & Brehault, 1988). Diese Beobachtungen sprechen eher für eine Inhibition an einer zentralen als an einer peripheren Stelle in der Auswahl-Antwort-Sequenz.

Hasher, Stolzfus, Zacks und Rypma (1991) haben berichtet, dass ältere Menschen keinen Unterdrückungseffekt bei Selektionsaufgaben zeigen. Sie hemmen irrelevante oder nicht-ausgewählte Informationen nicht in demselben Ausmaß wie jüngere Menschen. Dieses Fehlen der Unterdrückung ist besonders interessant, da es in Beziehung gesehen werden kann zu der Schwierigkeit älterer Menschen bei selektiven Aufmerksamkeitsaufgaben. Ältere werden beispielsweise beeinträchtigt, wenn sie eine visuelle Suchaufgabe lösen sollen, die eine Reaktion auf einen Zielreiz verlangt, der nicht voraussehbar inmitten anderer Stimuli erscheint (vgl. Plude & Hoyer, 1985; Rabitt, 1965). Die Daten von Hasher et al. zeigen, dass diese Verschlechterung durch einen Mangel an Inhibitionsprozessen bedingt sein könnte, die sonst bei irrelevanten oder interferierenden Items bei aufmerksamkeitsgesteuerter Auswahl ablaufen würde.

Hasher und Zacks (1988) haben die Hypothese aufgestellt, dass die Verschlechterung der effizienten Unterdrückung von irrelevanter bzw. grenzwertig relevanter Information als Basis betrachtet werden kann sowohl für Aufmerksamkeitsdefizite als auch für Gedächtnis- und Sprachverständnisausfälle bei älteren Menschen. So haben ältere Personen z. B. Schwierigkeiten, in einer Text-Verarbeitungs-Situation vorher generierte, aber nicht mehr länger relevante Inferenzen zu unterdrücken (Hamm & Hasher, 1992). Sie haben zudem unter bestimmten Bedingungen eine erhöhte Erinnerungsleistung für irrelevante Informationen gefunden (Hartman & Hasher, 1991; Kausler & Kleim, 1978). Die Befunde, dass "negatives Priming" oder Distraktoren-Unterdrückung bei älteren Menschen nicht vorhanden sind, können bei der Erklärung von Altersdifferenzen im Kognitionsbereich von besonderer Bedeutung sein. Es stellt sich generell jedoch die Frage, ob die Hemmungsprozesse bei älteren Menschen langsamer aufgebaut werden als bei jüngeren Personen. Oder baut sich der Hemmungsprozess für junge und alte Menschen vergleichbar schnell auf, um bei Älteren aber schneller zu zerfallen? Diese Thematik haben Stoltzfus, Hasher, Zacks, Ulivi und Goldstein (1993) untersucht. Darüber hinaus beschäftigten sie sich auch mit der Funktion der Hemmung innerhalb der selektiven Aufmerksamkeit. Gängige Sichtweisen gehen davon aus, dass der Unterdrückungseffekt als Beleg für einen Inhibitionsprozess gesehen werden kann, der im Dienst der gleichzeitig ablaufenden Selektion arbeitet. Das heißt, die Unterdrückung irrelevanter Informationen hilft bei der target-Auswahl dadurch, dass Distraktoren von der Selektion und vom Zugang zu Responsemechanismen ferngehalten werden.

Stoltzfus et al. (1993) untersuchten jüngere und ältere Versuchspersonen bei einer Reaktionszeitaufgabe. Die Probanden sollten einen Zielbuchstaben benennen, der zusammen mit einem Distraktor-Buchstaben gezeigt wurde. Die Targets erschienen immer in einer Farbe (rot oder grün), und die Distraktoren wurden in der anderen Farbe gezeigt (rot oder grün). Bei den Versuchen in der Distraktor-Unterdrückungsbedingung wurde der ignorierte Buchstabe des einen Versuchsdurchgangs zum target beim nachfolgenden Versuchsdurchgang. Es wurde zwischen der Response und der Stimulus-Präsentation (RSI) ein Intervall von 1.700-ms benutzt, aufgrund der Annahme, dass ältere Erwachsene mehr Zeit brauchen würden, um eine messbare Inhibition zu entwickeln. Die untersuchten jungen Erwachsenen waren im Durchschnitt 18.8 Jahre alt und die älteren Personen 69.3 Jahre. Die Ergebnisse zeigten eine Hemmung bei Priming-Aufgaben für jüngere, aber nicht für ältere Erwachsene. Die Ergebnisse von Stoltzfus et al. (1993) und die Ergebnisse von Hasher et al. (1991) enthüllen keinerlei Anwachsen bzgl. der Inhibition von einem 500-ms RSI zu einem 1.700-ms RSI. Dies wäre zu erwarten gewesen, wenn die Inhibition bei älteren Menschen langsamer aufgebaut würde als bei jüngeren Erwachsenen. Ältere zeigten keine reliable Inhibition in den getesteten Zeitintervallen, während die jüngeren Personen einen Distraktor-Suppressions-Effekt für eine relativ lange Zeit nach der Responseabgabe in einer Buchstabenbenennungsaufgabe zeigten.

In einer zweiten Studie von Stoltzfus et al. (1993) wurde untersucht, ob die Unterdrückung bei älteren Personen schneller entsteht als bei jüngeren, und ob sie dann auch wieder sehr schnell zerfällt. Aus diesem Grund wurde eine sehr kurzes RSI-Intervall ausgewählt (300-ms), um die Möglichkeit zu untersuchen, dass ältere Personen sehr schnell eine Unterdrückung initiieren. Die Ergebnisse zeigten eine signifikanten Suppressions-Effekt bei einer kurzen RSI (300-ms) für junge Versuchspersonen, aber nicht für ältere Probanden. Somit kann die These eines sehr schnellen Inhibitionsaufbaus für ältere Menschen verworfen werden. Die von Stoltzfus et al. (1993) berichteten Daten belegen, dass frühere Befunde zum Ausbleiben eines Inhibitionseffektes bei älteren Personen (vgl. Hasher et al., 1991; Tipper, 1991) nicht potentiellen Altersdifferenzen bzgl. des Zeitverlaufes der Suppression während der Auswahlaufgabe zuzuschreiben waren. Vielmehr kann man davon ausgehen, dass ältere Personen keine ausgeprägte Unterdrückung von Distraktoren bzw. irrelevanter Information vornehmen können.

Abschließend bleibt zu sagen, dass Suppression einen Mechanismus darstellt, der es erlaubt, Gedanken und Handlungen trotz der Präsenz von irrelevanten Umgebungsstimuli und assoziativ hervorgerufenen Gedanken kohärent zu halten. Die Abwesenheit oder Verringerung dieses Mechanismus kann profunde Implikationen auf eine Reihe von kognitiven Funktionen haben, angefangen beim Sprachverständnis und der Sprachproduktion bis hin zum Vergessen (Stoltzfus et al. 1993).

7.2.1 Inhibitorische Gedächtniskontrolle im Directed-Forgetting-Para-digma

Conway, Harries, Noyes, Racsma`ny und Frankish (2000) setzten sich ebenfalls mit Inhibitionsprozessen des Gedächtnisses auseinander, jedoch nicht unter der Prämisse des Alters, sondern mit dem Schwerpunkt des Directed-Forgetting-Paradigmas. Sie untersuchten die Bedingungen, unter denen es infolge von vollkommen aufgehobenen Inhibitionsprozessen zu einer Reduzierung bzw. Aufhebung des directed-forgetting-Effektes kommt.

Conway et al. (2000) gingen davon aus, dass das Enkodierungsziel einerseits darin bestehe, Repräsentationen im Gedächtnis zu schaffen, die den Zugang für selbst-relevante Information priorisieren (vgl.Conway, 1996). Andererseits sollte der Zugang zu irrelevanten oder redundanten Informationen minimiert werden. Gleichzeitig bliebe die Verfügbarkeit von vielen Details erhalten, sodass diejenigen Details, die erst später selbstrelevant werden würden, noch den Zustand einer hohen Zugänglichkeit bekämen. Conway et al (2000) gehen davon aus, dass Inhibititionsprozesse während und kurz nach dem Enkodierungsakt von den kürzlich erworbenen Kenntnissen Muster bilden, um den Erinnerungen eine initiale Form zu geben. Dieses Ausgestalten (shaping) der Erinnerung durch die Inhibitionsprozesse sei ein nicht-bewußter, automatischer Prozess. Er baue Erinnerungen auf, in denen bestimmte Informationen

174

zugänglicher seien als andere, wenn es um den Abruf einer Information gehe.

Obwohl hier von einem unbewussten Prozess gesprochen wird, ist unter bestimmten Umständen eine bewusste Aufmerksamkeit nötig, um effektiv zu handeln. Aus diesem Grund wird in vielen Untersuchungen das Directed-Forgetting-Paradigma (DF) eingesetzt, bei dem die Versuchspersonen instruiert werden, das Vergessen von kurz zuvor gelerntem Material selbst zu initiieren.

In der Standard-Situation des Directed-Forgetting-Paradigmas (Listen-methode) werden die Probanden darüber informiert, dass sie eine Wortliste sehen werden, die sie später erinnern sollen. Nach der Präsentation der ersten Liste wird die Hälfte der Probanden instruiert, die gerade gelernten Worte wieder zu vergessen (F-Gruppe). Die andere Hälfte der Probanden bekommt die Instruktion, sich die Liste zu merken (R-Gruppe). Dann erhalten beide Gruppen eine zweite Liste, die, laut Instruktion, von allen später erinnert werden soll. Von allen Testpersonen wird später ein freies Erinnern beider Listen verlangt. Unter solchen Versuchsbedingungen reproduzierte die F-Gruppe die erste Liste typischerweise durchschnittlich zu 30 bis 40%. Die Leistung der R-Gruppe für die erste Liste beträgt normalerweise zwischen 60 und 80%, abhängig vom Zeitraum zwischen Studier- und Testbedingung (Bjork, 1989; MacLeod, 1998). Bei der zweiten Liste ist die Erinnerungsleistung typischerweise für die F-Gruppe größer als für die R-Gruppe.

Wenn Aufmerksamkeitsressourcen jedoch während des Lernens einer zweiten Liste innerhalb des Directed-Forgetting-Paradigmas zusätzlich beansprucht oder überladen sind, dann ist es nicht möglich, die Aufmerksamkeit auf die zu behaltende Listenitems (TBR-Liste) zu fokussieren und somit für die TBF-Items (zu vergessende Liste) Inhibition auszulösen. Eine Konsequenz davon könnte ein unerwartetes Ansteigen der Erinnerung an die zu vergessenden Liste sein, die nicht effektiv gehemmt wurde. Dies konnte auch bestätigt werden (vgl. Macrae, Bodenhausen, Milne und Ford (1997))

Conway et al. (2000) führten eine Reihe von sieben Experimenten durch. Die erste Studie von Conway et al. wurde durchgeführt, um eine Basisrate zu ermitteln, zu der spätere Versuchsergebnisse in Beziehung gesetzt werden konnten. Conway et al. (2000) arbeiteten mit einem Standard-DF-Paradigma. Sie erwarteten, dass in der F-Gruppe die Erinnerungsleistung für die erste Liste kleiner wäre als für die zweite Liste. Des Weiteren sollte die Erinnerung der F-Gruppe für die erste Liste kleiner sein als für die R-Gruppe, und letztlich sollte die Erinnerung der F-Gruppe für die zweite Liste höher sein als für die R-Gruppe.

Das definierende Merkmal für einen DF-Effekt wäre also die Differenz zwischen der F-Gruppe und der R-Gruppe bei der ersten Liste, wobei die letztere Gruppe eine bessere Leistung erbringen sollte. Allerdings sollte keiner dieser Inhibitionseffekte beim Wiedererkennen (recognition) zu finden sein. Dieses Ergebnismuster wurde dann auch in dem ersten Experiment von Conway et al. (2000) für das freie Erinnern (free recall) bestätigt.

Das zweite Experiment von Conway et al. (2000) folgte dem Prozedere von Macrae et al. (1997), aber mit anderen Stimuli. Das Ergebnis zeigte eine signifikant höhere Leistung der F-Gruppe bei Liste 1 im Verhältnis zur Liste 2 und eine verminderte Leistung für die zweite Liste bei beiden Gruppen. Da beim Lernen der zweiten Liste die Aufmerksamkeit geteilt werden musste, war somit eine schlechtere Lernqualität und ein geringer Grad des Lernens für die zweite Liste im Verhältnis zur ersten Liste möglich. Diese Befunde demonstrierten eine Beeinträchtigung der Inhibition, die deshalb zustande kam, weil die erschöpfende Enkodierung der zweiten Liste nicht zu einer Erinnerungsrepräsentation geführt hatte, die eine starke Inhibitionsreaktion auslöste.

Conway et al. (2000) führten noch fünf weitere Experimente durch. Alle Studien beinhalteten ein DF-Paradigma, allerdings unter variierenden Bedingungen. An dieser Stelle können jedoch nicht alle Experimente dargestellt werden, sondern nur ein knapper Überblick zu den gewonnenen Erkenntnissen abgegeben werden. Conway et al. (2000) veränderten in den folgenden Studien immer die Enkodierungsphase für die zweite zu lernende Liste. Dann wurde erhoben, wie sich die Behaltensleistung der ersten Liste im Verhältnis zur zweiten Liste veränderte. Das bedeutet, es wurde gefragt, unter welchen Bedingungen der DF-Effekt noch auftrat bzw. wann er aufgehoben wurde. Hierzu wurde ein freier Erinnerungstest und ein Wiedererkennenstest durchgeführt.

Insgesamt konnte in Bezug auf den free recall gezeigt werden, dass die Inhibition von kürzlich erlernten Wortlisten unterbrochen werden konnte, wenn eine zweite Aufgabe zu bearbeiten war, während die zweite TBR Liste erlernt werden sollte (Exp. 2 und 3). Die Inhibition konnte vollkommen aufgehoben werden, wenn eine zusätzliche Gedächtnisbelastung das Lernen der zweiten Liste begleitete (Exp. 4). Die Inhibition blieb auch dann aus, wenn die beiden Listen stark assoziiert waren (Exp. 6), aber nicht, wenn sie schwach assoziiert waren (Exp. 5). Keine dieser Manipulationen beeinflusste die Wiedererkennungsleistung, die jedoch generell ein hohes Niveau erreichte.

7.2.2 Eine Studie von Zacks, Radvanski und Hasher zum gerichteten Vergessen bei älteren Menschen

Zacks et al. (1996) untersuchten junge und ältere Menschen mit einem Directed- Forgetting–Paradigma, um festzustellen, ob ältere Menschen über geringere Fähigkeiten als jüngere verfügen, um die Verarbeitung und das Erinnern von Items zu unterdrücken, die sie eigentlich vergessen sollten. Die Theorie, auf die sich Zacks et al. (1996) beziehen, geht zurück auf das zentrale Modell der Aufmerksamkeitsinhibition von Hasher & Zacks (1988). Zacks et al. (1996) sprechen in diesem Zusammenhang von zwei Basismechanismen der selektiven Aufmerksamkeit: Aktivation und Inhibition. Sie gehen davon aus, dass die Inhibition target-orientiert arbeitet. Dass heißt, durch das Unterdrücken der Aktivation von zielirrelevanten Informationen können diese keinen, oder nur einen erschwerten, Zugang zum Arbeitsspeicher bekommen. Die im Arbeitsspeicher bereits vorhandenen relevanten Informationen, die nicht mehr gebraucht werden, können wiederum schnell entfernt werden.

Bezüglich der Aufmerksamkeitshemmung beschäftigten sich Zacks et al. (1996) insbesondere mit den Altersdifferenzen in Bezug auf die Inhibitionseffizienz. Sie führten vier verschiedene Experimente durch, die Belege dafür liefern sollten, dass ältere Erwachsene über reduzierte Fähigkeiten verfügen, um gerichtete Vergessenshinweise zu befolgen. In den ersten beiden Experimenten benutzten sie ähnliches Material und dasselbe Prozedere. Das Material bestand aus kategorisierten Wortlisten, wobei nach jedem Item entweder ein Vergessens- oder ein Behaltenshinweis erfolgte. Beim nachfolgenden Erinnerungstest mussten nur die zu behaltenden Items (TBR-Items: to be remember) aufgeschrieben werden, und keine Items, die vergessen werden sollten (TBF-Items: to be forgotten). Es wurde erwartet, dass es schwerer sein sollte, die TBF-Items einer Kategorie zu unterdrücken, wenn andere Items aus derselben Kategorie erinnert werden sollten. Beide Altersgruppen würden wahrscheinlich beim Erinnerungstest Intrusionen von TBF-Items aufweisen, aber die Rate sollte für ältere Versuchspersonen höher sein als für jüngere Menschen. Zusätzlich wurde in den Experimenten 1a und 1b ein zweiter Test durchgeführt, in dem die Probanden alle Wörter der Lernliste aufschreiben sollten (TBR- und TBF-Items). In Experiment 1b wurde anschließend ein Recognition-Test durchgeführt, wobei sowohl TBR- als auch TBF-Items gezeigt wurden. Von beiden Altergruppen wurde eine verbesserte Erinnerung für die TBR-Items im Vergleich zu den TBF-Items bei dem späteren Test erwartet. Allerdings sollte die reduzierte Fähigkeit der älteren Probanden, die Verarbeitung von TBF-Items beim Enkodieren zu hemmen, in einer kleineren TBR-TBF-Differenz für diese Altersgruppe münden, also in einer verbesserten TBF-Item-Lanzeitspeicherung der älteren.

Der Unterschied zwischen den Experimenten 1a und 1b bestand, abgesehen von dem Wiedererkennungstest in 1b, im unterschiedlichen Material. Die Liste in Experiment 1a enthielt „erschöpfende" Kategorien mit vier Mitgliedern (zum Beispiel Jahreszeiten) und „nicht erschöpfende" Kategorien mit mehreren   Mitglieder (z. B. Früchte). In Experiment 1b dagegen gab es nur "nicht erschöpfende" Kategorien.

Die Begriffe wurden per Computer dargeboten. Jedes Item erschien für fünf Sekunden auf dem Bildschirm, danach wurde es durch ein F (forget) oder durch ein R (Remain) für eine Sekunde ersetzt. Am Ende der Liste (24 Worte) sollte die Versuchsperson alle TBR-Items aufschreiben, die sie behalten hatte. Nach dem Durchlaufen von insgesamt sechs Listen mussten die Probanden eine Ablenkungsaufgabe lösen. Danach hatten sie fünf Minuten Zeit, sich an möglichst viele TBR- und TBF-Begriffe der vorherigen Listen zu erinnern. In Experiment 1b musste anschließend noch ein Recognition-Test ohne Zeitlimit durchgeführt werden, in dem die Versuchspersonen alle Items ankreuzen sollten, die sie vorher auf den Listen gesehen hatten (TBR- und TBF-Items). Die beiden Experimente zeigten die typischen Befunde einer altersbedingten Leistungsminderung bei episodischen Erinnerungsaufgaben. Ältere erinnerten sich an weniger TBR-Items als jüngere Personen, wenn der Erinnerungstest unmittelbar folgte als auch bei einem späteren Gedächtnistest. Auch in Experiment 1b war die Trefferrate beim späteren Wiedererkennungstest der älteren Erwachsenen niedriger als die der jüngeren Erwachsenen. Zusätzlich gab es Hinweise darauf, dass die Älteren im Vergleich zu den jüngeren Probanden sowohl die TBR- als auch die TBF-Items weniger differenziert verarbeiten konnten. In beiden Experimenten (1a und 1b) hatten ältere beim unmittelbaren Erinnerungstest mehr TBF-Worte genannt als jüngere Personen. Als Erklärung führen Zacks et al. (1996) an, dass ältere es noch schwerer haben, TBF-Items zu unterdrücken, wenn diese mit TBR-Items assoziiert sind.

Konsistent mit den Befunden, die besagen, dass ältere Menschen bzgl. der Abrufhemmung von TBF-Items beim unmittelbaren Erinnerungs-test größere Schwierigkeiten haben als jüngere, zeigten spätere Tests Belege dafür, dass ältere Personen TBR- und TBF-Items ähnlicher verarbeiten als jüngere. Insbesondere beim letzten Erinnerungstest war die Differenz bzgl. der Prozentzahlen von genannten TBR- und TBF-Items bei beiden Experimenten kleiner für die ältere Versuchsgruppe. In Experiment 1b wurde sogar keine typische Altersdifferenz beim Erinnern der TBF-Items gefunden.

Im Gegensatz zu Experiment 1a und 1b wurden in den Experimenten von Zacks et al. (1996) Listen von nicht verwandten Begriffen und ein Prozedere benutzt, in dem der Behaltens- bzw. Vergessenshinweis nach Blöcken erfolgte. In Experiment 2 wurde ein Block von jeweils 0, 2 oder 4

TBF-Worten verwandt, gefolgt von einem Block, der aus 3 bis 7 TBR-Begriffen bestand. Normalerweise zeigen jüngere Personen bei dieser Vorgehensweise und diesem Material ein Ergebnismuster, in dem es entweder nur wenige oder sogar überhaupt keine TBF-Intrusionen beim unmittelbaren Erinnerungstest gibt. Des Weiteren sollte die Erinnerung der TBR-Items unbeeinflusst von der Anzahl der TBF-Worte in der Liste bleiben (vgl. Bjork, 1989). Dies würde zeigen, dass junge Erwachsene dazu in der Lage sind, TBF-Items daran zu hindern, die Erinnerung von TBR-Items zu stören.

Im Gegensatz dazu erwarteten Zacks et al. (1996) in ihrer Untersuchung, dass die Anwesenheit von TBF-Items innerhalb einer Liste einen negativem Einfluss auf die Erinnerung der TBR-Items bei älteren Menschen haben würde. Des Weiteren sollte die Stärke des Einflusses mit der Zahl der TBF-Items in der Liste steigen.

In Experiment 2 sahen alle Teilnehmer zwei Listen mit gebräuchlichen Items, bestehend aus vier TBR-Worten und vier TBF-Items. Um den Vergessens- bzw. Behaltenshinweis zu erteilen, wurden Farbtafeln benutzt. Die erhobenen Daten für die jüngeren Personen in Experiment 2 replizierten frühere Befunde. Es zeigten sich erstens weniger TBF-Intrusionen bei der unmittelbaren Erinnerungstestung und zweitens, dass die Erinnerung von TBR-Worten bei einer sofortiger Gedächtnistestung von der Anzahl der TBF-Items in der Liste unbeeinflusst blieb. Die älteren Personen zeigten generell keine so guten Leistungen wie die jüngeren. Allerdings zeigten sie nur geringfügige Hinweise beim unmittelbaren Erinnerungstest für den prognostizierten negativen Einfluss durch die Präsenz der TBF-Items in der Lernliste. Unerwarteter Weise aber zeigten die älteren Probanden eine größere Produktion von TBR-Items aus vorherigen Listen beim sofortigen Erinnerungstest, was bedeutet, dass sie die Instruktion, die vorherigen Listen-Items zu vergessen, nicht befolgten.

Die Daten des späteren Erinnerungstests unterstützten somit eher als der unmittelbare Erinnerungstest die von Zacks et al. (1996) gemachten Voraussagen, insbesondere die damit konsistenten Befunde einer geringeren Erinnerungsdifferenz zwischen TBR -und TBF-Items für ältere im Vergleich zu jüngeren Personen. Ältere Menschen unterdrückten die TBR-Items beim Enkodieren in geringerem Ausmaß als jüngere Personen.

Es kann zusammenfassend festgehalten werden, dass in jedem der durchgeführten Experimente Belege dafür gefunden wurden, dass ältere Menschen schlechter als jüngere dazu in der Lage sind, Items zu unterdrücken, die sie eigentlich vergessen sollten. Insbesondere im Vergleich zu jüngeren Probanden produzieren die älteren bei einem unmittelbaren Erinnerungstest mehr TBF-Intrusionen (Exp.1 A ,1 B). Außerdem zeigen sie eine verbesserte Erinnerung (Exp.1 A, B und 2) und ein verbessertes Wiedererkennen (Exp.1 B, 2) von TBF-Items bei einem späteren Gedächtnistest, bei dem alle Items als targets dienen. Als Conclusio kann somit konstatiert werden: Ältere Menschen sind weniger als jüngere in der Lage, Informationen zu ignorieren.

Zwei weitere Aspekte der von Zacks et al. (1996) gefundenen Ergebnisse sollten hierbei besonders herausgestellt werden. Erstens, insbesondere dann, wenn irrelevante Informationen assoziative Verknüpfungen zu relevanten Informationen aufweisen, findet sich bei älteren Menschen eine steigende Tendenz, diese irrelevanten Informationen zu einem unpassendem Zeitpunkt wiederzugeben. Zweitens, im Verhältnis zu ihrer ansonsten eher niedrigen Gesamtleistung zeigen ältere Personen ein erhöhtes Level beim Abruf ehemals irrelevanter Informationen. Demgemäß interpretieren Hasher et al. (1996) ihre Daten insgesamt eher als Folge einer Reduktion der Fähigkeit von älteren Menschen, Items zu vergessen, die als irrelevant bezeichnet werden, denn als den kompletten Verlust dieser Fähigkeit.

7.2.3 Implizite und explizite Erinnerungstestung durch Basden et al. mittels des DF-Paradigmas

Basden et al. (1993) berichten, dass es viele Methoden gebe, "gerichtetes Vergessen" zu untersuchen. Ihrer Meinung nach müssten einzelne Untersuchungsergebnisse jedoch in Abhängigkeit von der Untersuchungsmethode betrachtet werden. Daraus leiten sie die Notwendigkeit ab, zwischen den verschiedenen Untersuchungsparadigmen des DF zu unterscheiden, insbesondere zwischen der Listenmethode und der Itemmethode. Bei der Itemmethode erscheint nach jedem Begriff zufallsbestimmt ein R (Remember) oder F (Forget) Hinweis. Bei der Listenmethode dagegen muss zunächst eine komplette Liste mit Wörtern erlernt werden, danach erscheint ein Vergessenshinweis und die nächste Liste soll erlernt werden. Differentielles Memorieren könnte nach Meinung von Basden et al. (1993) eine plausible Erklärung für ein typisches DF-Ergebnis im ersten Fall liefern (Itemmethode), während diese Erklärung im zweiten Fall (Listenmethode) weniger plausibel zu sein scheint, da die F-Hinweise erst einige Zeit nach dem Präsentieren gezeigt werden. Andererseits scheint es auch leichter zu sein, das Wiederfinden einer ganzen Wortliste zu hemmen (Listenmethode) als die zufälligen Untermengen von individuellen Begriffen (Itemmethode). Somit erscheint das Phänomen des "differential rehearsal" eher bei der Wortmethode plausibel, während "retrieval inhibition" die bessere Erklärung für die Listenmethode darstellt.

Um diesen Erklärungsansatz zu belegen, betrachteten Basden et al. (1993) im Rückblick etliche Studien in Bezug auf die benutzte Methode und die damit verbundenen Ergebnisse. Allerdings haben nur sehr wenige Studien, die die Listenmethode benutzten, gleichzeitig die freie Erinnerungsleistung und die Wiedererkennensleistung gemessen. Dies ist insofern von Bedeutung, da diese unterschiedlichen Erinnerungstestungen auch zu unterschiedlichen Ergebnissen führen sollten. So gehen Jacoby & Hollingshead (1990) von folgender Prämisse aus: Sollte "retrieval inhibition" eine substantielle Rolle bzgl. des DF in puncto Listenmethode spielen, sollte DF sowohl bei recall- als auch bei recognition-Tests ablaufen, sobald die Itemmethode benutzt wird. Wird die Listenmethode eingesetzt, sollte DF nur bei recall-Tests zu beobachten sein. Einige Studien, die mit der Listenmethode gearbeitet haben, unterstützen unter Zugrundelegung dieser Annahme die retrieval-inhibition-Interpretation (vgl. Elmes, Adams & Roediger, 1970; Block, 1971).

Wurde die Item-Methode benutzt, haben mehrere Studien gleichzeitig die freie Erinnerung und die Wiedererkennensleistung getestet. Die Resultate dieser Untersuchungen sprechen dafür, dass das DF in Bezug auf die Itemmethode besser in Termen von rehearsal als in retrieval-Mechanismen erklärt werden kann (vgl. Bjork & Geiselman, 1978; Horten & Petruk, 1980; Paller, 1990).

Basden et al. (1993) führten selbst vier Untersuchungen zu dieser Thematik durch. Sie gingen davon aus, dass die differentielle Enkodierung im Wesentlichen für das DF unter Verwendung der Item-Methode verantwortlich sei, während retrieval inhibition im Wesentlichen den Effekt des DF unter Verwendung der Listenmethode initiiert. Die von Basden et al. selbst durchgeführten Studien prognostizierten ein typisches DF-Ergebnismuster unter Einbeziehung der Item-Methode, sowohl bei recall- als auch bei recognition-Tests. Aber unter Einbeziehung der Listenmethode sollte ein DF-Effekt nur bei recall-Tests stattfinden. Die Resultate der Untersuchungen zeigten die erwarteten unterschiedliche DF-Ergebnisse in Bezug auf explizite Tests (recall und recognition), in Abhängigkeit von der benutzten Methode. Somit hat nach den Ergebnissen von Basden et al. (1993) eine Untermauerung der Annahme stattgefunden, dass die differentielle Enkodierung (rehearsal) im Wesentlichen für den DF-Effekt bei der Itemmethode verantwortlich ist, während "retrieval inhibition" für den DF-Effekt unter Verwendung der Listenmethode verantwortlich zu machen ist.

7.2.4 Eine Untersuchung von Oberauer zum DF-Paradigma mittels einer modifizierten Sternberg-Aufgabe

Die Studie von Oberauer (2001) beschäftigt sich mit der Fähigkeit junger und alter Menschen, irrelevante Informationen aus dem Arbeitsspeicher zu entfernen. Der Arbeitsspeicher kann als ein System betrachtet werden, in dem Informationen für laufende kognitive Prozesse zeitweilig verfügbar gehalten werden (vgl. Baddeley, 1986; Miyake & Shah, 1999). Die neueren Modelle bzgl. des Arbeitsspeichers unterscheiden zwischen dem aktivierten Teil des Langzeitspeichers und einer zentraleren Komponente. Letztere wird von Cowan (1988; 1995) als ein kapazitätsbegrenzter Aufmerksamkeitsfokus beschrieben, der die Repräsentationen aufrechterhält, die eine Person momentan betrachtet. Dieser Aufmerksamkeitsfokus ist zu unterscheiden von aktivierten Repräsentationen im Langzeitspeicher, die keiner Kapazitätsbeschränkung unterliegen, die aber zerfallen, wenn sie nicht erneuert werden. Cowan (1995) geht davon aus, dass der Aufmerksamkeitsfokus mit der Merkmals-Integrationstheorie von Treisman (1988) derart verbunden werden kann, dass der Fokus dazu dient, die Merkmale eines Objektes zu verbinden (wie z. B. Farbe, Form, Ort).

Das erste Ziel der Studie von Oberauer war es, Belege für eine Trennung zwischen dem aktivierten Teil des LZG und dem Fokus der Aufmerksamkeit zu finden. Darüber hinaus sollten aber auch

Informationen über die unterschiedlichen Funktionsweisen dieser beiden Subsysteme gewonnen werden. Zu diesem Zweck wurde eine Version der Sternberg-Paradigmas (1969) mit DF-Instruktionen kombiniert. Das zweite Ziel dieser Studie war es, die Prognosen der Inhibitionsdefizittheorie bzgl. des Alters von Hasher und Zacks zu testen. Der Versuchsaufbau und – ablauf dieser Studien werden hier nicht weiter erläutert, es wird lediglich eine ergebnisorientierte Darstellungsweise im Hinblick auf die Implikationen gewählt, die sich theoriengeleitet ergeben.

Oberauer ging davon aus, dass es beim Wiedererkennen für das kognitive System wichtig sei, Belege darüber zu bekommen, ob etwas "alt" oder "neu" ist. Diese Belege beziehen sich einmal auf das Ähnlichkeitssignal und zum zweiten auf Erinnerungsprozesse in Bezug auf die spezifischen Umstände der früheren Präsentation. Die Erinnerung, aber nicht der Ähnlichkeitsvergleich verlangt, dass die Erinnerungsinhalte im Fokus der Aufmerksamkeit gehalten werden, welcher die Bindung von Inhaltselementen zu ihrem Kontext liefert. Aufgabe der modifizierten Sternberg-Aufgabe war es, die beiden Faktoren "familiarity" und "recollection" zu unterscheiden. Ein schon einmal gesehenes Item wird ein "familiarity"-Signal senden, aber dieses Signal kann nicht zwischen relevant oder irrelevant unterscheiden. Nur durch "recollection" kann z.B. festgestellt werden, ob ein wiederzuerkennendes Item Teil der relevanten oder irrelevanten Liste war. Recollection ist also notwendig, um Intrusionen zu vermeiden. Die Fähigkeit, nicht länger relevante Informationen aus dem Arbeitsspeicher zu entfernen, ist ein wichtiger Punkt in der kognitiven Altersforschung in Bezug auf die Inhibitions-Defizit-Hypothese von Hasher und Zacks (1988; May, 1999). Diese Hypothese geht bekannterweise (vgl.7.2.2) davon aus, dass ältere Personen generell weniger Effizienz zeigen, wenn es um die aktive Hemmung von irrelevanten Informationen geht. In Bezug auf das Arbeitsgedächtnis bedeutet dies, dass der Arbeitsspeicher von älteren Menschen eher mit irrelevanten Informationen überladen wird, weil diese Informationen nicht effizient durch eine Hemmung entfernt werden können. Oberauer testete in seiner Untersuchung die Hypothese, ob ältere Menschen langsamer oder weniger erfolgreich (oder beides) im Deaktivieren von irrelevanten Repräsentationen im LZG sowie im Löschen von irrelevantem Material im Aufmerksamkeitsfokus sind. Die beiden von Oberauer durchgeführten Experimente lieferten starke Belege für eine Trennung zwischen einer zentralen Komponente des Arbeitsspeichers (Fokus der Aufmerksamkeit) und dem aktivierten Teil des LZG. Irrelevante Information konnte schnell aus dem Fokus entfernt werden, aber es dauerte viel länger, ihre Aktivation im LZG zu reduzieren. Diese Trennung wird unterstützt durch die unterschiedliche Sensitivität von zwei Alternsprozessen: Ältere Erwachsene haben spezifische Schwierigkeiten, Intrusionen von irrelevanten Informationen im LZG zurückzuweisen (vgl. Zacks et al., 1996). Andererseits fanden sich keine Belege dafür, dass ältere beim Entfernen von irrelevanten Informationen aus dem Fokus der Aufmerksamkeit weniger effizient sind als jüngere Menschen.

7.2.5 Eine Studie von Andres, Parmentier und Van der Linden zum gerichteten Vergessen bei älteren und jüngeren Menschen

Die Studie von Andres und ihren Mitarbeitern untersucht die Effekte des Alters auf das Arbeitsgedächtnis unter Zuhilfenahme eines Directed-Forgetting- Paradigmas (DF), das von Reed (1970) entworfen wurde.

Es ist generell davon auszugehen, dass ältere Menschen in Bezug auf den Arbeitsspeicher über reduzierte Fähigkeiten verfügen, vor allem wenn es um die Aufrechterhaltung von Informationen bzw. deren simultane

Verarbeitung geht (Baddeley, 1986). Diese Auffassung steht auch im Einklang mit dem Modell von Hasher und Zacks (1988), die davon ausgehen, dass die verminderte Arbeitsspeicherkapazität durch einen verringerten Inhibitionsmechanismus begründet wird, der dann versagt, wenn irrelevante Informationen vom Eindringen oder dem Verbleiben im Arbeitsspeicher abgehalten werden sollen (vgl. 7.2.2). Dieser Ablauf führt dann auch oftmals zu zahlenmäßig hohen Interferenzen.

Betrachtet man die Bedeutung des Arbeitsspeichers in der Analyse der altersbedingten Inhibitionsdefizite im Modell von Hasher & Zacks (1988), so erstaunt die geringe Zahl der wissenschaftlichen Veröffentlichungen, die sich detaillierter bzw. spezifischer mit dieser Thematik auseinandersetzen. Insbesondere fehlen Vergleiche von älteren und jüngeren Menschen mittels eines Directed-Forgetting- Paradigmas, das die aktive willentliche Unterdrückung von nicht länger relevanter Information verlangt. Eine Ausnahme bildet die Untersuchung von Zacks et al. (1996), die bereits unter Punkt 7.4 referiert wurde.

Einen weiteren interessanten Beitrag mit Blick auf altersrelevante Differenzen stellt die Untersuchung von Andres et al. (im Druck) dar. Ziel dieser Studie ist es, Belege für die Analyse altersrelevanter Differenzen in Bezug auf den Arbeitsspeicher und den Inhibitionsmechanismus aufzuzeigen. Im Vergleich zur Studie von Hasher et al. (1996) weist die Untersuchung von Andres et al. Veränderungen in der Methodik auf. Diese Änderungen sollten eine verbesserte Sensitivität in Bezug auf Inhibitionsdefizite herbeiführen, insbesondere für TBF-Intrusionen. Die Modifikationen von Andres et al. lassen sich wie folgt zusammenfassen: Es wurde erstens eine Arbeitsspeicheraufgabe benutzt, in der Informationen aufrecht erhalten werden mussten, während simultan eine Informationsverarbeitung stattfinden sollte. Dies steht im Gegensatz zu den von Zacks benutzten Kurz-Zeit-Erinnerungsaufgaben. Zweitens involvierte die Testphase bei der Untersuchung von Andres eine verzögerte serielle Erinnerungsaufgabe, im Gegensatz zu der von Zacks geforderten unmittelbaren Erinnerung. Und drittens hatte eine der Versuchsbedingungen im Experiment von Andres et al. eine retroaktive Interferenz zur Folge.

Wenn ältere Personen eine Reduktion der Inhibitionskapazität im Arbeitsspeicher zeigen (Hasher & Zacks, 1988; Salthouse & Meinz, 1995), sollten sie in geringerem Maße als junge Menschen dazu in der Lage sein, Interferenzen durch die Hemmung der nicht länger relevanten Stimuli in der directed-forgetting Bedingung zu unterdrücken. Dadurch bedingt, sollte auch die Erinnerungsleistung bzgl. des Arbeitsspeichers geringer ausfallen. Wenn somit ältere Personen sensitiver für Interferenzen sind als jüngere, sollte die Erinnerungsleistung der älteren Menschen innerhalb der Interferenzbedingung ebenfalls abnehmen und zwar dramatischer als die von jungen Personen.

Andres et al. (im Druck) untersuchten 72 jüngere Personen (im Durchschnitt 23.5 Jahre alt) und 72 ältere Menschen (im Durchschnitt 65.5 Jahre alt). In einer "single-trigram" Bedingung (Kontrollbedingung) wurde ein einzelnes Trigram, das man sich einprägen sollte, dargeboten. Anschließend sollte die Versuchsperson eine ablenkende Aktivität ausführen und danach das Trigram in der richtigen Reihenfolge erinnern. In der "Interferenz"-Bedingung wurde ein zusätzliches (interferierendes) Trigramm unmittelbar nach dem ersten Trigramm präsentiert. Hier mussten nach der Ablenkung beide Trigramme erinnert werden. Während in der dritten Bedingung, der "directed-forgetting" Bedingung, ebenso wie in der Interferenz-Bedingung, zwei Trigramme konsekutiv dargeboten wurden, wurde jedoch unmittelbar nach der Präsentation des zweiten Items eine Karte mit der Aufschrift „to be forgotten" gezeigt. Hiermit wurden die Versuchsteilnehmer aufgefordert, dieses Trigramm zu vergessen, da es später nicht mehr erinnert werden müsste. Nach einer interpolierenden Aktivität (lautes Lesen von Zahlenreihen) sollten die Probanden das erste Trigramm laut erinnern. Jedes Trigramm wurde für zwei Sekunden gezeigt. Pro Versuchsperson gab es 30 Durchgänge, 10 pro experimentelle Bedingung. Die Versuche wurden für alle Versuchsteilnehmer in der vorher festgelegten zufälligen Reihenfolge durchgeführt.

In der Interferenzbedingung wurde nur das erste Trigramm bewertet. Die Sensitivität für die Interferenz wurde durch die Differenz in der Leistung zwischen der single-trigram und der Interferenz-Bedingung erfasst. Die Inhibitions-Kapazität wurde durch die Differenz in der Erinnerungsleistung zwischen der single-trigram und der directed-forgetting Bedingung (directed-forgetting costs, MacLeod, 1998) gemessen.

Die ältere Versuchsgruppe erinnerte insgesamt weniger Items als die jüngere. Allerdings unterschieden sich die Leistungen der älteren und jüngeren Probanden nur hinsichtlich der Interferenz und der directed-forgetting-Bedingung (s. Abb.11), aber nicht in der single-Item-Bedingung. Die Erinnerung war für beide Gruppen unter der single-Item-Bedingung signifikant besser als unter der Interferenz-Bedingung sowie unter der Directed-Forgetting-Bedingung. Hierbei war die Leistung in der Directed-Forgetting-Bedingung wiederum besser als die unter der Interferenz-Bedingung.

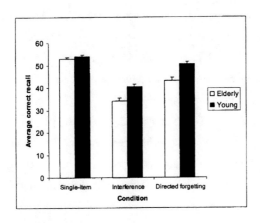

Abb. 11: *Die Erinnerungsleistung der beiden Altersgruppen unter den verschiedenen Versuchsbedingungen*

Die Directed-Forgetting-Kosten (single-item minus DF) waren wesentlich höher für ältere als für jüngere Personen. Dies weist auf Probleme der älteren hin, die zweiten Trigramme zu hemmen. Interessanterweise unterschieden sich ältere und jüngere Personen nicht in ihrer Fähigkeit, ein einzelnes Trigramm zu erinnern. Wurde jedoch ein zweites Trigramm gezeigt, das erinnert werden sollte, war eine geringere Erinnerungsleistung im Vergleich zu der single-trigram-Bedingung in beiden Gruppen zu beobachten, die bei den älteren Probanden jedoch dramatischer ausfiel. Dies indiziert, dass ältere Personen sensitiver auf Interferenzen reagieren. Wird verlangt, das zweite Trigramm zu vergessen, verbesserten beide Gruppen ihre Leistung im Vergleich zur Interferenz-Bedingung. Im

Vergleich zur single-item Item Bedingung konnten ältere Probanden das zweite Trigramm jedoch schlechter hemmen als jüngere. Das heißt, obwohl die älteren Personen Inhibitionskapazitäten zeigten, reichten diese offensichtlich nicht aus, um eine Interferenz des zweiten Trigramms mit der zu behaltenden Information zu verhindern.

Aus der Studie von Andres et al. (im Druck) lässt sich ableiten, dass ältere Menschen sensitiver für Interferenzen sind und im Vergleich zu jüngeren über geringere Fähigkeiten verfügen, nicht länger relevante Informationen zu hemmen. Somit wird das altersbedingte inhibitorische Defizitmodell von Hasher und Zacks (1988) durch die Ergebnisse von Andres und Mitarbeitern gestützt. Die Befunde replizieren zudem die von Zacks et al. (1996) erarbeiteten Belege und bauen das altersbezogene Inhibitionsdefizitmodell weiter aus. Zusätzlich zu einer niedrigen Erinnerungsleistung in der DF-Bedingung und größeren DF-Kosten zeigt die Studie von Andres et al., dass ältere Versuchsteilnehmer im Vergleich zu jungen Erwachsenen mehr Intrusionen produzieren (Items, die zu den TBF-Trigrammen gehören), wenn es sich um eine arbeitsspeicherbezogene „Directed-Forgetting" Aufgabe handelt. Dies widerspricht den Befunden von Zacks et al. (1996), die allerdings Aufgaben unter Einbeziehung des Kurz-Zeit-Gedächtnisses benutzten. Die Studien von Andres und Zacks konvergieren jedoch darin, dass ältere Menschen einen partiellen und nicht einen kompletten Verlust der inhibitorischen Kontrolle zeigen. Ähnliche Schlussfolgerungen wurden in der Literatur bereits auch in Bezug auf das "negative priming" gezogen (Verhaegen & de Meersman, 1998). Einerseits sind die Ergebnisse von Andres et al. (im Druck) mit der Konzeption von Hasher & Zacks (1988) kompatibel, andererseits passen sie auch zu neueren Betrachtungsweisen, die die Existenz von multiplen Inhibitionsmechanismen annehmen, die in differentieller Weise durch das

Alter beeinflusst werden (Andres & Van der Linden, 2000; Connelly & Hasher, 1993; Kramer et al., 1994).

7.2.6 Zusammenfassung

In Kapitel 7 wurden vier potentielle Erklärungsansätze vorgestellt, die altersbezogene Beeinträchtigungen der Gedächtnisleistung zu erklären versuchten. Keiner dieser Ansätze kann momentan für sich in Anspruch nehmen, eine ausreichende oder gar erschöpfende Erklärung für die oftmals verringerte explizite Gedächtnisfunktion im Alter darzustellen. Beachtet man indirekte Methoden zur Messung von Erinnerungsleistungen (implizite Testformen), so konnten in der Regel, im Unterschied zu expliziten Tests, keine Unterschiede zwischen alten und jungen Menschen eruiert werden.

Da sich innerhalb der hier vorliegenden Arbeit das besondere Augenmerk auf die Verbindung von kognitiven Prozessen im Hinblick auf das gerichtete Vergessen bei älteren Menschen gerichtet hat, wurde den Inhibitionsprozessen in Bezug auf die Gedächtnisleistungen besondere Aufmerksamkeit geschenkt. Hierbei war insbesondere das Inhibitionsmodell von Hasher und Zacks (1988) von herausragender Bedeutung. Dieses Modell liefert unbestritten das brauchbarste theoretische Hintergrundwissen, um die unterschiedlichen expliziten kognitiven Leistungen der älteren Menschen bzgl. irrelevanter Informationen zu erklären.

Zudem wurden vorangehend einige ausgewählte Untersuchungen näher erläutert, die sich entweder intensiv mit dem gerichteten Vergessen auseinandergesetzt haben (Basden et al., 1993; Oberauer, 2001; Conway et al. 2000) oder Studien, die sich mit dem DF-Paradigma in Verbindung zu verschiedenen Altersgruppen beschäftigt haben.

7.3 Eigene Forschungsbefunde zum impliziten und expliziten Erinnern

Im Folgenden werden nun die Ergebnisse der eigenen Untersuchungen dargestellt, die bis zu diesem Zeitpunkt explizit noch nicht referiert wurden. Es handelt sich hierbei um einen Teilbereich der ersten beiden Experimente, deren übrige Ergebnisse bereits berichtet wurden (bzgl. Versuchsbeschreibung, Versuchsplan etc. siehe Kap. 6.1.1). Es sollten an dieser Stelle jedoch nicht unbedingt die typischen Ergebnismuster eines DF-Paradigmas erwartet werden, wie sie beispielsweise aus anderen Untersuchungen bekannt sind, da hier eine sehr umfangreiche Untersuchung stattgefunden hat, die aus mehreren unterschiedlichen Teilaufgaben bestand. Dies führte zu einer großen zeitlichen Differenz zwischen dem Lernen der Listen und der Erinnerungstestung. Außerdem kann nicht eruiert werden, auf welche Weise sich die dazwischen liegenden zu bewältigenden Aufgaben (Personenbewertung anhand einer Rating-Skala) auf die Gedächtnisprozesse ausgewirkt haben. Ebenso können itemspezifische Effekte nicht ausgeschlossen werden.

Es handelte sich bei der Untersuchung, wie bereits in Kap. 7.1 beschrieben, um ein Listenparadigma. Dabei bekam die Hälfte der Versuchspersonen die Instruktion, die erste Liste (stereotypbehaftete Adjektive) wieder zu vergessen und danach eine zweite Liste (neutrale Items) zu lernen. Die Kontrollgruppe dagegen erlernte sowohl die erste als auch die zweite Liste ohne Vergessensinstruktion. Gegen Ende des Experimentes wurde ein impliziter Erinnerungstest durchgeführt. Dies geschah in Form eines Wortfragmenttests. Danach erfolgte ein expliziter

Test (free recall). Die Untersuchung wurde einmal für eine junge Versuchsgruppe durchgeführt (Durchschnittsalter: 22.54 Jahre) und, in einer zweiten Untersuchung, für ältere Erwachsene (Durchschnittsalter: 67.98).

Die Erinnerungstests in Form eines free recalls und einem Wortfragmenttest ließen unterschiedliche Ergebnisse erwarten. Für den free-recall wurde ein typisches DF-Ergebnismuster dahingehend erwartet, dass die Experimentalgruppe durch die Vergessensinstruktion eine verbesserte Erinnerungsleistung für die zweite Liste im Vergleich zur Kontrollgruppe (ohne Vergessensinstruktion) zeigen würde. Des Weiteren sollte die Kontrollgruppe eine verbesserte Erinnerung für die erste Liste zeigen, im Vergleich zur Experimentalgruppe. Eine Prognose für den Vergleich der Gedächtnisleistung von Liste 1 und Liste 2 ist insofern problematisch, da es sich hier um unterschiedliches Material handelte. Die erste Liste bestand aus stereotypbehaftetem Material, während die zweite Liste immer neutrale Items zeigte. Somit könnte man annehmen, dass aufgrund ihres spezifischen Bedeutungsgehaltes für die kritischen Adjektive von einer tieferen Enkodierung ausgegangen werden könnte als für die neutralen Items.

Des Weiteren wurde eine geringere Gedächtnisleistung für die ältere Versuchsgruppe im Vergleich zur jüngeren Versuchsgruppe erwartet, wie dies in anderen Untersuchungen für die Testformen free recall, cued recall und recognition in Bezug auf semantisches Material bereits gezeigt werden konnte (vgl. Burke & Light, 1981; Craik,1977). Potentielle Erklärungsmuster für eine verringerte Gedächtnisleistung im Alter wurden bereits ausführlich in Kap. 7.1 ff. besprochen. Bei expliziter Testung waren stärkere Differenzen in der Erinnerungsleistung zwischen den Versuchsgruppen zugunsten der jüngeren Versuchsgruppe zu erwarten, während bei einer impliziten Testung von einer gleichbleibenden Leistung über das Alter hinweg ausgegangen werden konnte.

Bei der älteren Versuchsgruppe (Exp.2) war bei der expliziten Testung in Form des free-recall kritisch zu betrachten, ob die Vergessensinstruktion weniger effektiv wirken würde im Vergleich zur jüngeren Versuchsgruppe (vgl. 7.2 und 7.2.2). Diese Erwartung fußte auf der von Hasher und Zacks (1988) erstellten Theorie, dass ältere Menschen aufgrund fehlender Inhibitionsmechanismen irrelevante Informationen schlechter unterdrücken können als jüngere Personen

In Bezug auf das implizite Erinnern sollte die Vergessensinstruktion keinen Einfluss auf das Vervollständigen der dargebotenen Wortfragmente haben. Das heißt, es sollten keine Leistungsunterschiede zwischen der Experimentalgruppe (mit Vergessensinstruktion) und der Kontrollgruppe (ohne Vergessensinstruktion) zu verzeichnen sein (vgl. Basden et al., 1993).

7.3.1 Ergebnisse des impliziten Erinnerns bei jüngeren und älteren Erwachsenen

Um die Ergebnisse des impliziten Erinnerns interpretieren zu können, wurde eine 2 (Aktivation: Mit/Ohne) x 2 (Stereotyp: Alt/Jung) x (Instruktion: Mit/Ohne Vergessen) x 2 (Itemart: Neutral/Kritisch) x 2 (Priming: Alte/Neue Items) Varianzanalyse mit Messwiederholung auf den letzten beiden Faktoren berechnet.

Die jüngere Versuchsgruppe (Experiment 1) zeigte für den Faktor "Priming" einen signifikanten Haupteffekt (F (1,56) = 13.33, p = .00, eta^2 = .19). Das bedeutet, die im Test bereits einmal vorgekommenen Items wurden zahlenmäßig öfter vervollständigt (31.6 % aller geprimten Items)

als Items, die zuvor nicht betrachtet werden konnten (23.6 % aller nicht geprimten Items). Des Weiteren zeigte sich eine signifikante Interaktion der Variablen "Priming" und "Stereotyp" ($F(1,56) = 13.33$, $p = .00$, eta^2 = .19), wobei die im Zusammenhang mit dem Stereotyp "alt" präsentierten Adjektive etwas stärkere Priming-Effekte zeigten als die im Zusammenhang mit dem Stereotyp "jung" präsentierten Begriffe (geprimt/alt: 33.3%; Geprimt/jung: 30.35%; nicht geprimt/alt: 24.85%; nicht geprimt/jung: 22.35%). Der zweite zu beobachtende signifikante Haupteffekt war der Variablen "Itemart" zuzuschreiben ($F(1,56) = 83.52$, $p = .00$, eta^2 = .59). Hier zeigte sich die Tendenz, kritische (stereotyp-behaftete) Items (29.35%) generell – sowohl bei alten als auch bei neuen Items - besser vervollständigen zu können als neutrale Items (26.05 %).

Ein letzter signifikanter Effekt betraf die Interaktion von Itemart und Instruktion ($F(1,56) = 4.01$, $p = .05$, eta ^{2} = .07. Die Vergessensinstruktion führte im Vergleich zur Bedingung "ohne Vergessensinstrukton" vor allem bei kritischen Items (neutral/mitV: 27.05%; neutral/0hneV: 27.05%; kritisch/mitV: 29.7%; kritisch/ ohne V: 29%) zu etwas höheren Werten.

Für die Gruppe der älteren Versuchsteilnehmer (Experiment 2) können zusammengefasst folgende Resultate referiert werden: Ein signifikanter Effekt für den Faktor "priming" war nicht nachzuweisen. Jedoch wurde die Interaktion der Faktoren "Priming" und "Aktivation" signifikant ($F(1,56) = 4.78$, $p = .03$, eta^2 = .08). Mit Priming wurden mehr Items richtig vervollständigt als ohne Priming, wobei ohne Aktivation mehr Adjektive ergänzt wurden als mit Aktivationsbedingung (mit Akt./geprimt: 23.3%; mit Akt./nicht–geprimt: 19.25%; ohne Akt./geprimt: 24.65%; ohne Akt./nicht-geprimt: 21.1%). Eine signifikante Interaktion ergab sich zudem bzgl. der Faktoren "Priming" und "Stereotyp" ($F(1,56)$ = 27.61, $p = 00$, eta^2 = .33). So wurden mehr Adjektive erkannt, die der Kategorie "alt" zugeordnet werden konnten, als Adjektive der Kategorie "jung". Hierbei erreichten die geprimten Items bessere Werte als die ungeprimten (mit Priming/alt: 27.9%; mit Priming/jung: 20%; ohne Priming/alt: 21.11; ohne Priming/jung: 19.25). Ebenso zeigte sich die dreifache Interaktion zwischen den Faktoren "Priming", "Aktivation" und "Stereotyp" signifikant (F(1,56) = 8.72, P = .00, eta² = .14). Ein signifikanter Haupteffekt auf dem Faktor "Itemart" konnte zudem verzeichnet werden (F(1,56) = 21.93, p = .00, eta² = .28). Hier wurden generell mehr kritische (stereotypbehaftete) Items (22.6%) vervollständigt als neutrale Adjektive (21.6%).

Keinen Effekt zeigte ein Vergleich der beiden Altersgruppen hinsichtlich der impliziten Erinnerungsleistung zwischen den Altersgruppen in Bezug auf das neutrale Material. Dagegen konnte ein signifikanter Effekt bzgl. des kritischen (stereotypbehafteten) Materials (F(1,56) = 13.34, p = .00, eta² = .11) herausgefiltert werden. Dabei zeigte die jüngere Versuchsgruppe eine deutlich bessere Leistung als die ältere Versuchsgruppe, vor allem, wenn es um nicht geprimte Items ging (geprimt/jüngere: 33.15%; geprimt/ältere: 25.15; nicht-geprimt/jüngere: 27.8%; nicht-geprimt/ältere: 15%).

Insgesamt gesehen waren keine großen Alterseffekte zu verzeichnen. Es zeigte sich, hypothesenkonform, sowohl bei den jüngeren als auch bei den älteren Versuchsteilnehmern kein Einfluss der Vergessensinstruktion auf die Vervollständigungsleistung.

7.3.2 Ergebnisse des expliziten Erinnerns bei jüngeren und älteren Erwachsenen

Im Folgenden werden die Resultate des expliziten Erinnerungstests dargestellt. Die Ergebnisse des expliziten Erinnerungstests, der in Form eines free recalls ablief, gingen in eine 2 (Aktivation: mit/ohne) x 2 (Stereotyp: alt/jung) x 2 (Instruktion: mit/ohne Vergessen) x 2 (Itemart: neutral/kritisch) Varianzanalyse mit Messwiederholung auf dem letzten Faktor ein. Als abhängige Variable wurden die kritischen (stereotyp-behafteten) wie die neutralen (kein Stereotyp betreffend) Items erfasst.

Für die jüngere Versuchsgruppe (Experiment 1) ergaben sich die folgenden Ergebnisse: Bezüglich der expliziten Erinnerung war ein signifikanter Haupteffekt auf dem Faktor Itemart zu verzeichnen F(1,56), 32.93, p = .00; eta² = .37). Das heißt, es wurden über alle Versuchs-bedingungen im Mittel weniger neutral (28.4%) als kritische Items (45%) erinnert.

Die Ergebnisse der älteren Versuchsgruppe (Experiment 2) zeigten ebenfalls einen signifikanten Haupteffekt des Faktors "Itemart" (F (1,56) = 33.8, p = .00; eta² = 38). Dies bedeutet, dass die kritischen Items (12.3%) besser erinnert werden konnten als die neutralen Adjektive (4.2%). Des Weiteren kam es zu einer signifikanten Interaktion der Variablen "Itemart" und "Aktivation" (F (1,56) = 5.00, p =.03, eta² = .08). Die kritischen Items wurden generell besser erinnert als die neutralen Items, wobei eine Aktivation vor allem bei den kritischen Items zu einer schlechteren Behaltensleistung führte (kritisch/mit Akt.: 8.7%; kritisch/ohne Akt.: 15.9%; neutral/mit Akt.: 3.8%; neutral/ohne Akt.: 4.7%).

Ein Vergleich der beiden Versuchsgruppen ergab zudem einen signifikanten Effekt bzgl. der Interaktion der Itemart und der Altersgruppe (F(1,56) = 6.47, p = .01, eta² = .06). Die Gedächtnisleistung der beiden Altersgruppen unterschied sich insofern, als dass die jüngere Gruppe generell eine größere Behaltensleistung erbrachte als die ältere Versuchsgruppe. Die Altersdifferenzierung war dabei bei kritischen Begriffen noch ausgeprägter als bei neutralen (neutral/jüngere: 28.4%; neutral/ältere: 4.2%; kritisch/jüngere: 44.5%; kritisch/ältere: 12.3%).

Bezüglich der Erinnerungsleistung konnten keine Unterschiede in Abhängigkeit von der Vergessensinstruktion nachgeweiesen werden, weder für die junge, noch für die ältere Versuchsgruppe.

7.3.3 Diskussion

Im Folgenden soll nun kurz auf die Ergebnisse der expliziten und der impliziten Erinnerungstestung aus den Experimenten 1 und 2 eingegangen werden. Des Weiteren werden die Daten, die sich auf verschiedene Altersgruppen beziehen, einander gegenübergestellt. Hierbei werden Gemeinsamkeiten und Unterschiede diskutiert.

Beim Gedächtnisabruf zeigte sich eine größere Erinnerungsleistung bezüglich der kritischen (stereotypgeleiteten) Items, vergleicht man diese mit neutralen Items. Dieses Ergebnis betraf sowohl die jüngeren Erwachsenen als auch die älteren Personen. Dieses Ergebnis zeigt, dass kritische Adjektive, unabhängig vom Alter der Versuchsperson, besser erinnert werden können als neutrale Items. Da die kritischen Items immer ein Stereotyp betrafen (alt oder jung), wurde ihnen, zusammen mit der im Bewerbungstranskript stehenden Aussage, wahrscheinlich eine stärkere Bedeutung zuerkannt als den neutralen Adjektiven. Diese wurden wohl im Zusammenhang mit dem Einstellungstranskript als nicht so gewichtig empfunden. Somit kann angenommen werden, dass die kritischen Items aufgrund ihres spezifischen Bedeutungsgehaltes tiefer verarbeitet und somit auch besser erinnert wurden. Anzumerken ist, dass die kritischen Items immer die Adjektive der ersten Liste darstellten.

Die zweite Hypothese ging davon aus, dass die Vergessensinstruktion in der expliziten Erinnerungstestung zu einem klassischen Ergebnis im Sinn des Directed-Forgetting-Paradigmas führen würde. Das heißt, es sollten weniger Items der ersten Liste erinnert werden, wenn zuvor eine Vergessensinstruktion eingeführt wurde. Diese Aussage konnte für beide Altersgruppen nicht bestätigt werden. Dass die Vergessensinstruktion nicht die vorhergesagte Auswirkung auf die Erinnerungsleistung zeigte, ist dabei wohl vor allem auf die komplexe Versuchsanordnung zurückzuführen. So lag zwischen der Testung der expliziten Erinnerungsleistung und dem Lernvorgang ein relativ großer zeitlicher Abstand. Hinzu kam die Bearbeitung zusätzlicher zentraler Aufgaben (Einstellungsbeurteilung) durch die Probanden. Des Weiteren ist es möglich, dass die vorherige Durchführung der impliziten Testung Einfluss auf die explizite Testung genommen hat. Durch das Aufschreiben der erkannten Items im Wortfragmenttest bzw. durch die kognitiven Überlegungsprozesse, die zu einer Lösung führen sollten, kann es zu Konfundierungen gekommen sein, die das Ergebnis der expliziten Testung beeinflusst haben. Insofern konnten die aufgestellten Hypothesen, die das explizite Erinnern betreffen, zum überwiegenden Teil nicht bestätigt werden, sieht man von der Vorhersage ab, dass die Erinnerungsleistung für die kritischen Items in beiden Versuchsgruppen stärker sein sollte als für die neutralen Items.

Ein Vergleich der beiden Altersgruppen bzgl. der Leistungsfähigkeit zeigte ein hypothesenkonformes Ergebnis. Die jüngeren Probanden erbrachten eine signifikant höhere Erinnerungsleistung als die älteren Versuchspersonen, insbesondere, wenn es sich um stereotypbehaftete Items handelte. Dieses Ergebnis steht in Übereinstimmung mit den Resultaten anderer Untersuchungen (z.B. Zacks et al., 1996).

In Bezug auf das implizite Erinnern wurde die Hypothese erstellt, dass es hier zu keinerlei Effekten in der Leistung für beide Altersgruppen durch die Vergessensinstruktion kommen sollte. Das bedeutet, es sollten genauso viele Adjektive mit Vergessensinstruktion vervollständigt werden

wie ohne Vergessensinstruktion, da aufgrund anderer Forschungsbefunde
(vgl. Basden et al., 1993)) davon ausgegangen werden konnte, dass die
implizite Testung in Form einer Wortfragmentergänzung im Gegensatz zur
expliziten Testung (free recall) von der Vergessensinstruktion nicht
beeinflusst werden sollte. Hier kam es bei der jüngeren Versuchsgruppe zu
einer Interaktion von Itemart und Instruktion, die knapp signifikant wurde,
aber nicht das erwartete Bild wiedergab. Dass es hier zu einer verbesserten
Wortfragmentergänzung   für kritische Items   kam, ist durchaus
hypothesenkonform. Dabei ist die Tatsache, dass die kritischen Items mit
einer Vergessensinstruktion besser ergänzt wurden als ohne
Vergessensinstruktion ein interessantes Ergebnis, insbesondere, da es die
jüngere Versuchsgruppe bei der Beurteilung der einzustellenden Person
geschafft hatte, die zu vergessenden Items zu unterdrücken und nicht in die
Beurteilung einfließen zu lassen. Hier ist also ein Indiz dafür zu sehen, dass
sich die Vergessensinstruktion nicht auf das implizite Erinnern auswirkt,
sondern sogar ins Gegenteil umschlagen kann, zumindest, wenn es sich um
stereotype Items handelt. Ob dies bei neutralen Items ebenso der Fall sein
würde, bleibt abzuklären.

Die ältere Versuchsgruppe zeigte keinen signifikanten Effekt bzgl.
der Vergessensinstruktion. Dieses Ergebnis bestätigt einerseits die
aufgestellte Hypothese, trotzdem ist dieser Befund nur unter Vorbehalt zu
betrachten, da andererseits in Bezug auf diese Altersgruppe auch kein
genereller Priming-Effekt nachzuweisen war. So muss überlegt werden,
inwieweit diese Ergebnisse in Bezug auf die ältere Versuchsgruppe
interpretierbar sind.

Für die jüngere Versuchsgruppe kam es, wie prognostiziert, zu einem
signifikanten Priming-Effekt, derart, dass die geprimten Items zahlenmäßig
öfter vervollständigt werden konnten als die "neuen" Adjektive.

Außerdem kam es zu einer signifikanten Interaktion der Variablen "Priming" und "Stereotyp". Dies zeigte, dass die geprimten Items besser erkannt wurden, wenn es sich um das Stereotyp "alt" betreffende Adjektive handelte. Diese Items scheinen somit eine stärkere Gedächtnisspur hinterlassen zu haben als die geprimten "jungen" Adjektive. Dies fußt möglicherweise darin, dass diese Items in Zusammenhang mit einem Einstellungstranskript als ungewöhnlich empfunden und somit besonders beachtet wurden, d. h. eine besondere Enkodierung erhielten.

Bei den älteren Versuchspersonen ergaben sich außerdem einige nicht vorhergesagte signifikante Befunde. So wurde die Interaktion zwischen Priming und Aktivation signifikant, derart, dass mit Priming mehr Items vervollständigt werden konnte als ohne Priming. Hierbei wirkte sich eine vorherige Aktivation jedoch negativ auf die Erkennungsleistung aus.

Ein Vergleich der beiden Altersgruppen im Hinblick auf das impliziten Erinnerns zeigte einen weiteren interessanten Befund: Bezüglich des neutralen Materials gab es keinen signifikanten Unterschied zwischen der jungen und der älteren Versuchsgruppe. Dies steht in Übereinstimmung mit Befunden anderer Untersuchungen, die bei impliziter Erinnerungstestung, im Gegensatz zu einer expliziten Testung, ebenfalls von geringeren Unterschieden zwischen jungen und ältern Versuchspersonen berichten.

In Bezug auf die kritischen Items zeigte sich jedoch ein anderer Befund. Hier kam es zu einer besseren Leistung der jungen Personen, insbesondere, wenn es sich um das geprimte Material handelte. Es scheint also nötig zu sein, generell zwischen neutralem und nicht neutralem Material zu unterscheiden. Die Befunde lassen den Schluss zu, dass die jüngeren Versuchspersonen viel stärker von einer starken Gedächtnisspur profitieren als ältere. Dies passt auch zu dem in 6.1.2 referierten Befund, dass die untersuchten älteren Erwachsenen generell einen niedrigeren Wert auf der Vorurteilsskala aufwiesen als die jüngeren Personen.

Es bleibt festzuhalten, dass die Untersuchungsergebnisse mit Blick auf die Erinnerungsleistung insgesamt ein inhomogenes und schwer interpretierbares Bild abgeben. Dies gilt vor allem dann, wenn man die Ergebnisse der Erinnerungstestung in Zusammenhang mit den Ergebnissen der Personenbeurteilung aufgrund des Bewerbungstranskripts betrachtet. Es stellt sich die Frage, ob die hier festgestellten Unterschiede bzw. die gefundenen Gemeinsamkeiten der verschiedenen Altersgruppen in dieser Form interpretierbar sind. Zur Beantwortung dieser Frage wurde deshalb eine erneute Testung des Directed-Forgetting-Paradigmas in einer stringenteren Form durchgeführt. Diese Testung musste stereotyp-unabhängig erfolgen, da aus der vorherigen Testung ersichtlich geworden war, dass stereotypbehaftete Items anders verarbeitet werden als neutrale Items. Des Weiteren fand eine zeitlich geraffte Testung ohne dazwischenliegende Konfundierungen auslösende Zwischenaufgaben statt. Es wurde eine Untersuchung, getrennt nach Alterszugehörigkeit der Probanden, durchgeführt. Dabei war vor allem die Fragestellung von Interesse, ob ältere und jüngere Versuchspersonen unterschiedliche Erinnerungsleistungen erbringen, wenn bestimmte Lerninhalte ignoriert werden sollen. Da die ältere Versuchsgruppe sowohl bei der Beurteilungsaufgabe (s. Kap. 6.1.1) als auch beim expliziten Erinnern keinen Vergessenseffekt zeigte, stellte sich logischerweise die Frage, ob ältere Menschen überhaupt dazu in der Lage sind, bestimmte irrelevante Informationen zu vergessen bzw. nicht zu beachten. Verfügen ältere Menschen somit über keine oder nur geringe inhibitorische Fähigkeiten, die es ihnen ermöglichen, irrelevante Informationen zu ignorieren? Des Weiteren ist es von besonderem Interesse, inwieweit die Ergebnisse der ersten beiden Experimente bzgl. des DF-Paradigmas gültige Ergebnisse zeigten, was die Eignungsbeurteilung angeht. Können wir davon ausgehen, dass die ältere Versuchsgruppe kein gerichtetes Vergessen zeigte, da die stereotypbehaftete Information stärkere Spuren hinterließ als die neutrale Information. Oder haben ältere Menschen, unabhängig vom Material, Probleme, ehemals relevante Information auf Anweisung nicht zu beachten? Diese Fragen galt es somit durch das Verwenden neutralen Materials zu prüfen. Da die Ergebnisse des DF-Paradigmas, was die Erinnerungsleistung angeht, zwar Tendenzen aufzeigten, die aber nicht aussagekräftig genug waren, galt es also, eine Testung in der bereits erwähnten "strengeren" Form durchzuführen.

8 Eigene Forschungsbefunde zum Directed-Forgetting-Paradigma in Bezug auf neutrales Material bei jüngeren und älteren Menschen

Ausgehend von den Ergebnissen der Experimente 1 und 2 stellte sich die Frage nach dem Erklärungsmuster für die dort beobachteten Befunde. Warum war es für jüngere Menschen scheinbar möglich, bestimmte Informationen zu ignorieren, wenn dies explizit von ihnen eingefordert wurde, während dies für ältere Personen nicht möglich war?

So wurde z. B. in Experiment 1 bezüglich der Beurteilung einer fiktiven Person auf einer Rating-Skala eine differenzierte Beurteilung durch junge Versuchspersonen in Abhängigkeit von der Vergessens- instruktion vorgenommen. Auf der anderen Seite war diese unterschied- liche Beurteilung für ältere Probanden aufgrund des "Directed-Forgetting- Paradigmas" in dieser Form nicht nachweisbar.

Die zuletzt dargestellten Befunde bzgl. der impliziten und expliziten Erinnerungstestung sind in der hier benutzten Versuchsanordnung aufgrund der durchgeführten Zwischentests nicht aussagekräftig genug, um theorienspezifisch zu argumentieren. Wie in Kapitel 7 besprochen, bieten eine Fülle von Modellen Erklärungsversuche für bestimmte Gedächtnis- effekte im Alter an. Das ausführlich besprochene Modell der verringerten Inhibitionseffizienz bei älteren Menschen von Hasher und Zacks erscheint in diesem Zusammenhang konsistent mit den hier gefundenen Ergeb- nissen. Die anhand der berichteten Befundlage bereits in diese Richtung weisende Tendenz war jedoch noch nicht aussagekräftig genug und bedurfte somit einer strengeren Prüfung. Diese sollte in erster Linie einer Untermauerung der unterschiedlichen Resultate zwischen den verschie- denen Altersgruppen dienen, und zwar sowohl in Bezug auf bereits besprochenen Ergebnisse der Beurteilungseinschätzung als auch der

Erinnerungsleistung im Fall eines involvierten directed-forgetting-Paradigmas.

Beim Experiment 3 der Untersuchung wurde wegen der Vergleichbarkeit zu den vorherigen Experimenten ebenfalls mit der Listenmethode gearbeitet, denn Basden et al. (1993) weisen mit Recht auf eine zu starke Verallgemeinerung von Untersuchungsergebnissen hin, die auf unterschiedlichen Untersuchungs-designs basieren. Die Implikationen, die sich aus den ersten beiden Experimenten (vgl. 6.1.2 und 6.2.2) ergaben, betreffen folgende Fragestellungen: Warum zeigten die älteren Menschen kein directed-forgetting typisches Ergebnismuster in Bezug auf die Beurteilungsbewertung? Ist eine Replikation dieses Befundmusters bei einer Erinnerungstestung zu erwarten? Können auch hier altersspezifische Unterschiede beobachtet werden, die für eine Bestätigung des unterschiedlichen Einsatz von Inhibitionsmechanismen in Abhängigkeit vom Alter sprechen?

Um die Ergebnisse der ersten beiden Untersuchungen belegbar interpretieren zu können, wurde der Fokus der Untersuchungen von Experiment 3 und 4 auf das Directed-forgetting-Paradigma gelegt. Des Weiteren wurde im dritten Versuch der zusätzliche Faktor der kognitiven "busyness" (s. Kap. 5.2) eingeführt (vgl. Macrae et al., 1997). Hierbei interessierte der Einfluss einer zusätzlichen kognitiven Belastung beim Lernen auf die Behaltensleistung innerhalb des DF-Paradigmas. Experiment 4 untersuchte die Leistungen der jüngeren Personen innerhalb der DF-Anordnung, um die prognostizierten Differenzen der kognitiven Verarbeitungsmechanismen der verschiedenen Altersgruppen zu belegen. In den folgenden Untersuchungen wurde bewusst mit neutralem Material gearbeitet, um auszuschließen, dass das Ausbleiben einer Inhibition von irrelevantem Material bei älteren Versuchspersonen durch die Stereotypbehaftung des zu vergessenden Materials induziert würde.

8.1 Experiment 3

Experiment 3 untersuchte die Erinnerungsleistung von älteren Versuchspersonen. Die Studie arbeitete mit neutralem Material, wobei das DF-Paradigma wiederum nach der Listenmethode eingesetzt wurde. D. h., die Experimentalgruppe arbeitete unter der Bedingung, die erste Liste zu vergessen und sich auf die zweite Liste zu konzentrieren, während die Kontrollgruppe ohne Vergessensinstruktion beide Listen erlernte. Die Gedächtnisleistung wurde in den Testformen "free recall" und "recognition" geprüft.

Folgende Hypothesen sollten untersucht werden: Bei älteren Personen ist aufgrund fehlender Inhibitionsmechanismen kein typisches "directed-forgetting" bezogenes Ergebnismuster zu erwarten. Normalerweise sollte unter einem DF-Paradigma ein Ergebnis wie folgt zu erwarten sein: (vgl. Kap.7.2.1): bei der Experimentalgruppe (mit Vergessensinstruktion) sollte die Erinnerungsleistung für die erste Liste beim Reproduzieren kleiner sein als die für die zweite Liste Die Kontrollgruppe müsste eine größere Erinnerungsleistung für die erste Liste als die Experimentalgruppe zeigen. Das heißt, die Erinnerung für die erste Liste wäre für die F-Gruppe kleiner als für die R-Gruppe. Als DF-Effekt könnte somit die Differenz der erinnerten Items zwischen der F- und der R-Gruppe bzgl. der ersten Liste angesehen werden, wobei die R-Gruppe die bessere Leistung zeigen sollte. Was die zweite Liste angeht, sollte die Experimentalgruppe eine höhere Erinnerungsleistung aufweisen als die Kontrollgruppe. Dies entspräche beispielsweise den Befunden, die Conway und seine Mitarbeiter (2000) in ihren Untersuchungen zum DF-Paradigma belegen konnten (vgl. Kap. 7.2.1).

Diese Ergebnisse konnten nicht in der dargestellten Form für die älteren Versuchsteilnehmer in Experiment 1 gefunden werden. Hierbei ging es jedoch um die Beurteilung einer fiktiven Person auf einer Rating-Skala. Das zu erlernende Material bestand aus neutralen und stereotypbesetzten Items, wobei die "zu vergessenden" Items immer stereotypbehaftet waren. Aus diesem Grund wurde in Experiment 3 neutrales Material benutzt, und die Gedächtnistestung sollte im diesem Fall ohne   Konfundierungen auslösende Zwischenanforderungen ablaufen. Es galt die Annahme: Für die älteren Versuchspersonen würde unter der TBF-Bedingung keine verbesserte Erinnerung für die 2. Liste im Vergleich zur TBR-Bedingung zu erwarten sein, da aufgrund von fehlenden Inhibitionsmechanismen die Items der 1. Liste nicht ignoriert werden können und somit auch keine erweiterte Speicherkapazität für die zweite Liste vorhanden ist. Aufgrund der fehlenden Inhibition sollte es bei der Experimentalgruppe nicht zu einer verringerten Erinnerung für die erste Liste kommen.   Diese Hypothese bezieht sich auf die beabsichtigte Erinnerungstestung, also auf das freie Erinnern. Für die Wiedererkennenstestung sollten jedoch keine Unterschiede bzgl. der beiden Listen in Abhängigkeit vom DF-Paradigma erwartet werden, wie dies auch in den Untersuchungen von Basden et al. (1993) gezeigt werden konnte (vgl. Kap. 7.2.3).

Des Weiteren interessierte der Einfluss des zusätzlich erhobenen Faktors der "busyness" im Rahmen des Df-Paradigmas. Conway et al. (2000) sowie Macrae et al. (1997) konnten zeigen, dass eine zusätzliche kognitive Belastung beim Erlernen der zweiten Liste zu einer veränderten Gedächtnisleistung in Bezug auf die unterschiedlichen Listen führt, wenn eine explizite Erinnerungsleistung gefordert wird. So konnten Conway et al. (2000) belegen, dass der DF typische Erinnerungseffekt beim free-recall ausblieb, wenn während des Erlernens der 2. Liste eine zusätzliche kognitive Aufgabe zu bearbeiten war. Aufgrund dieser Befunde wurde folgende Hypothese erstellt:

In Bezug auf eine zusätzliche Belastung (busyness) beim Erlernen der zweiten Liste wird dies normalerweise zu einer Beeinträchtigung der Behaltensleistung für die zweite Liste führen und somit zu einer verschlechterten Erinnerung für die zweite Liste. In Verbindung mit der Vergessensinstruktion für die erste Liste soll die durch die Vergessensinstruktion geschaffene Vergünstigung für das Verarbeiten der zweiten Liste durch die kognitive Belastung beim Erlernen der zweiten Liste wieder aufgehoben werden, da die Erinnerungsleistung für die zweite Liste durch die Zusatzaufgabe erschwert wird. Da es sich hier aber um ältere Versuchspersonen handelt, ist anzunehmen, dass die Vergessensinstruktion für die erste Liste nicht zu einer Inhibition der entsprechenden Informationen aus Liste 1 führt, aber dass das Verarbeiten der zweiten Liste durch die zusätzliche kognitive Beanspruchung erschwert wird. Deshalb ist anzunehmen, dass die älteren Versuchsteilnehmer unter der Bedingungskombination "Mit Vergessen" und "Mit Busyness" eine verringerte Leistung für die zweite Liste zeigen im Vergleich zur ersten Liste.

8.1.1 Methode

Versuchsplan

Sieht man von den Kontrollmaßnahmen (Listenwechsel) ab, kann die Untersuchung bzgl. der ersten Versuchsphase in einem 2 (Vergessen: ohne/mit) x 2 (busy: ja/nein) x 2 (erste Liste/zweite Liste) Versuchsplan mit Messwiederholung auf dem letzten Faktor beschrieben werden. Als abhängige Variable wurde die Zahl der reproduzierten Worte aus der ersten Liste und die Anzahl der reproduzierten Worte aus der zweiten Liste erhoben.

Für den zweiten Teil der Untersuchung liegt ein 2 (Vergessen: ohne/mit) x 2 (busy: ja/nein) x 2 (Wiedererkennen: erste Liste/zweite Liste) Versuchsplan mit Messwiederholung auf dem letzten Faktor vor. Die Wiedererkennensleistung für die erste und die zweite Liste wurde als abhängige Variable erfasst.

Versuchspersonen

An dieser Untersuchung nahmen 64 ältere Versuchspersonen im Alter von 60 bis 84 Jahren teil. Das Durchschnittsalter betrug 68,75 Jahre. Es nahmen nur Personen am Versuch teil, die noch aktiv im Leben standen und darüber hinaus als geistig „fit" zu betrachten waren. Es beteiligten sich genauso viele weibliche wie männliche Probanden an dem Experiment. Die Versuchspersonen wurden den einzelnen Versuchsbedingungen so zugeordnet, dass sich in jeder Versuchsanordnung gleich viele Männer und Frauen befanden. Die Probanden nahmen nach persönlicher Ansprache freiwillig an dem Experiment teil und wurden nicht für ihre Teilnahme entlohnt.

Material

In diesem Experiment wurde mit verschiedenen Wortlisten gearbeitet. Jede Liste bestand aus 12 Nomen. Diese waren zweisilbig und ihre Wortlänge variierte zwischen fünf und sieben Buchstaben. Jedes verwendete Wort hatte einen gegenständlichen Charakter. Es wurde darauf geachtet, dass bezüglich ihrer Semantik oder Schreibweise keine aus dem Kontext hervorstechenden Nomen verwandt wurden. Über die Worthäufigkeit der verwendeten Items kann keine verlässliche Aussage getroffen werden, da die Statistiken bezüglich der Worthäufigkeit der deutschen Sprache unvollständig sind.

Die beiden erstellten Wortlisten wurden in Bezug auf die Reihenfolge ihrer Darbietung alternierend eingesetzt, um so eventuell auftretende Listeneffekte zu kontrollieren. Das heißt, jede Liste wurde gleich häufig an erster und zweiter Position eingesetzt.

Zusätzlich zu den beschriebenen zwei Wortlisten wurde eine weitere Liste mit 24 Nomen erstellt, die in allen beschriebenen Aspekten mit den beiden ersten Listen vergleichbar war. Diese Items wurden bei dem Wiedererkennenstest als Distraktoren benötigt. Insgesamt wurden hier also 48 verschiedene Substantive dargeboten: 24 bekannte Worte (die Items der ersten beiden Listen) und 24 neue Worte. Alle Nomen wurden durch den Zufallsgenerator eines Notebooks so kombiniert, dass auf der Wiedererkennensliste kein erkennbares Muster in der Abfolge von bekannten und neuen Hauptwörtern zu erkennen war. Jedem Item der Wiedererkennensliste war ein leeres Kästchen von gleicher Größe zugeordnet, dass markiert werden sollte, wenn das Wort erkannt wurde.

Versuchsdurchführung

Vor dem Beginn des Experimentes wurde den Versuchspersonen der Versuchsablauf erklärt. Es wurde ihnen verdeutlicht, wie wichtig es sei, sich strikt an die Versuchsanweisungen zu halten. An dieser Stelle wurde auch noch einmal die Freiwilligkeit der Teilnahme betont und den Probanden mitgeteilt, dass ein Abbruch von ihrer Seite jederzeit möglich sei.

Die Durchführung der Versuche fand größtenteils in Einzelversuchen statt, ergänzt durch wenige Gruppensitzungen. Vor dem Austeilen der Versuchs-unterlagen wurden die Teilnehmer immer darauf hingewiesen, dass nur auf Anweisung der Versuchsleiterin umgeblättert werden dürfe und dass ein Zurückblättern in den Unterlagen zum Abbruch des Experimentes führen würde.

Die Versuchspersonen wurden schriftlich darüber informiert, dass sie eine Wortliste erlernen sollten und für diese Aufgabe zwei Minuten Zeit zur Verfügung stehen würde. Auf ein Zeichen des Versuchsleiters wurde die Wortliste aufgedeckt und nach zwei Minuten wieder abgedeckt. Bei der Hälfte der Versuchspersonen wurde danach eine Vergessensinstruktion ausgegeben, d. h. sie sollten den Inhalt dieser ersten Liste wieder vergessen. Es wurde ihnen mitgeteilt, dass dem Versuchsleiter ein Fehler beim Austeilen der Listen unterlaufen sei. Sie sollten diese Liste vergessen und stattdessen eine neue Liste lernen. Der Kontrollgruppe wurde keine solche Instruktion gegeben. Dann wurde die zweite Wortliste wiederum für einen Zeitraum von zwei Minuten dargeboten. Unter der "busy-Bedingung" hatte die Hälfte der Versuchspersonen zusätzlich zum Lernen der Nomen der zweiten Liste eine weitere Aufgabe zu erfüllen. Hinter jedem Substantiv sollte in einen daneben stehenden Kasten die Anzahl der Vokale des entsprechenden Nomens eingetragen werden (Beispiel: Mauer 3). Die andere Hälfte der Versuchspersonen sollte die zweite Wortliste im Zeitraum von zwei Minuten ohne zusätzliche Aufgabe erlernen (non-busy-Bedingung).

Im Anschluss daran sollten alle Versuchspersonen möglichst viele der Nomen aufschreiben, die sie anhand der beiden Listen erlernt hatten. Unter jeder Versuchsbedingung sollten beide Listen berücksichtigt werden, d. h. auch die Gruppe mit der Vergessensinstruktion sollte die Nomen beider

Listen erinnern. Die Reihenfolge, in der die Begriffe aufgeschrieben werden sollten, spielte keine Rolle.

Die letzte Aufgabe der Versuchsperson bestand im Wiedererkennen der zuvor dargeboten beiden Listenitems. Es wurden 48 verschiedene Nomen in zufälliger Reihenfolge auf zwei Blättern gezeigt. Hinter jedem Wort bestand die Möglichkeit, ein leeres Kästchen mittels eines Kreuzes zu markieren und somit anzuzeigen, dass dieses Item wiedererkannt wurde.

8.1.2 Darstellung der Ergebnisse des 3. Experimentes

Bezüglich des "free recall" sollte die Hypothese untersucht werden, dass ältere Versuchsteilnehmer aufgrund fehlender Inhibitionsmechanismen keine unter-schiedlichen Erinnerungsleistungen zeigen in Abhängigkeit von der Vergessensinstruktion. Zur Überprüfung dieser Hypothese wurde eine 2 (busy: a/nein) x 2 (Vergessen: ohne/mit) x 2 (Erinnern: erste/zweiteListe) Varianzanalyse mit Messwiederholung auf dem letzten Faktor berechnet.

Eine signifikante Interaktion der Faktoren "Liste" und "Vergessensinstruktion" ($F(1,60) = 2.47$, $p=.12$; $eta^2 = .04$) konnte nicht beobachten werden. Dieses Ergebnis kann somit als hypothesenbestätigend eingeordnet werden

Für die Hypothese, dass die zusätzliche kognitive Beschäftigung während des Lernens der zweiten Liste zu einer schlechteren Erinnerungsleistung für Liste 2 führen sollte im Vergleich zur Liste 1, die von den älteren Vpn trotz Vergessensinstruktion genauso gut erinnert werden sollte wie ohne Vergessensinstruktion, konnte folgendes Ergebnis festgestellt werden. Die Interaktion "Liste" und "busyness" ($F(1,60) = .07$, $p = .79$; $eta^2 =.00$) und die Interaktion der Variablen "Liste", "Vergessen" und "busyness" (F(1,60) = .96, p = .33; eta² =.02) wurden nicht signifikant. Deskriptiv war zu beobachten, dass es unter der Bedingung "mit Vergessen" und "mit busyness" zu einer besseren Erinnerungsleistung für die erste Liste kam (4.25), im Vergleich zur 2. Liste (2.63). Unter der Bedingung "mit Vergessen" und "ohne busyness" wurde die 1. Liste nur geringfügiger besser erinnert (3.62) als die 2. Liste (3.31). Folglich verschlechterte sich hypothesenkonform unter der "busy-Bedingung" die Erinnerungleistung der 2. Liste gegenüber der ohne "Busy-Bedingung", und trotz der Vergessensinstruktion wurde in beiden Fällen die 1. Liste stärker erinnert als die 2. Liste (siehe Abb. 12)

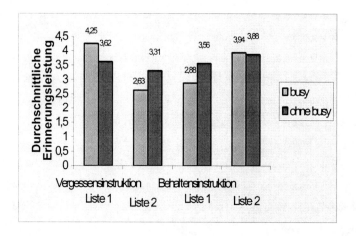

Abb.12: *Die durchschnittliche Erinnerungsleistung (free recall) für Exp. 3 als Folge unterschiedlicher Vergessensinstruktionen für Liste 1 und unterschiedlicher kognitiver Belastung (busyness) für Liste2*

Bezüglich der Wiedererkennensleistung wurde eine 2 (busy:ja/nein) x 2 (Vergessen: ohne/mit) x 2 (Wiedererkennen: erste/zweite Liste) mit Messwiederholung auf dem letzten Faktor durchgeführt. Aufgrund der verschwindend geringen Fehlerrate wurden lediglich die Treffer ausgewertet. Hier ergab sich unerwarteter Weise folgender Befund: Es war ein Haupteffekt auf dem Faktor "Wiedererkennen" (erste/zweite Liste) zu verzeichnen (F1,60) =1 1.64, p = .01;eta^2 = .16), derart, dass die Items der ersten Liste (7.45) generell besser erkannt wurden als die der zweiten Liste (6.09). Die Vergessensinstruktion hatte wie erwartet keinen Einfluss auf die Wiedererkennensleistung der verschiedenen Listen. Die Interaktion der Variablen "Vergessen" und "Wiedererkennen" (Liste1/Liste2) wurde hypothesenkonform nicht signifikant ((F1,60) = .07; p = .01;eta^2 = .00).

8.1.3 Diskussion

An dieser Stelle soll eine eher knapp gefasste Diskussion erfolgen, da die Abschlussdiskussion sicherlich Raum genug bietet, um nochmals sämtliche Ergebnisse im Zusammenhang zu besprechen.

Die erste Hypothese bezog sich auf den free recall. Es wurde erwartet, dass die älteren Versuchspersonen keine unterschiedlichen Erinnerungsleistungen bzgl. der Wortlisten zeigen sollten, im Sinn eines klassischen DF-Paradigma-Ergebnisses, auch wenn unterschiedliche Vergessensinstruktionen zum Tragen kommen würden. Das heißt, es sollte unter der Vergessensinstruktion nicht zu einer verringerten Leistung für Liste 1 und zu einer verbesserten Leistung für Liste 2 kommen. Diese Vorhersage konnte bestätigt werden. Dieses Ergebnis spricht eindeutig dafür, dass ältere Menschen Schwierigkeiten haben, Informationen zu "vergessen" bzw. zu ignorieren, obwohl diese unzweifelhaft als irrelevant einzustufen waren. Da es sich in dieser Untersuchung, im Gegensatz zum 1. Experiment, bei beiden Listen um neutrales Material handelte, kann eine Interpretation, die von stärkeren Gedächtnisspuren der 1. Liste (stereotypbehaftetes Material), im Gegensatz zur zweiten Liste (neutrales Material), aufgrund tieferer Enkodierung spricht, ausgeschlossen werden. Das bedeutet, dass die in Experiment 1 gefundenen Ergebnisse durch die Resultate des 3. Experimentes gestützt werden und nicht als itemspezifisch anzusehen sind. Die älteren Personen waren auch während des 3. Experimentes nicht dazu in der Lage, eine angemessene Inhibition der als irrelevant gekennzeichneten Items durchzuführen. Wurde nach dem Lernen der 1. Liste eine Vergessensinstruktion ausgesprochen, kam es im Vergleich zu der Bedingung "ohne Vergessensinstruktion" nicht zu einer stärkeren Erinnerung für die 2. Liste, das Gegenteil war sogar der Fall.

Die Hypothese, dass bei älteren Menschen eine zusätzliche kognitive Belastung (busyness) beim Erlernen der 2. Liste zu einer Verringerung der Erinnerungsleistung für die zweiten Liste führen sollte, auch unter Einbeziehung der Vergessensinstruktion, kann folgende Aussage getroffen werden: die Leistung für die 2. Liste verschlechterte sich aufgrund der "busy-Bedingung" im Vergleich zu "ohne busy-Bedingung", des Weiteren wurden in beiden Fällen, obwohl es zu einer Vergessensinstruktion kam, mehr Items der ersten Liste als der 2. Liste erinnert. Das heißt, der defizitäre Unterdrückungsmechanismus der ältern Personen zeigte sich auch hier.

Im Hinblick auf die Ergebnisse des Wiedererkennenstests kam es überraschenderweise zu einem Listeneffekt bzgl. des Wiedererkennens. Das heißt, die Items der ersten Liste wurden zahlenmäßig stärker identifiziert als die der 2. Liste. Dieses Ergebnis ist insofern interessant, da dieser Effekt beim freien Erinnern nicht zum Tragen kam. Da die verschiedenen Listen gleich häufig an erster oder zweiter Stelle eingesetzt wurden, sollte ein evtl. auftretender Materialeffekt somit über alle Bedingungen gleich verteilt sein. Es könnte sich also möglicherweise nur um einen Positionseffekt handeln, der aber erstaunlicherweise nur beim Wiedererkennen zum Tragen gekommen ist, da bzgl. des free recall kein solcher Effekt zu beobachten war. Deutlich zeigte sich auch hier, wie erwartet, dass die Vergessensinstruktion keinen Einfluss auf die Wiedererkennensleistung ausübte.

Die in Experiment 3 festgestellten Befunde zeigen eindeutig, dass ältere Versuchsteilnehmer über mangelhafte Inhibitionsmechanismen verfügen, wenn es darum geht, bereits gelerntes Material, das zu einem späteren Zeitpunkt als irrelevant gekennzeichnet wird, zu missachten. Die Ergebnisse aus diesem Experiment zeigen darüber hinausgehend Implikationen für die in Experiment 1 beobachteten Befunde. Die dort festgestellten Bewertungen bzgl. der Rating-Skala zeigten keine unterschiedlichen Beurteilungen in Abhängigkeit von der Vergessens-instruktion bei älteren Personen. Es ist also davon auszugehen, dass die vorgenommenen Bewertungen in Experiment 1, trotz der Vergessens-instruktion, unter Beachtung des zu vergessenden irrelevanten Materials, stattgefunden haben.

8.2 Experiment 4

In der in Experiment 4 dargestellten Untersuchung galt es, eine jüngere Versuchsgruppe ebenfalls mittels eines DF-Paradigmas einem Erinnerungstest zu unterziehen. Das Material, das erinnert werden sollte, musste identisch mit dem des Experiments 3 sein. Auf den Einsatz der Busy-Variablen wurde in diesem Versuch jedoch verzichtet. Die Erinnerungstestung fand in Form eines free recalls statt.

Wichtig für das Experiment war, es auf eine korrekte Vergleichsbasis zu Experiment 3 zu stellen. Dabei sollte sich das Erkenntnisinteresse auch auf die Frage richten, ob jüngere Menschen dazu in der Lage sein würden, bestimmte erlernte Informationen, die zu einem späteren Zeitpunkt als irrelevant deklariert werden, zu vergessen, um von dieser "Ersparnis" beim Verarbeiten anderer Information zu profitieren. Wenn dies der Fall sein würde, wäre eine deutliche Unterscheidung bzgl. der verschiedenen Altersstufen im Hinblick auf den Verarbeitungsmodus von kognitiven Inhalten zu treffen, die sich später als unwichtig herausstellen. Dies impliziert folgende Hypothese: *Jüngere Versuchspersonen zeigen unter einer Vergessensinstruktion für die Liste 1 eine verringerte Erinnerungsleistung für Liste 1 und eine vergrößerte Erinnerungsleistung für Liste 2, im Vergleich zu der selben Versuchsanordnung ohne eine Vergessensinstruktion.*

8.2.1 Methode
Versuchsplan

Die Untersuchung lässt sich in einem 2 (Vergessen: ohne/mit) x 2 (Erinnern: erste/zweite Liste) Versuchsplan mit Messwiederholung auf dem letzten Faktor darstellen. Als abhängige Variable wurde die Anzahl der richtig erinnerten Items, sowohl der ersten Liste als auch der zweiten Liste, erhoben.

Versuchspersonen

An dieser Untersuchung nahmen 32 Versuchspersonen teil. Die männlichen und weiblichen Probanden wurden den verschiedenen Versuchsbedingungen so zugeteilt, dass unter jeder Versuchsbedingung gleich viele Männer und Frauen untersucht werden konnten. Die Versuchspersonen waren Auszubildende sowie Arbeitnehmer aus verschiedenen Berufsfeldern und vereinzelt Studenten. Das Alter der Versuchsteilnehmer variierte zwischen 18 und 37 Jahren und betrug im Durchschnitt 21,25 Jahre. Die Untersuchungsteilnehmer nahmen freiwillig am Experiment teil und wurden nicht für ihre Teilnahme entlohnt.

Material

Für den ersten Teil des Experimentes wurden zwei Listen mit einsilbigen, gegenständlichen Wörtern erstellt. Jede Liste umfasste sieben Nomen mit einer Wortlänge zwischen drei und fünf Buchstaben.

Als Zwischenaufgabe wurden 3 Rechenaufgaben aus dem Bereich der Multiplikation mit einstelligen Zahlen sowie drei weitere Multiplikationsaufgaben im zweistelligen Zahlenbereich eingesetzt.

Der zweite Teil der Untersuchung verwandte als Untersuchungsmaterial dieselben Wortlisten wie in Experiment 3, um so eine Vergleichbarkeit zwischen den Untersuchungen 3 und 4 herzustellen. Der einzige Unterschied zu den Nomenlisten der dritten Untersuchung bestand in der neuen Zusammensetzung der Listen. Das heißt, alle Nomen, die in Experiment 3 benutzt wurden, wurden auch in Experiment 4 benutzt. Lediglich die Zuordnung der Items zu den Listen wurde durch den

Zufallsgenerator des Notebooks neu erstellt. Die das Nomenmaterial betreffenden Beschreibungen wurden bereits unter Punkt 8.1.1 dargestellt.

Versuchsdurchführung

Vor der Durchführung des Experimentes wurde den Probanden der Versuchsablauf erklärt, und die Versuchsleiterin wies darauf hin, unter welchen Bedingungen ein Versuchsabbruch erfolgen müsste. Die Versuchsdurchführung fand in Einzel- und Gruppensitzungen statt. Auf der ersten Seite der Versuchsunterlagen wurde das Alter und das Geschlecht der Teilnehmer abgefragt. Nachfolgend wurde den Probanden eine Liste mit 7 Items gezeigt, die sie im Zeitraum von einer Minute erlernen sollten. Die Versuchspersonen erhielten dann die Instruktion, diese Liste wieder zu vergessen (Vergessensinstruktion). Die zweite Hälfte der Probanden erhielt diese erste Liste nicht. Die zweite Liste, mit ebenfalls 7 Items, wurde an alle Versuchsteilnehmer ausgegeben und sollte innerhalb einer Minute erlernt werden. Danach mussten alle Probanden drei einfache Multiplikationsaufgaben rechnen und die Ergebnisse in die dafür vorgesehenen Kästchen eintragen. Anschließend mussten alle Versuchsteilnehmer die erinnerten einsilbigen Nomen der zweiten Liste in beliebiger Reihenfolge aufschreiben. Diese Vorgehensweise sollte die Glaubwürdigkeit der Vergessensinstruktion untermauern.

Der zweite Teil des Experimentes schloss sich unmittelbar an den ersten Teil an: das heißt, es handelte sich um dieselben Versuchspersonen, die das ganze Prozedere als ein Gesamtexperiment wahrnahmen. Der im Folgenden beschriebene zweite Teil dieses Experimentes ist vergleichbar mit der Versuchsbedingung "Vergessensinstruktion" (ohne/mit Vergessen) des bereits dargestellten dritten Experimentes.

Allen Versuchspersonen wurde die erste Liste mit den 12 zweisilbigen Nomen für zwei Minuten dargeboten. Die eine Hälfte der Versuchspersonen bekam nach diesen zwei Minuten die Instruktion, das Gelernte wieder zu vergessen. Die andere Hälfte der Probanden wurde erneut nicht mit dieser Vergessensinstruktion konfrontiert. Alle Versuchspersonen bekamen dann die zweite Liste, ebenfalls mit der Aufforderung, die Items dieser Liste in zwei Minuten zu erlernen. Danach wurden für alle Teilnehmer drei mathematische Aufgaben aus dem Bereich Multiplikation gestellt. Diese Zwischenaufgabe wurde durchgeführt, da die folgende Erinnerungsaufgabe sonst zu leicht gewesen wäre. Die Ergebnisse mussten ebenfalls in die hierfür vorgesehenen Kästchen eingetragen werden. Anschließend erhielten alle Versuchspersonen die Instruktion, die Items beider Listen zu memorieren und in beliebiger Reihenfolge aufzuschreiben.

8.2.2 Darstellung der Ergebnisse des 4. Experimentes

In Bezug auf die explizite Erinnerungstestung, in Form eines "free recalls", sollte als Hypothese die Annahme getestet werden, dass jüngere Versuchsteilnehmer aufgrund einer Vergessensinstruktion bestimmte Informationen vernachlässigen und somit eine verbesserte Erinnerungs-leistung für die nachfolgenden Items zeigen. Diese Hypothese konnte durch die Untersuchungsergebnisse bestätigt werden. Es fand sich eine signifikante Interaktion ($F(1,30) = 50.43$, p =.00; eta² = .63) der Faktoren "Liste" (Liste1/Liste2) und "Vergessensinstruktion" (mit/ohne Vergessensinstruktion), die deutlich zeigte, dass in Folge einer Vergessensinstruktion eine geringere Erinnerungsleistung für die erste Liste gezeigt wurde (3.00) und eine erhöhte Leistung für die zweite Liste

(8.81) erzielt wurde (siehe Abb. 13). Wurden die Probanden nach dem Erlernen der ersten Liste nicht mit einer Vergessensinstruktion konfrontiert, war die Erinnerungsleistung für die erste Liste (5.00) geringfügig größer als für die zweite Liste (4.63).

Eine Überprüfung der einfachen Haupteffekte zeigte keine Signifikanz für den Faktor Erinerungsleistung (Liste 1/Liste2) unter der Bedingung "ohne Vergessensinstruktion" ($F(1,15) = 1.34$, $p = .30$; $eta^2 = 0.07$). Unter der Bedingung "mit Vergessensinstruktion" zeigte sich Signifikanz für den Faktor Er-innerungsleistung ($F(1,15)=53.19$, $p=.00$; $eta^2=.78$), derart, dass die erste Liste schlechter erinnert wurde als die zweite Liste. Des Weiteren war ein einfacher Haupteffekt für den Faktor "Vergessen" bzgl. der ersten Liste festzustellen ($F(1,30) = 12.97$, $p = .00$; $eta^2 = .30$). Das heißt, ohne Vergessensinstruktion wurden signifikant mehr Items der ersten Liste erinnert als unter der Bedingung "mit Vergessen". Der letzte einfache Haupteffekt für den Faktor "Vergessen" wurde unter der Bedingung zweite Liste ebenfalls signifikant ($F(1,30)=40.39$, $p=.00$; $eta^2=.57$). Das bedeutet, mit einer Vergessensinstruktion wurde eine größere Erinnerungsleistung bzgl. der zweiten Liste gezeigt im Vergleich zu der Bedingung "ohne Vergessensinstruktion".

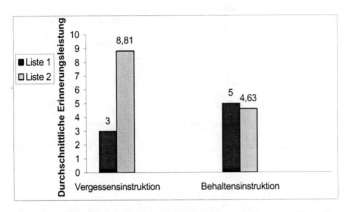

Abb. 13: *Durchschnittliche Erinnerungsleistung (free recall) in Exp. 4 als Folge unterschiedlicher Vergessensinstruktionen*

Als weiteres Ergebnis wurde ein signifikanter Haupteffekt auf dem Faktor Liste sichtbar (F(1,30)= 38.95; p = .00; eta² = .57). So zeigte die erste Liste durchschnittlich 4 erinnerte Items und die zweite Liste 6.72 Items.

8.2.3 Diskussion

Es war erwartet worden, dass die jüngeren Versuchsteilnehmer ein Directed-Forgetting typisches Ergebnis zeigen würden, wie dies beispielsweise in den Studien von Conway et al. (2000) der Fall war. In der hier durchgeführten Untersuchung zeigte sich dann auch ein signifikantes hypothesenkonformes Ergebnis in Bezug auf die Interaktion der Variablen "Erinnerungsleistung" und "Vergessensinstruktion". Dieses Ergebnis ist besonders interessant in Zusammenhang mit den Resultaten des dritten Experimentes, die in Bezug auf die älteren Versuchspersonen ein anderes Bild zeigten. Es wurden zwischen den zwei vergleichbaren Versuchsanordnungen (Experiment 3 und 4) gänzlich unterschiedliche Untersuchungsergebnisse sichtbar, die offensichtlich auf die differentiellen Inhibitionsmechanismen der unterschiedlichen Altersgruppen zurückzuführen waren. Die jungen Probanden wiesen einen deutlichen Unterschied in der Erinnerungsleistung in Abhängigkeit von der Vergessensinstruktion auf, während bei den älteren Probanden keine Veränderung zu beobachten war. Die jüngeren Versuchsteilnehmer profitierten eindeutig von der Vergessensinstruktion. Sie schafften es, die bereits gelernte Liste zumindest teilweise zu ignorieren und sich somit verstärkt Verarbeitungsressourcen für die zweite Liste zu verschaffen. Dies schlug sich dann auch in einer zahlenmäßig höheren Erinnerungsleistung für die zweite Liste nieder, was sowohl im Vergleich zur ersten Liste unter derselben Vergessensinstruktion gesehen werden kann als auch im Vergleich zur Erinnerungsleistung der zweiten Liste ohne Vergessensinstruktion.

Der zu beobachtende Haupteffekt auf dem Faktor "Erinnerungsleistung" (die zweite Liste zeigt hier einen deutlich höheren Wert im Vergleich zur ersten Liste) wird leicht erklärbar, wenn man sich die deskriptiven Kennwerte anschaut: Dieses Ergebnis kam offensichtlich durch den extrem hohen Zugewinn für die zweite Liste unter der Vergessensinstruktion zustande. Der Wert für die zweite Liste stieg durch die Vergessensinstruktion so stark an, dass der Mittelwert für die hintere Liste insgesamt überdurchschnittlich anwuchs.

9 Generelle Diskussion der Befunde

In der vorliegenden Arbeit wurden vier Experimente vorgestellt, die die Wirkung des "gerichteten Vergessens" bei stereotypem und neutralem Material an verschiedenen Altersgruppen testeten.

Die ersten beiden Experimente sollten aufzeigen, inwieweit die Eignungsbeurteilung einer Target-Person durch stereotypbehaftetes Material beeinflusst wird. Hierbei galt es auch, die Frage zu klären, in welchem Ausmaß sich die in anderen Untersuchungen beobachteten klassischen Ergebnisse (Conway et al., 2000; Macrae et al., 1997) zum "Directed-Forgetting" auf die Einschätzung einer fiktiven Zielperson hinsichtlich beruflicher Eignungsdimensionen übertragen lassen würden. In der empirischen Forschung wurden bisher in der Regel Erinnerungsleistungen und nicht die persönlichen Einschätzungen getestet. Es war ein Versuchsaufbau gewählt worden, der die Wirkung des "Altersstereotyp" in den Mittelpunkt stellte. Es galt die Frage zu beantworten, ob DF-typische Phänomene auch auf eine Beurteilungssituation übertragen werden können.

Von besonderem Interesse war hierbei der Umgang der unterschiedlichen Altersgruppen mit dem induzierten Altersstereotyp. Würde sich ein Konsens der verschiedenen Altersklassen bzgl. der Bewertung altersbezogener stereotyper Items im Hinblick auf eine Bewerbungssituation zeigen, oder würde eine differenzierte Betrachtungsweise in Abhängigkeit vom Alter der Probanden zu Tage treten? Da nur sehr wenige Studien zu dieser Thematik vorliegen, die mit jüngeren und älteren Menschen als Versuchsteilnehmer arbeiteten, war es wichtig, eventuelle altersabhängige Unterschiede bzw. Gemeinsamkeiten experimentell erfassbar zu machen. So wurden unterschiedliche Altersgruppen untersucht, die mit denselben experimentellen Bedingungen konfrontiert wurden.

In den ersten beiden Experimenten hatten die Versuchspersonen nicht nur Beurteilungen durchzuführen, sondern auch implizite und explizite Erinnerungstests zu bearbeiten. Die Ergebnisse sollten ebenfalls in Abhängigkeit vom Alter betrachtet werden. Der Aufbau der Experimente 3 und 4 ergab sich logischer- und konsequenterweise aus der laufenden Forschungsarbeit, sprich den Resultaten der Experimente 1 und 2. Die Studien 3 und 4 sollten dann überprüfen, ob die in Experiment 1 und 2 beobachteten Resultate bzgl. des DF-Paradigmas als aussagekräftig betrachtet werden können. Es galt zu fragen, ob die Befunde bzgl. der Beurteilung nach der Vergessensinstruktion sowohl auf stereotypes als auch neutrales Material anwendbar sein würden. Oder war die Beachtung des stereotypen Materials trotz Vergessensinstruktion bei der älteren Versuchsgruppe eher auf tiefere Enkodierungsprozesse im Vergleich zu neutralem Material zurückzuführen? Diese Annahme erscheint fraglich, da hiermit nicht erklärt werden kann, warum die jüngeren Probanden ein anderes Ergebnis zeigten. Vielmehr kann angenommen werden, dass die Verschlechterung der effizienten Unterdrückung von irrelevanter oder grenzwertig relevanter Information auf mangelnde Inhibitionsprozesse zurückzuführen ist, da eine Beeinträchtigung dieses Mechanismus profunde Implikationen für kognitive Prozesse zur Folge hat. Das Modell von Hasher und Zacks (1988) liefert hierzu den theoretischen Hintergrund, da sie davon ausgehen, dass Aktivation und Inhibitionsprozesse für die Verarbeitung kognitiver Inhalte verantwortlich zu machen sind. Bezüglich der Aufmerksamkeitshemmung stehen die Altersdifferenzen in Bezug auf die Inhibitionseffizienz im Mittelpunkt des Modells von Hasher und Zacks. Auch die Befunde dieser Arbeit bestätigen, dass bei älteren Menschen ein mangender Inhibitionsmechanismus angenommen werden kann, denn trotz des Hinweises, dass bestimmte Informationen als irrelevant zu betrachten seien, waren sie bei dieser Al-tersgruppe trotzdem wirksam und flossen in die Beurteilung mit ein.

Andererseits waren die Ergebnisse der impliziten und expliziten Testung (Exp. 1 und 2), aufgrund der Konfundierungen, die durch die Vielzahl der abzuleistenden Aufgaben innerhalb des Versuchs bedingt waren, schwierig zu interpretieren.

Experiment 3 sollte also folglich Klarheit erbringen, ob das Ausbleiben eines typischen DF-Befundmusters bei älteren Personen, das in dieser Weise bei einer Eignungseinschätzung beobachtet worden war, bei einer expliziten Erinnerungstestung repliziert werden könnte. Dabei sollte mit neutralem Material gearbeitet werden, um auszuschließen, dass der zuvor beobachtete Effekt itemabhängig war. Es sollte demgemäß nachgewiesen werden, dass der unterschiedliche Umgang mit zu vergessendem Material durch junge Personen einerseits und älteren andererseits darauf zurückzuführen ist, dass ältere Menschen, wie in dem Modell von Hasher und Zacks (1988) dargestellt, über mangelnde Inhibitionsmechanismen verfügen, um irrelevante Information zu hemmen, unabhängig von der Art des semantischen Materials.

Experiment 4 wurde folgerichtig mit jungen Probanden durchgeführt, um wiederum ein klassisches DF-orientiertes Ergebnismuster zu überprüfen, da jüngere Menschen in der Regel über gut funktionierende Inhibitionsmechanismen verfügen sollten.

An das erste Experiment, an dem nur junge Versuchspersonen teilnahmen, war die Erwartung gestellt worden, dass durch die Einschätzung des Alters der Zielperson, die jede Versuchsperson vorzunehmen hatte, deutlich werden sollte, ob die induzierten Stereotype ("alt" bzw. "jung") in korrespondierender Weise von den Probanden wahrgenommen wurden.

In der Untersuchung wurde von einem induzierten Stereotyp ausgegangen, das heißt, es gab zu keinem Zeitpunkt der Untersuchung einen expliziten Hinweis auf das Alter der zu beurteilenden Person. Dass beide Versuchsgruppen eine differenzierte Alterseinschätzung in Abhängigkeit von den stereotypgeleiteten Adjektiven (alt: weise, konservativ; jung: risikofreudig, flexibel) vornahmen, zeigt, dass die ausgewählten stereotypbehafteten Eigenschaftszuschreibungen passend in Richtung des jeweiligen Stereotyps interpretiert wurden.

Die negativere Beurteilung der Target-Person, die mit dem Altersstereotyp in Verbindung gebracht wurde, war in Anbetracht der pejorativen Alterssicht in unserer Gesellschaft erwartet worden (vgl. Kap.4.1). Diese Beurteilung wurde sowohl durch die jüngere als auch durch die ältere Versuchsgruppe in dieser Art vollzogen, auch innerhalb der Vergessensinstruktion. Die Variable "Alter" wird allgemein innerhalb des Arbeitsprozesses negativ betrachtet (vgl.Braithwaite, Lynd-Stevenson & Pigram, 1993), besonders im Zusammenhang mit dem Faktor "Leistungsfähigkeit". Eine solche Benachteiligung älterer Menschen zeigte sich in korrespondierender Weise in der im Rahmen dieser Forschung gemachten Untersuchung bereits bzgl. der Einstellungschancen. Die negative Wahrnehmung gegenüber älteren Menschen, im Sinne eines "ageism" (Perdue & Gurtman, 1990), konnte in der Untersuchung für die "implizierten" Altersstereotype nachgewiesen werden, obwohl die Anzahl der altersbezogenen Begriffe bzgl. positiver und negativer Inhalte gleich war. Interessanterweise zeigten die älteren Versuchspersonen ein vergleichbares Ergebnismuster im zweiten Experiment. Auch sie kamen, genau wie die jüngeren Beurteiler, zu einer negativeren Einschätzung der als "älter" kategorisierten Zielperson im Vergleich zu einer "jünger" eingeschätzten Zielperson.

Dieser Befund steht im Gegensatz zu der von Hummert et al. (1994) aufgestellten These, dass bei der Wahrnehmung und Beurteilung von älteren Menschen das eigene Alter des Betrachters ein wichtiges Kriterium sei. So sollten, nach dieser Annahme, ältere Probanden über eine andere Art der Repräsentation des Altersstereotyps verfügen, da sie selbst Teil dieser Gruppe seien und somit eine andere Wahrnehmung stattfinden sollte als bei outgroup-members (vgl. auch Celejewski & Dion, 1998). Diese These stützten auch Luszez und Fitzgerald (1986), die zeigten, dass Mitglieder der eigenen Gruppe günstiger beurteilt werden als Angehörige einer Außengruppe. Die Ergebnisse des ersten und zweiten Experimentes dieser Untersuchung indizieren jedoch ein anderes Bild. Die Zugehörigkeit der einzuschätzenden Person zur Gruppe der Beurteilenden (bei älteren Versuchspersonen) hatte wenig Einfluss auf die Beurteilung. So scheinen ältere Menschen selbst so stark vom gängigen Altersstereotyp geprägt zu sein, dass sie dieselben stereotypen Kategorisierungen und die damit einhergehende Einschätzung vornahmen wie junge Menschen.

Ein weiterer Aspekt der ersten beiden Experimente betraf die vorausgehende Aktivierung des Altersstereotyps in Form eines entsprechenden Textes und Bildes. Prämisse dabei war, dass eine vorausgehende Aktivation zu einer Verstärkung der stereotypen Sichtweise führen würde, um sich bei den jüngeren Versuchsteilnehmern folglich in einer schlechteren Beurteilung niederzuschlagen, wenn das nachfolgend induzierte Stereotyp die Kategorie "alt" betraf. Überraschenderweise hatte die Aktivationsbedingung aber nicht nur eine negativ verstärkende Wirkung auf die nachfolgende Stereotypart "alt", sondern auch auf das Stereotyp "jung". Für die kongruente Bedingungskombination Altersstereotypaktivierung und die nachfolgende Kategorie "alt" war dieses Ergebnis auch erwartet worden und hypothesenkonform. Gestützt wurde diese Annahme auf zahlreiche Untersuchungsergebnisse (Macrae et al.

1993; 1994; 1997; Fyock & Stangor, 1994), die den Einfluss der Stereotypaktivation experimentell belegen konnten. In der hier vorliegenden Untersuchung wurde jedoch auch das "junge" Stereotyp schlechter beurteilt, wenn eine Altersaktivierung vorangeschaltet worden war. Erklärung hierfür könnte sein, dass die "jugendbesetzten" Adjektive unter der Aktivierungsbedingung anders betrachtet werden. Demzufolge würden, unter der latenten Annahme, es handele sich um einen älteren Menschen, jugendliche Eigenschaften nicht mehr so positiv konnotiert, sondern eher als unpassend empfunden. Die Inkongruenz der Botschaften würde sich somit negativ auf die Beurteilung auswirken.

Im Vergleich dazu zeigte die ältere Versuchsgruppe eine bessere Bewertung des Stereotyps "alt", wenn zuvor eine Aktivation stattfand. Hier profitierte das Stereotyp "alt" also von der Aktivation, anders als bei der jüngeren Versuchsgruppe. Andererseits zeigte die Beurteilung des Stereotyps "jung" durch die älteren Versuchspersonen eine Verschlechterung, sobald eine Aktivierung vorangeschaltet wurde. Diesbezüglich zeigten beide Versuchsgruppen Konsens. Dies legt nahe, dass kongruente Informationsinhalte zumindest bei den älteren Probanden zu einer verbesserten Bewertung führten, während inkongruente Botschaften schlechtere Werte zur Folge hatten.

Für die jungen Versuchspersonen zeigte sich eine signifikante Interaktion bzgl. der Variablen "Stereotyp" und "Vergessensinstruktion" im Hinblick auf die Einzeldimension "Flexibilität". In Bezug auf den Gesamtscore wurde Signifikanz zudem nur knapp verfehlt. Deskriptiv, und damit richtungsweisend, war jedoch sehr deutlich die Tendenz erkennbar, dass sich mit der Aufforderung, die erste Liste zu vergessen, auch die Beurteilungsunterschiede hinsichtlich der unterschiedlichen Stereotypen verkleinerten, während es ohne die Vergessens-instruktion zu großen Unterschieden zwischen den verschiedenen Stereotypen kam. Für die älteren Versuchsteilnehmer konnten jedoch keine Veränderungen in der Bewertung durch die Vergessensinstruktion festgestellt werden. Hier war folglich ein deutlicher Unterschied zwischen den beiden Altersgruppen zu beobachten, der besonders beachtenswert erscheint. Es stellt sich die Frage, warum die Vergessensaufforderung bei den älteren Personen zu keinerlei Veränderung im Beurteilungsverhalten geführt hat. Die älteren Versuchsteilnehmer hatten bereits unter Beweis gestellt, dass sie die verschiedenen Stereotype unterschiedlich bewerteten, konsequenterweise hätte sich das Befolgen der Vergessensinstruktion in einer Veränderung der Werte niederschlagen müssen. Dies war auch nicht andeutungsweise der Fall.

Da davon ausgegangen werden kann, dass die Vergessensinstruktion sehr deutlich gemacht wurde (Versuchsleiter entschuldigte sich vielmals dafür, dass die falsche Liste vorgelegt wurde und bat darum, die Informationen dieser Liste zu ignorieren), kann durchaus konstatiert werden, dass diese Instruktion von den Versuchspersonen entsprechend wahrgenommen und verstanden wurde. Folglich kann davon ausgegangen werden, dass die älteren Probanden die irrelevanten Informationen trotz der Vergessensinstruktion beachteten und in die Beurteilung mit einfließen ließen. Ein Erklärungsmuster für diesen Vorgang bieten Hasher und Zacks (1988) mit ihrem Modell der Inhibitions-Defizit-Hypothese. Andererseits könnte argumentiert werden, dass stereotypbehaftete Items eine stärkere Gedächtnisspur hinterlassen als neutrales Material und die hier beschriebenen Ergebnisse darin begründet liegen. Diese Annahme erscheint jedoch nicht unproblematisch, wenn man sich die Resultate der jüngeren Versuchsgruppe anschaut, die von der tieferen Informations-enkodierung genauso betroffen hätten sein sollen wie die älteren Probanden. Hier zeigten sich also Hinweise für altersrelevante Differenzen beim gerichteten Vergessen. Diese sprechen für defizitäre Inhibitionsmechanismen bei älteren Personen, denen es anscheinend schwer fällt, irrelevant gewordene Information zu hemmen. Ob diese Annahme realiter zutrifft, sollte in den nachfolgenden Experimenten getestet werden.

Am Ende der ersten beiden Experimente wurde für jede Versuchsperson ein Maß für die "Stereotypisierungsneigung" erhoben. Die beobachteten Werte verteilten sich innerhalb eins jeden Experimentes gleich auf die einzelnen Bedingungen. Interessant war jedoch der Befund, dass die jüngeren Versuchspersonen durchgängig höhere Werte im Bereich Stereotypisierungsneigung aufwiesen als die älteren Versuchspersonen. Diese unterschiedlichen Auswirkungen haben jedoch nicht zu unterschiedlichen Bewertungen von älteren und jüngeren Probanden hinsichtlich der Stereotypbeurteilung geführt. Das heißt, die Stärke der Stereotypneigung schlug sich nicht zwangsläufig in der Beurteilung nieder, sonst hätten die älteren Versuchspersonen das Stereotyp "alt" nicht genauso negativ beurteilt wie die jüngeren Versuchspersonen. Ein Erklärungs-muster für dieses Phänomen bietet Devine (1989), die davon ausgeht, dass Menschen sich zwar bzgl. der Stärke der Stereotypieneigung unterscheiden, aber dass sie keinerlei Unterschiede im Hinblick auf das Wissen über Stereotype aufweisen würden.

Die Ergebnisse des ersten und zweiten Experimentes bzgl. der impliziten und expliziten Erinnerungstestung waren teilweise inhomogen und vermittelten kein eindeutiges Bild. Das heißt, es waren zwar Tendenzen erkennbar, aber die Aussagekraft war noch nicht eindeutig genug. So zeigten sich sowohl bei der jüngeren als auch bei der älteren Versuchsgruppe eine größere Erinnerungsleistung für kritische (stereotypbehaftete) Items bei der impliziten und expliziten Testung. Es war also davon auszugehen, dass kritischen Items in Zusammenhang mit den im Bewerbungstranskript stehenden Aussagen eine stärkere Bedeu-tung zuerkannt wurde als den neutralen Items. Für die explizite Testung war ein klassisches DF-Ergebnis erwartet worden, was in dieser Form jedoch für beide Altersgruppen nicht bestätigt werden konnte. Erklärt werden kann dieser Befund möglicherweise durch den komplexen Versuchsaufbau. So lag zwischen der Testung der expliziten Erinnerungsleistung und dem Lernvorgang ein relativ großer zeitlicher Abstand, innerhalb dessen verschiedene Aufgaben zu erfüllen waren. Ebenso ist es denkbar, dass die zeitlich vorausgegangene implizite Testung zu Konfundierungen geführt hat. In Bezug auf die Leistungsfähigkeit der verschiedenen Altersgruppen zeigten die jüngeren Versuchsteilnehmer eine signifikant höhere explizite Erinnerungsleistung als die älteren Probanden. Dieses Ergebnis steht in der Tradition vieler anderer Untersuchungen (z.B: Zacks et al.,1996).

In Bezug auf das implizite Erinnern sollte die Vergessensinstruktion für beide Versuchsgruppen keine Effekte in Bezug auf die Erinnerungs-leistung zeigen. Aufgrund anderer Forschungsbefunde (Howard, 1988; Light & Albertson, 1989) wurde angenommen, dass die implizite Testung in Form eines Wortfragmenttestes nicht durch die Vergessensinstruktion beeinflusst würde. Dies konnte für beide Altersgruppen bestätigt werden. Die Vergessensinstruktion hatte keinen Einfluss auf die Ergebnisse der impliziten Testung. Die jüngere Versuchsgruppe zeigte einen erwarteten Priming-Effekt, der sich bei den stereotypbehafteten "alten" Items im Vergleich zu den stereotypbehafteten "jungen" Adjektiven als noch stärker erwies. Die älteren Versuchsteilnehmer zeigten jedoch keinen generellen Priming-Effekt, sondern eine Interaktion der Variablen "Priming" und „Aktivation", wobei sich die vorherige Aktivation negativ auf die Erkennensleistung auswirkte.

Interessanter Weise zeigte ein Vergleich der beiden Altersgruppen bzgl. der Erinnerungsleistung keinen signifikanten Unterschied in Hinblick auf das neutrale Material. In Bezug auf die stereotypbehafteten Items zeigte sich eine bessere Leistung der jüngeren Versuchspersonen, insbesondere dann, wenn es sich um geprimtes Material handelte. Ob dies in Zusammenhang mit den höheren Werten der jüngeren Probanden in deren Stereotypisierungsneigung zu sehen ist, bleibt offen.

Um die bereits anfänglich dargestellten Fragen zu beantworten, die sich aufgrund der ersten beiden Untersuchungsresultate ergaben, wurden die Experimente 3 und 4 konzipiert. In diesen Untersuchungen wurde wiederum mit einem Df-Paradigma gearbeitet, wobei hier die Erinnerungsleistung der verschiedenen Altersgruppen in Hinblick auf neutrales Material getestet wurde.

Auf der Basis der Ausgangshypothese wurde bei den älteren Versuchspersonen aufgrund anzunehmender defizitärer Inhibitionsmechanismen kein DF-typisches Leistungsmuster erwartet. Was konkret bedeutet, dass als Folge der Vergessensinstruktion für die erste Liste keine verminderte Erinnerung für die erste Liste und keine verbesserte Erinnerungsleistung für die zweite Liste erwartet wurde. Die Resultate der Untersuchung konnten dann auch diese Annahme in vollem Umfang unterstützen und lieferten somit Belege für altersrelevanten Inhibitionsunterschiede. Die Ergebnisse sprechen dafür, dass ältere Menschen Schwierigkeiten haben, Informationen, die ehemals relevant waren und zu einem späteren Zeitpunkt als irrelevant eingestuft werden müssen, zu "vergessen" bzw. zu ignorieren. Da es sich beim Experiment 3, im Gegensatz zu der ersten und zweiten Untersuchung, um neutrales Material handelte, kann das "Nicht-Ignorieren-Können" auch nicht an der Art des Materials festgemacht werden. Die in Experiment 3 beobachten Befunde stützen somit auch die Ergebnisse der ersten Untersuchungen im Hinblick auf die Beurteilungseinschätzung und ermöglichen eine Interpretation im Sinne von mangelhaften Inhibitionsmechanismen bei älteren Menschen, die sich tatsächlich sowohl auf Beurteilungen als auch auf Gedächnisleistungen auswirken.

Die Durchführung des vierten Experimentes sicherte diese Befunde noch einmal ab. Hier wurde eine Erinnerungstestung unter Einbeziehung eines DF-Paradigmas für jüngere Menschen durchgeführt. Da bei den älteren Personen aufgrund der fehlenden bzw. reduzierten Inhibitions-mechanismen kein gerichtetes Vergessen zu beobachten war, sollte gerade dies bei jüngeren Probanden unter Einbeziehung derselben Versuchs-bedingungen der Fall sein. Jüngere Menschen sollten aufgrund ihrer funktionierenden Hemmungsmechanismen dazu in der Lage sein, irrelevante Information erfolgreich zu unterdrücken, wenn dies intendiert wird.

Die Ergebnisse konnten für die jüngeren Versuchspersonen ein geradezu klassisches Leistungsmuster für ein DF-Paradigma verzeichnen. In der Tat zeigte sich auf Grund der Vergessensinstruktion eine verringerte Erinnerungsleistung für die erste Liste und eine verbesserte Erinnerung für die zweite Liste. Die Kontrollgruppe (ohne Vergessensinstruktion) erbrachte eine bessere Erinnerung als die Experimentalgruppe für die Items der ersten Liste. Das bedeutet, die jüngeren Probanden profitierten von der Vergessensinstruktion für die erste Liste dergestalt, dass sie sich Ressourcen für das Erlernen der zweiten Liste verschaffen konnten. Diese Ergebnisse untermauern somit abschließend die altersrelevanten Dif-ferenzen im Hinblick auf die Inhibitionsdefizit-Hypothese.

10 Ausblick

Sieht man die Ergebnisse dieser Untersuchung in einer Zusammenschau, so können die folgenden Aussagen als essentielle Ergebnisse herausgestellt werden: Ältere Menschen werden in unserer Gesellschaft stereotypgeleitet betrachtet und eingeschätzt. Was die Eignungsbeurteilung bzgl. eines Einstellungsgespräches angeht, so werden ältere Personen in Folge des Stereotypisierungseffektes deutlich benachteiligt, das heißt, sie werden schlechter bewertet. Dies scheint unabhängig vom Alter des Beurteilers der Fall zu sein. So gaben ältere Probanden in der Untersuchung bzgl. einer vermeintlich älteren Target-Person ebenso eine schlechtere Beurteilung ab wie jüngere Versuchsteilnehmern.

Ebenso zeigt sich, dass ältere Menschen unzureichend dazu in der Lage sind, bestimmte Informationen, die als irrelevant gekennzeichnet werden, zu vernachlässigen. Es konnte eindeutig belegt werden, dass dieses altersbedingte Phänomen auf mangelnde Inhibitionsprozesse zurückzuführen ist.

Dieser altersbedingte Prozess erschwert es älteren Menschen nicht nur, irrelevante Informationen zu unterdrücken, vielmehr fließen diese Informationen auch ungebremst in ihre Beurteilungen mit ein.

In diesem Zusammenhang soll auf den praktischen Bezug dieser Arbeit hingewiesen werden. Im Alltag wird es heute aufgrund der großen Informationsflut immer wichtiger, Informationen zu selektieren und auch zu inhibieren. Es ist notwendig, bestimmte Informationen nicht mehr zu beachten, die zu einem früheren Zeitpunkt durchaus relevant waren, die sich später jedoch als falsch, unwichtig oder irrelevant herausgestellt haben, und somit nur Ballast darstellen. Gerade für ältere Menschen, deren kognitive Fähigkeiten und Kapazitäten oft nachlassen, wäre es wichtig, sogenannten "Datenmüll" auszusortieren, um Kapazitäten und Ressourcen für wichtige Prozesse zu vergrößern.

In diesem Zusammenhang könnte die Trainierbarkeit des "gerichteten Vergessens" bei älteren Personen sicherlich ein interessanter Untersuchungsgegenstand sein.

Stellt nun die Unfähigkeit älterer Menschen, bestimmte Informationen zu ignorieren, einen Prozess dar, der durch das Altern entsteht, oder könnte es auch eine Form des Generationseffekt sein? Das heißt, verfügen ältere Personen vielleicht deshalb über zu geringe Inhibitionsmechanismen, weil sie diese Mechanismen im Laufe ihres Lebens sehr wenig zum Einsatz bringen mussten? Der heutige Zeitgeist verlangt andere Enkodierungsstrategien als vor 50 Jahren. Früher, in der Jugendzeit der älteren Probanden, wurden andere Lernstrategien eingesetzt und verlangt. Viele ältere Versuchspersonen berichteten in Gesprächen nach der Versuchsdurchführung, wie schwer es ihnen gefallen sei, Informationen nicht zu beachten. Sie seien in ihrer Schulzeit darauf "gedrillt" worden, für die "Ewigkeit" zu lernen und zu behalten.

Heute wird sehr punktuell gelernt. Studenten lernen für eine Klausur, um das Wissen danach größtenteils wieder zu vergessen und Platz für neue Wissensinhalte zu schaffen. Die Lernmethode und –einstellung ist heute anders. Es stellt sich somit die Frage, ob die beobachteten altersbedingten Inhibitionsdefizite ein Zeitphänomen darstellen oder doch ein Altersphänomen, das uns alle ereilen wird.

Auch der Blick auf eine weitere "typische" Eigenschaft älterer Menschen, die Inflexibilität, scheint angezeigt. Hat diese Eigenschaft etwas mit fehlenden Inhibitionsmechanismen im Alter zu tun? Denn wer nicht in der Lage ist, irrelevante Informationen zu hemmen, wird schwerer einen Einstellungswechsel vornehmen können als Personen, die über diese Potentiale verfügen können. Wird jungen Menschen somit aufgrund ihrer höheren Inhibitionsfähigkeit eher die Eigenschaft der Flexibilität zugesprochen? Auch diese Frage könnte Gegenstand weiterführender Forschung sein.

Eine andere Frage, die eingangs zitierte Frage von Andrea Tichy, ob ältere Arbeitnehmer in unserer Gesellschaft wieder mehr geschätzt würden, soll an dieser Stelle noch einmal unter dem Aspekt des Altersstereotyps aufgegriffen und abschließend beantwortet werden.

Die Ergebnisse der vorliegenden Untersuchung zeigen eindeutig, dass „die Rückkehr der Silberhaare" eine Fiktion ist. Es besteht hinsichtlich des älteren Personenkreises immer noch ein negativ getöntes Stereotyp der "Alten", insbesondere wenn es um den Arbeitsmarkt geht. Insofern kann auch von einer erhöhten Wertschätzung älterer Arbeitnehmer, zumindest als Massenphänomen, keine Rede sein.

Um hier eine Veränderung zu erwirken, bedarf es sicherlich noch vieler solcher positiver Schlagzeilen wie „Das Comeback der Älteren" (TV vom 22.05.02), die davon sprechen, das vorausschauende Unternehmen die Älteren als wertvolle Arbeitskräfte entdeckt hätten.

Ob sich jedoch „das Bild in unseren Köpfen" (Lippman, 1922) in diese Richtung verändert? Skepsis scheint angebracht.

Literaturverzeichnis

Abrams, D. & Masser, B. (1998). Context and the social self-regulation of stereotyping: Perception, judgement, and behavior. In R.S. Wyer (Ed.), *Stereotype activation and inhibition (Advances in social cognition* Vol.11, 53-67). Mahwah, NJ: Erlbaum.

Aldwin, C.M., Sutton, K.J., Chiara, G. & Spiro, A. (1996). Age differences in stress, coping, and appraisal: Findings from the Normative Aging Study. *Journal of Gerontology*, 51, 179-188.

Allport, G. (1954). *The Nature of Prejudice*. Boston: Beacon Press.

Anderson, J.A. (1983). A spreading activation theory of memory. *Journal of Verbal Learning and Verbal Behavior*, 22, 261-295.

Anderson, M.C. & Spellman, B.A. (1995). On the status of inhibitory mechanism in cognition: Memory retrieval as a model case. *Psychological Review*, 102, 68-100.

Andres, P. & Van der Linden, M. (2000). Age related differences in Supervisory Attentional System. *Journal of Gerontology: Psychological Sciences*, 55B, 373-380.

Andres, P., Van der Linden, M. & Parmentier, F.B.R. (2001 under review). *Directed forgetting in working memory: Age related differences.*

Arbuckle, T.Y., Vanderleck, V.F., Harsany, M. & Lapidus, S. (1990). Adult age differences in memory in relation to availability and accessibility of knowledge-based schemas. *Journal of Experimental Psychology: Learning, Memory, and Cognition*, 16, 305-315.

Archer, D. Iritani, B. Kimes, D.D. & Barrios, M. (1983). Face-ism: Five studies of sex differences in facial prominence. *Journal of Personality and Social Psychology*, 45, 725-735.

Ashmore, R.D. (1981). Sex stereotypes and implicit theory. In D.L. Hamilton (Eds.), Cognitive processes in stereotyping and intergroup behavior (37-81). Hillsdale NJ: Erlbaum.

Ashmore, R.D. & DelBoca, F.K. (1981). Conceptual approaches to stereotypes and stereotyping. In D.L. Hamilton (Ed.), *Cognitive processes in stereotyping and intergroup behavior* (1-35). Hillsdale, NJ: Erlbaum.

Attig, M. & Hasher, L. (1980). The processing of frequency occurrence information by adults. *Journal of Gerontology*, 35, 66-69.

Babladelis, G. (1987). Young persons' attitude towards aging. *Perceptual and Motor Skills*, 65, 553-554.

Baddeley, A.D. (1986). *Working mem*ory. Oxford: Clarendon Press.

Bahrick, H.P. (1984). Memory for people. In J.E. Harris & P.E. Morris (Eds.), *Everyday Memory, Actions and Absent-Mindedness* (19-34). New York: Academic Press.

Balota, D.A. & Duchek, J.M. (1988). Age-related differences in lexical access, spreading activation, and simple pronunciation. *Psychology and Aging*, 3, 84-93.

Baltes, P.B. & Kliegl, R. (1986). On the dynamics between growth and decline in the aging of intelligence and memory. In K. Poeck, H.J. Freund & H. Gänshirt (Eds.), *Neurology* (1-17). Heidelberg: Springer.

Banaji, M.R. & Greenwald, A.G. (1994). Implicit stereotyping and prejudice. In M.P. Zanna & J.M. Olson (Eds.) *The psychology of prejudice: The Ontario Symposium* (55-76). Hillsdale, NJ: Erlbaum.

Bandura, A. (1989). Regulation of cognitive processes through perceived self-efficacy. *Developmental Psychology*, 25, 729-735.

Bargh, J.A. (1997). The automaticity of everyday life. In R.S. Wyer (Ed.), *Advances in Social Cognition* (Vol.10, 1-48). Mahwah, NJ: Erlbaum.

Bargh, J.A., Chen, M. & Burrows, L. (1996). Automaticity of social behavior: Direct effects of trait construct and stereotype activation on action. *Journal of Personality and Social Psychology*, 71, 230-244.

Baron, R.A. (1977). *Social psychology*. Boston, MS: Allyn & Bacon.

Baron, A. & Mattila, W.R. (1989). Response slowing of older adults: effects of time-limit contingencies on single- and dual-task performances. *Psychology and Aging*, 4, 66-72.

Basden, B.H. & Basden, D.R. & Gargano, G.J. (1993). Directed Forgetting in Implicit and Explicit Memory Tests: A Comparison of Methods. *Journal of Experimental Psychology: Learning, Memory, and Cognition*, 19, 603-616.

Bergmann, W. (2001). Was sind Vorurteile? In: Bundeszentrale für politische Bildung (Hrsg.), *Informationen zur politischen Bildung* (271, 3-9).Vorurteile – Stereotype – Feindbilder. München: Francis print & media.

Berry, J.M., West, R.L. & Dennehey, R.L. (1989). Reliability and validity of the memory selfefficacy questionnaire. Developmental Psychology, 25, 701-713.

Bird, C.P. & Fischer, T.D. (1986). Thirty years after: Attitudes toward the employment of older workers. *Journal of Applied Psychology*, 71, 515-517.

Bjork, R.A. (1989). Retrieval inhibition as an adaptive mechanism in human memory. In H.L. Roediger, III, & F.I.M. Craik (Eds.), Varieties of memory and consciousness: Essays in honor of Endel Tulving (309-330). Hillsdale, NJ: Lawrence Erlbaum Associates.

Bjork, R.A. & Geiselman, R.E. (1978). Constituent processes in the differentiation of items in memory. *Journal of Experimental Psychology: Human Learning and Memory*, 4, 347-361.

Bjorklund, D.F. & Harnisfeger, K.K. (1995). The evolution of inhibition mechanism and their role in human cognition and behavior. In F.N. Dempster & C.J. Brainerd (Eds.), *Interference and inhibition in cognition* (141-173). San Diego: Academic Press.

Blair, I.V. & Banaji, M.R. (1996). Automatic and controlled processes in stereotype priming. *Journal of Personality and Social Psychology*, 70, 1142-1163.

Block, R.A. (1971). Effects of instructions to forget in short-term memory. *Journal of Experimental Psychology*, 89, 1-9.

Bodenhausen, G.V. (1988). Stereotypic biases in social decision making and memory: Testing process models of stereotype use. *Journal of Personality and Social Psychology*, 55, 726-737.

Bodenhausen, G.V. & Lichtenstein, M. (1987). Social stereotypes and information-processing strategies: The impact of task complexity. *Journal of Personality and Social Psychology*, 52, 871-880.

Bodenhausen, G.V. & Macrae, C.N. (1998). Stereotype activation and inhibition. In R.S. Wyer (Ed.), *Stereotype activation and inhibition* (Advances in social cognition Vol.11, 1-53). Mahwah, NJ: Erlbaum.

Bodenhausen, G.V. & Wyer, R.S. Jr. (1985). Effects of stereotypes on decision making and information-processing strategies. *Journal of Personality and Social Psychology*, 48, 267-282.

Bodenhausen, G.V., Macrae, C.N., Garst, J. (1998). Stereotypes in thought and deed: Social-cognitive origins of intergroup discrimination. In C. Sedikides, C. Insko & J. Schopler (Eds.), *Intergroup cognition and intergroup behavior*. Mahwah, NJ: Erlbaum.

Bodenhausen, G.V. & Macrae, C.N. & Milne, A.B. (1998). Disregarding social Stereotypes: Implications for memory, judgment, and behavior. In J.M. Golding & C.M. MacLeod (Eds.) *Intentional forgetting: Interdisciplinary approaches* (349-368). Mahwah, NJ: Erlbaum.

Bornstein, R. (1986). The number, identity, meaning, and salience of ascriptive attributes in adult person perception. *International Journal of Aging and Human Development*, 23, 127-140.

Braithwaite, V.A., Lynd-Stevenson, R. & Pigram, D. (1993). An empirical study of ageism: From polemics to scientific utility. *Australian Psychologist*, 28, 9-15.

Brewer, M.B. (1988). A dual process model of impression formation. In : R.S. Wyer & T.K. Scrull (Eds.), *A dual process model of impression formation: Advances in social cognition* (Vol.1, 1-36). Hillsdale, NJ: Lawrence Erlbaum.

Brewer, M.B. (1994). The Social Psychology of Prejudice: Getting it all together. In M.P. Zanna & J.M. Olson (Eds.), *The Psychology of Prejudice* (315-329). Hillsdale, NJ: Erlbaum.

Brewer, M.B. & Lui, L. (1984). Categorization of the elderly by the elderly: Effects of perceiver`s category membership. *Personality and Social Psychology Bulletin*, 10, 585-595.

Brewer, M.B., Dull, V. & Lui, L. (1981). Perceptions of the elderly: Stereotypes as prototypes. *Journal of Personality and Social Psychology*, 41, 656-670.

Brigham, M.C. & Pressley, M. (1988). Cognitive monitoring and strategy choice in younger and older adults. *Psychology and Aging*, 3, 249-257.

Broadbent, D.A. (1982). Task combination and selective intake of information. *Acta Psychologia*, 50, 353-290.

Brown, R. (1995). *Prejudice – its social Psychology*. Oxford: Blackwell.

Bruce, P.R. & Herman, J.F. (1986). Adult age differences in spatial memory: effects of distinctiveness and repeated experience. *Journal of Gerontology*, 41, 774-777.

Burke, D.M. & Light, L.L. (1981). Memory and aging: the role of retrieval processes. *Psychological Bulletin*, 90, 513-546.

Burke, D.M. & Peters, L. (1986). Word associations in old age: evidence for consistency in semantic encoding during adulthood. *Psychology and Aging*, 1, 283-292.

Byrd, M. (1984). Age differences in the retrieval of information from semantic memory. *Experimental Aging Research*, 10, 29-33.

Cavanaugh, J.C. & Green, E.E. (1990). I believe, therefore I can: self-efficacy beliefs in memory aging. In E.A. Lovelace (Ed.), *Aging and Cognition: Mental Processes, Self-Awareness, and Interventions* (189-230). Amsterdam: Elsevier.

Cavanaugh, J.C., Grady, J.G. & Perlmutter, M.A. (1983). Forgetting and use of memory aids in 20 to 70 Year olds` everyday life. *International Journal of Aging and Human Development*, 17, 113-122.

Celejewski, I. & Dion, K.K. (1998). Self-perception and perception of age groups as a function of the perceiver` s category membership. *International Journal of Aging and Human Development*, 47, 205-216.

Cerella, J. (1985). Information processing rates in the elderly. *Psychological Bulletin*, 98, 67-83.

Cerella, J. (1990). Aging and information-processing rate. In J.E. Birren & K.W. Schaie, (Eds.), *Handbook of the Psychology of Aging* (201-221). New York: Academic Press.

Cherry, K.E. & Par, D.C. (1989). Age-related differences in three-dimensional spatial memory. *Journal of Gerontology: Psychological Sciences*, 44, 16-22.

Chiarello, C. & Hoyer, W.J. (1988). Adult age differences in implicit and explicit memory: time course and encoding effects. *Psychology and Aging*, 3, 358-366.

Clapham, M.M. & Fulford, M.D. (1997). Age bias in assessment center ratings. *Journal of Managerial Issues*, 9, 373-387.

Cohen, G. (1988). Age differences in memory for texts: Production deficiency or processing limitations? In L.L. Light & D.M. Burke (Eds.), *Language, memory, and cognition* (171-190). Cambridge: Cambridge University Press.

Cohen, G. & Faulkner, D. (1986). Memory for proper names: Age differences in retrieval. *British Journal of Developmental Psychology*, 4, 187-197.

Cohen, G. & Faulkner, D. (1989). Age differences in source forgetting: effects on reality monitoring and eyewitness testimony. *Psychology and Aging*, 4, 10-17.

Connelly, S.L. & Hasher, L. (1993). Aging and inhibition of spatial location. *Journal of Experimental Psychology: Human Perception and Performance,* 19, 1238-1250.

Conway, M.A. (1996). Autobiographical memories and autobiographical knowledge. In D.C. Rubin (Ed.), *Remembering our past: Studies in autobiographical memory* (867-93). Cambridge: Cambridge University Press.

Conway, M.A., Harries, K., Noyes, J., Racsma`ny, M. & Frankish, C.R. (2000). The Disruption and Dissolution of Directed Forgetting: Inhibitory Controlof Memory. *Journal of Memory and Language,* 43, 409-430.

Cowan, N. (1988). Evolving conceptions of memory storage, selective attention, and their mutual constraints within the human information-processing system. *Psychological Bulletin,* 104, 163-191.

Cowan, N. (1995). *Attention and memory: An integrated framework.* New York: Oxford University Press.

Craik, F.I.M. (1977). Age differences in human memory. In J.E. Birren & K.W. Schaie (Eds.), *Handbook of the Psychology of Aging* (384-420). New York: Van Nostrand Reinhold.

Craik, F.I.M. (1986). A functional account of age differences in memory. In F. Klix & H. Hagendorf (Eds.), *Human Memory and Cognitive Capabilities* (409-422). Amsterdam: Elsevier.

Craik, F.I.M. & Byrd, M. (1982). Aging and cognitive deficits: The role of attentional resources. In F.I.M. Craik & S. Trehub (Eds.), *Aging and Cognitive Processes* (191-211). New York : Plenum.

Craik, F.I.M. & MacDowd, J. (1987). Age differences in recall and recognition. *Journal of Experimental Psychology: Learning, Memory, and Cognition,* 13, 474-479.

Deutsch, F.M., Zalensky, C.M. & Clark, M.E. (1986). Is there a double standard of aging? *Journal of Applied Social Psychology,* 16, 771-785.

Devine, P.G. (1989). Stereotypes and prejudices : Their automatic and controlled components. *Journal of Personality and Social Psychology*, 56, 5-18.

Devine, P.G. & Elliot, A.J. (1995). Are racial stereotypes really fading. *The Princton Trilogy Revisited, Personality and Social Psychology* Bulletin, 21, 1139-1150.

Dobbs, A.R. & Rule, B.G. (1987). Prospective memory and self-reports of memory abilities in older adults. *Canadian Journal of Psychology*, 41, 209-222.

Dovidio, J. F. & Gaertner, S.L. (1986) Prejudice, discrimination and racism: Historical trends and contemporary approaches. In J.F. Dovidio & S.L. Gaertner (Eds.) *Prejudice, discrimination, and racism* (1-34). Orlando: Academic Press.

Dovidio, J. F., Evans, N. & Tyler, R.B. (1986). Racial stereotypes: The contents of their cognitive representations. *Journal of Experimental Social Psychology*, 22, 22-37.

Dywan, J. & Jacoby, L.L. (1990). Effects of aging and source monitoring: differences in susceptibility to false fame. *Psychology and Aging*, 5, 379-387.

EGONET. de Stereotypen (Ausgabe 10/1999). http: //www.berlinx.de/ego/1099/art4.htm,2001.

Ellis, H.C. & Hunt, R.R. (1993). *Fundamentals of cognitive psychology.* Madison, WI: Brown & Benchmark.

Ellis, N.R., Palmer, R.L.& Reeves, C.L. (1988). Developmental and intellectual differences in frequency processing. *Developmental Psychology*, 24, 38-45.

Elmes, D.G., Adams, C. & Roediger, H.L. (1970). Cued forgetting in short-term memory: Response selection. *Journal of Experimental Psychology*, 86, 103-107.

Fabes, R.A. & Martin, C.L. (1991). Gender and age stereotypes of emotionality. *Personality and Social Psychology Bulletin*, 17, 532-540.

Featherstone, M. & Hepworth, M. (1990). Images of aging. In J. Bond & P. Coleman (Eds.) *Aging in society* (250-276). London: Sage.

Filipp, S.-H. & Ferring, D. (1989). Zur Alters- und Bereichsspezifität subjektiven Alterserlebens. *Zeitschrift für Entwicklungspsychologie und Pädagogische Psychologie*, 21, 279-293.

Filipp, S.-H. & Mayer, A.-K. (1999). *Bilder des Alters: Altersstereotype und die Beziehungen zwischen den Generationen.* Stuttgart: Kohlhammer.

Filipp, S.-H. & Schmidt, K. (1995). Mittleres und höheres Erwachsenen-alter. In R. Oerter & L. Montada (Eds.) *Entwicklungspsychologie* (439-486). Weinheim: Psychologie Verlags Union.

Fisk, A.D., McGee, N.D. & Giambra, L.M. (1988). The influence of age on consistent and varied semantic-category search performance. *Psychology and Aging*, 3, 323-333.

Fiske, S.T. (1998). Stereotyping, prejudice, and discrimination. In D.T. Gilbert, S.T. Fiske & G. Lindzay (Eds.), *Handbook of social psychology* (4th ed.). New York: McGraw-Hill.

Fiske, S.T. & Neuberg, S.L. (1990). A continuum model of impression formation from category-based to individuating processes: Influences of information and motivation on attention and interpretation. In M.P. Zanna (Ed.), *Advances in experimental social psychology* (Vol.23, 1-74). New York: Academic Press.

Fiske, S.T. & Pavelchak, M.A. (1985). Category-based versus piecemeal-basedaffective responses: Developments in schema-triggered affect. In R.M. Sorrentino & E.T. Higgins (Eds.), *Handbook of motivation and cognition: Foundations of social behavior* (167-203). New York: Guilford Press.

Fiske, S.T. & Taylor, S.E.(1991). *Social Cognition.* New York: McGraw-Hill.

Flavell, J.H. & Wellman, H.M. (1977). Metamemory. In R.V. Kail Jr & J.W. Hagen (Eds.), *Perspectives on the Development of Memory and Cognition* (3-33). Hillsdale, NJ: Erlbaum.

Foos, P.W. (1989). Age differences in memory for two common objects. *Journal of Gerontology: Psychological Sciences,* 44, 178-180.

Fyock, J. & Stangor, C. (1994). The role of memory biases in stereotype maintenance. *British Journal of Social Psychology,* 33, 331-343.

Gaertner, S.L. & Dovidio, J.F. (1986). The aversive form of racism. In J.F. Dovidio und S.L. Gaertner (Eds.), *Prejudice, Discrimination and Racism,* 61-89. San Diego: Academic Press.

Gaertner, S.L. & McLaughlin, J.P. (1983). Changing not fading: Racial stereotypes revealed by a non-reactive, reaction time measure. *Social Psychological Quarterly,* 46, 23-30.

Ganter, S. (1997). *Stereotype und Vorurteile: Konzeptualisierung, Operationalisierung und Messung.* Mannheimer Zentrum für Europäische Sozialforschung.
http://www.unimannheim.de/i3v/00068900/16441091.htm.

Gardner, R.C., (1994). Stereotypes as consensual beliefs. In M.P. Zanna & J.M. Olson (Eds.), *The psychology of prejudice* (1-31). Hillsdale, NJ: Erlbaum.

Gilbert, D.T. & Hixon, J.G., (1991). The trouble of thinking. Activation and application of stereotypic belief. *Journal of Personality and Social Psychology,* 60, 509-517.

Graf, P. & Schachter, D.L. (1985). Implicit and explicit memory for new associations in normal and amnesic subjects. *Journal of Experimental Psychology: Learning, Memory, and Cognition,* 11, 501-518.

Greenwald, A.G.& Banaji, M.R. (1995). Implicit social cognition: Attitudes, selfesteem, and stereotypes. *Psychological Review,* 102 (1), 4-27

Grossberg, S. (1980). How does a brain build a cognitive code? *Psychological Review,* 87, 1-51.

Guttentag, R.E. (1985). Memory and aging: implications for theories of memory development during childhood. *Developmental Review,* 5, 56-82.

Hamilton, D. L. & Sherman, J.W. (1994). Stereotypes. In R.S. Wyer & T.K Scrull (Eds.), *Handbook of social cognition* (2nd ed., Vol.2, 1-68). Hillsdale, NJ: Erlbaum.

Hamilton, D.L. & Trolier, T.K. (1986). Stereotypes and stereotyping : An overview of the cognitive approach. In S.L. Gaertner & Dovidio (Eds.), *Prejudice, discrimination, and racism* (127-155). New York: Academic Press.

Hamilton, D.L., Sherman, J.W. & Ruvolo, C.M. (1990). Stereotype-based expectancies: Effects on information processing and social behavior. *Journal of Social Issues*, 46 (2), 35-60.

Hamm, V.P. & Hasher, L. (1992). Age and the availability of inferences. *Psychology and Aging*, 7, 56-64.

Hartley, J.T. (1986). Reader and text variables as determinants of discourse memory in adulthood. *Psychology and Aging*, 1, 150-158.

Hartman, M. & Hasher, L. (1991). Aging and suppression: Memory for previously relevant information. *Psychology and Aging*, 6, 587-594.

Hasher, L. & Zacks, R.T. (1979). Automatic and effortful processes in memory. *Journal of Experimental Psychology: General*, 108, 356-388.

Hasher, L. & Zacks, R.T. (1988). Working memory, comprehension, and aging: a review and a new view. In G.H. Bower (Ed.), *The Psychology of Learning and Motivation* (22, 193-225). New York: Academic Press.

Hasher, L., Stoltzfus, E.R., Zacks, R.T. & Rypma, B. (1991). Age and inhibition. *Journal of Experimental Psychology: Learning, Memory, and Cognition*, 17, 163-169.

Hense, R.L., Penner, L.A. & Nelson, D.L. (1995). Implicit memory for age stereotypes. *Social cognition*, 13, 399-415.

Hertzog, C., Dixon, R. & Hultsch, D.F. (1990). Relationships between metamemory, memory predictions, and memory task performance in adults. *Psychology and aging*, 5, 215-217.

Hertzog, C., Raskind, C.L. & Canon, C.J. (1986). Age-related slowing in semantic information processing speed: an individual differences analysis. *Journal of Gerontology*, 41, 500-502.

Hess, T.M. (1985). Aging and context influences on recognition memory for typical and atypical script actions. *Developmental Psychology*, 21, 1139-1151.

Higgins. E.T. & Wells, R.S. (1986). Social construct availability and accessibility as a function of social life phase: Emphasing the "how" versus the "can" of social condition special issue. Development perspectives on social-cognitive theories. *Social cognition*, 4, 201-226.

Higgins, E.T., Bargh, J.A. & Lombardi, W. (1985). Nature of priming effects on categorization. *Journal of Experimental Social Psychology*, 13, 141-154.

Hilton, J.L. & von Hippel, W. (1996). Stereotypes. *Annual Review of Psychology*, 47, 237-271.

Hippel, W., von, Sekaquaptewa, D. & Vargas, P. (1995). On the role of encoding processes in stereotype maintenance. *Advances in Experimental Social Psychology,* 27, 177-254.

Hofstätter, P. (1986). *Gruppendynamik. Kritik der Massenpsychologie.* Reinbek: Rowohlt.

Howard, D.V. (1988). Implicit and explicit assessment of cognitive aging. In M.L. Howe & C.J. Brainerd (Eds.), *Cognitive Development in Adulthood: Progress in Cognitive Development Research* (3-37). New York: Springer.

Hummert, M.L. (1990). Multiple stereotypes of elderly and young adults: A comparison of structure and evaluations. *Psychology and Aging*, 5, 182-193.

Hummert, M.L., Garstka, T.A., Shaner, J.L. & Strahm, S. (1994). Stereotypes of the elderly held by young, middle-aged, and elderly adults. *Journal of Gerontology*, 49, 240-249.

Hummert, M.L., Garstka, T.A., Shaner, J.L. & Strahm, S. (1995). Judgements about stereotypes of the elderly: Attitudes, age associations, and typicality ratings of young, middle-aged, and elderly adults. *Research on Aging*, 17, 168-189.

Intons-Peterson, M.J. & Fournier, J. (1986). External and internal memory aids : When and how often do we use them ? *Journal of Experimental Psychology*, 115, 267-280.

Jacoby, L.L. (1991). A process dissociation framework: Separating automatic from intentional uses of memory. *Journal of Memory and Language*, 30, 513-541.

Jacoby, L.L. & Dallas, M. (1981). On the relationship between autobiographical memory and perceptual learning. *Journal of Experimental Psychology*: General, 110, 306-340.

Jacoby, L.L. & Hollingshead, A. (1990). Toward a generate recognize model of performance on direct and indirect tests of memory. *Journal of Memory and Language*, 29, 433-454.

Jacoby, L.L., Toth, J.P. & Yonelinas, A.P. (1993). Separating conscious from unconscious influences of memory. Measuring recollection. *Journal of Experimental Psychology: General*, 122, 139-154.

Jacoby, L.L., Woloshyn, V. & Kelly, C.M. (1989b). Becoming famous without being recognized: Unconscious influences of memory produced by dividing attention. *Journal of Experimental Psychology: General*, 118, 115-125.

Jacoby, L.L., Toth, J.P., Lindsay, D.S. & Debner, J.A. (1992). Lectures for a lay person: Methods for revealing unconscious processes. In R.F. Bornstein & T.S. Pittman (Eds.), *Perception without awareness* (81-119). New York: Guilford.

Janowsky, J.S., Shimamura, A.P. & Squire, L.R. (1989). Source memory impairment in patients with frontal lobe lesions. *Neuropsychologia*, 27, 1043-1056.

Jennings, J. & Jacoby, L.L. (1993). Automatic versus intentional uses of memory: Aging, attention, and control. *Psychology and Aging*, 8, 283-293.

255

Katz, D. & Braly, K.W. (1933). Racial stereotypes in one hundred college students. *Journal of Abnormal and Social Psychology*, 28, 280-290.

Kausler, D.H. & Kleim, D.M. (1978). Age differences in processing relevant versus irrelevant stimuli in multiple-item recognition learning. *Journal of Gerontology*, 33, 87-93.

Kausler, D.H.& Puckett, J.M. (1980). Adult age differences in recognition memory for a nonsemantic attribute. *Experimental Aging Research*, 6, 349-355.

Kausler, D.H.& Puckett, J.M. (1981a). Adult age differences in memory for modality attributes. *Experimental Aging Research*, 7,117-125.

Kausler, D.H. & Puckett, J.M. (1981b). Adult age differences in memory for sex of voice. *Journal of Gerontology*, 36, 44-50.

Kausler, D.H., Lichty, W.& Davis T.M.(1985). Temporal memory for performed activities: intentionality and adult age differences. *Developmental Psychology*, 21, 1132-1138.

Keele, S.W. & Neill, W.T. (1978). Mechanismus of attention. In E.C. Carterette & M.P. Friedman (Eds.), *Handbook of perception* (Vol.9, 2-47). New York: Academic Press.

Kite, M.E. & Johnson, B.T. (1988). Attitudes toward older and younger adults: A meta-analysis. *Psychology and Aging,* 3, 233-244.

Kite, M.E., Deaux, K. & Miele, M. (1991). Stereotypes of young and old : Does age outweigh gender? *Psychology and Aging*, 6, 19-27.

Klauer, K.C. (1991). *Einstellungen*. Göttingen: Hogrefe.

Kliegl, R., Smith, J. & Baltes, P.B. (1989). Testing-the-limits and the study of adult age differences in cognitive plasticity of a mnemonic skill. *Developmental Psychology*, 25, 247-256.

Knox, V.J. & Gekoski, W.L. (1989).The effect of judgment context on assessments of age groups. *Canadian Journal of Aging*, 8, 244-254.

Kogan, N. (1974). Categorizing and conceptualising styles in younger and older adults. *Human Development*, 17, 218-230

Kogan, N. (1979). A study of age categorization. *Journal of Gerontology*, 34, 358-367.

Kogan, N. & Mills, M. (1992). Gender influences on age cognitions and preferences: sociocultural or sociobiological? *Psychology and Aging*, 7, 98-106.

Kramer, A.F., Humphrey, D.G., Larish, J.F., Logan, G.D. & Strayer, D.L. (1994). Aging and inhibition – beyond a unitary view of inhibitory processing in attention. *Psychology and Aging*, 9, 491-512.

Krueger, J. & Clement, R.W. (1994). Memory-based judgements about multiple
categories: A revision and extension of Tajfel`s accentuation theory. *Journal of Personality and Social Psychology*, 67, 35-47.

Kruglanski, A.W. (1989). *Lay epistemics and human knowledge.* New York: Plenum.

Kruglanski, A.W. (1996). Goals as knowledge structures. In P.M. Gollwitzer & J.A. Bargh (Eds.), *The psychology of action: Linking cognition and motivation to behavior* (599-618). New York: Guilford Press.

Kunda, Z. (1990). The case for motivated reasoning. *Psychological Bulletin*, 108, 480-498.

Lachman, M.E. & Leff, R. (1989). Perceived control and intellectual functioning in the elderly: a 5-year longitudinal study. *Developmental Psychology*, 25, 722-728.

Lehman, E.B. & Mellinger, J.C. (1984). Effects of aging on memory for presentation modality. *Developmental Psychology*, 20, 1210-1217.

Leyens, J.P., Yzerbyt, V. & Schadron, G. (1994). *Stereotypes and Social Cognition.* London: Sage.

Light, L.L. (1991). Memory and Aging: Four hypotheses in search of data. *Annual Review of psychology*, 42, 333-337.

Light, L.L. & Albertson, S.A. (1989). Direct and indirect tests of memory for category exemplars in young and older adults. *Psychology and Aging*, 4, 487-492.

Light, L.L. & Anderson, P.A. (1985). Working-memory capacity, age, and memory for discourse. *Journal of Gerontology*, 40, 737-747.

Light, L.L. & Singh, A. (1987). Implicit and explicit memory in young and older adults. *Journal of Experimental Psychology: Learning, Memory, and Cognition*, 13, 531-541.

Lippman, W. (1922). *Public opinion*. New York: Harcourt, Drace, Iovanowitch.

Lovelace, E.A. & Cooley, S. (1982). Free associations of older adults to single words and conceptually related word triads. *Journal of Gerontology*, 37, 432-437.

Lowe, D.G. (1979). Strategies, context and the mechanism of response inhibition. *Memory and Cognition,* 7, 382-389.

Luszcz, M.A. & Fitzgerald, K.M. (1986). Understanding cohort differences in cross-generational, self, and peer perceptions. *Journal of Gerontology*, 41, 234-240.

Mackie, D.M., Hamilton, D.L., Susskind, J. & Rosselli, F. (1996). Social psychological foundations of stereotype formation. In C.N. Macrae, C. Stangor & M. Hewstone (Eds.), *Stereotypes and stereotyping* (41-78). New York: Guilford.

MacLeod, C.M. (1998). Directed forgetting. In J.M. Golding & C.M. MacLeod (Eds.) *Intentional forgetting: Interdisciplinary approaches* (1-57). Mahwah, NJ: Erlbaum.

Macrae, C.N., Bodenhausen, G.V. & Milne, A.B. (1995). The dissection of selection in person perception: Inhibitory processes in social stereotyping. *Journal of Personality and Social Psychology*, 69, 397-407.

Macrae, C.N., Milne, A.B. & Bodenhausen, G.V (1994). Stereotypes as energy-saving devices: A peek inside the cognitive toolbox. *Journal of Personality and Social Psychology,* 66, 37-47.

Macrae, C.N., Hewstone, M. & Griffiths, R.J. (1993). Processing load and memory for stereotype-based information. *European Journal of Social Psychology*, 23, 77-87.

Macrae, C.N., Stangor, C. & Hewstone, M. (Eds.). (1996*). Stereotypes and stereotyping.* New York: Guilford.

Macrae, C.N., Bodenhausen, G.V., Milne, A.B. & Ford, R. (1997). On the regulation on recollection: The intentional forgetting of stereotypical memories.*Journal of Personality and Social Psychology*, 72, 709-719.

Macrae, C.N., Bodenhausen, G.V., Milne, A.B. & Jetten J. (1994). Out of mind but back in sight: Stereotypes on the rebound. *Journal of Personality and Social Psychology*, 67, 808-817.

Macrae, C.N., Bodenhausen, G.V., Milne, A.B. & Wheeler, V. (1996) On resisting the temptation for simplification: Counter intentional effects of stereotype suppression on social memory. *Social Cognition*, 14, 1-20.

Maslow, A.H. (1943). The authoritarian character structure. *The Journal of Social Psychology*, 18, 401-411.

McCauley, C., Stitt, C.L. & Segal, M. (1980). Stereotyping: From Prejudice to Prediction. *Psychological Bulletin,* 87, 195-208.

McConahay, J.B. & Hough, J.C. (1976). Symbolic racism. *Journal of Social Issues*, 32, 23-45.

McCrae, R.R., Arenberg, D. & Costa, P.T. (1987). Declines in divergent thinking with age: cross-sectional, longitudinal, and cross-sequential analyses. *Psychology and Aging,* 2, 130-137.

Miyake, A. & Shah, P. (1999). *Models of working memory. Mechanisms of active maintenance and executive control.* Cambridge: Cambridge University Press.

Mitchell, D.B. (1989). How many memory systems? Evidence from aging. *Journal of Experimental Psychology: Learning, Memory, and Cognition,* 15, 31-49.

Montepare, J.M. & Zebrowitz-McArthur, L. (1988). Impressions of people created by age-related qualities of their gaits. *Journal of Personality and Social Psychology,* 55, 547-556.

Morell, R.W., Park, D.C. & Poon, L.W. (1989). Quality of instructions on prescription drug labels: effects on memory and comprehension in young and old adults. *Gerontologist*, 29, 345-354.

Morris, R.G., Craik, F.I.M. & Gick, M.L. (1990). Age differences in working memory tasks: the role of secondary memory and the central executive.*Quarterly Journal of Experimental Psychology*, 41A, 67-86.

Mueller, J.H., Wonderlich, S. & Dugan, K. (1986). Self-referent processing of age-specific material. *Psychology and Aging*, 1, 293-299.

Myerson, J., Hale, S., Wagstaff, D., Poon, L.W. & Smith, G.A. (1990). The information loss model: a mathematical theory of age-related cognitive slowing. *Psychological Review*, 4, 475-487.

Naveh-Benjamin, M. (1990). Coding of temporal order information: an automatic process ? *Journal of Experimental Psychology: Learning, Memory, and Cognition*, 16, 117-126.

Navon, D. (1984). Resources- a theoretical soup stone? *Psychological Review*, 91, 216-234.

Navon, D. (1989a). The importance of being visible: On the role of attention in a mind viewed as an anarchic intelligence system. I Basic tenets. *European Journal of Cognitive Psychology*, 1, 191-213.

Navon, D. (1989b). The importance of being visible: On the role of attention in a mind viewed as an anarchic intelligence system. II. Application to the field of attention. *European Journal of Cognitive Psychology,*1, 215-238

Neill, W.T. (1977). Inhibitory and facilitory processes in selective attention. *Journal of Experimental Psychology: Human Perception and Performance*, 3, 444-450.

Neill, W.T., Lissneer,L.S. & Beck, J.L. (1990). Negative priming in same-different matching: Further evidence for a central locus of inhibition. *Perception and Psychophysics*, 48, 398-400.

Neill, W.T., Valdes, L.A. & Terry, K.M. (1995). Selective attention and the inhibitory control of cognition. In F.N. Dempster & C.J. Brainerd (Eds.), *Interference and inhibition in cognition* (207-261). San Diego: Academic Press.

Neumann, E. & DeSchepper, B.G. (1991). Costs and benefits of target activation and distracter inhibition in selective attention. *Journal of Experimental Psychology: Learning, Memory and Cognition*, 17, 1136-1145.

Oberauer, K. (2001). Removing irrelevant information from working memory: a cognitive aging study with the modified Sternberg task. *Journal of Experimental Psychology: Learning, Memory, and Cognition*, 27, 948-957.

Obler, L.K. & Albert, M.L. (1985). Language skills across adulthood. In J.E. Birren & K.W. Schaie (Eds.), *Handbook of the Psychology of Aging* (463-473). New York: Van Nostrand Reinhold.

O'Connell, A. & Rotter, N.G. (1979). The influence of stimulus age and sex on person perception. *Journal of Gerontology*, 34, 220-228.

Oswald, F. (1991). Das persönliche Altersbild älterer Menschen. *Zeitschrift für Gerontologie*, 24, 276-284.

Paller, K.A. (1990). Recall and stem-completion priming have different electrophysiological correlates and are modified differentially by directed forgetting. *Journal of Experimental Psychology: Learning, Memory, and Cognition*, 16, 1021-1032.

Park, D.C. & Puglisi, J.T.(1985). Other adults memory for the color of pictures and words. *Journal of Gerontology*, 40, 198-204.

Park, D.C., Puglisi, J.T. & Sovacool, M. (1983). Memory for pictures, words, and spatial location in older adults: evidence for pictorial superiority. *Journal of Gerontology*, 38, 582-588.

Pasupathi, M., Carstensen, L.L. & Tsai, J.L. (1995). Ageism in interpersonal settings. In B. Lott & D. Maluso (Eds.), *The Social Psychology of Interpersonal Discrimination*. New York: Guilford.

Perdue, C.W. & Gurtman, M.B. (1990). Evidence for the automaticity of ageism. *Journal of Experimental Social Psychology*, 26, 199-216.

Petros, T.V., Zehr, H.D. & Chabot, R.J. (1983). Adult age differences in accessing and retrieving information from long-term memory. *Journal of Gerontology*, 38, 589-592.

Pezdek, K. (1983). Memory for items and their spatial locations by young and elderly adults. *Developmental Psychology*, 19, 895-900.

Piel, (1989). "Ältere" oder "Alte" sind relative Begriffe. *Planung und Analyse*, 16, 52-54.

Pinquart, M. (1992). Globalität versus Bereichsspezifität der subjektiven Altersidentität im höheren Lebensalter. *Zeitschrift für Entwicklungspsychologie und Pädagogische Psychologie*, 24, 39-47.

Plude, D.J. & Hoyer, W.J. (1985). Attention and performance: Identifying and localizing age deficits. In N. Charness (Ed.), *Aging and human performance* (531-556). New York: Wiley and Sons.

Rabbitt, P.M.A. (1965). An age-decrement in the ability to ignore irrelevant in-formation, *Journal of Gerontology*, 20, 233-238.

Rabinowitz, J.C. (1989). Judgements of origin and generation effects: comparsons between young and elderly adults. *Psychology and Aging*, 4, 259-268.

Rankin, J.L. & Firnhaber, S. (1986). Adult age differences in memory: effects of distinctive and common encodings. *Experimental Aging Research*, 12, 141-146.

Rankin, J.L. & Hinrichs, J.V. (1983). Age, presentation rate, and the effectiveness of structural and semantic cues. *Journal of Gerontology*, 38, 593-596.

Reed, H. (1970). Studies of the interference process in short-term memory. *Journal of Experimental Psychology*, 84, 452-457.

Rehm, J. (1986). Theoretische und methodologische Probleme bei der Erforschung von Vorurteilen: Vorurteil und Realität – Ist das traditionelle Forschungsprogramm der Vorurteilsforschung gescheitert? *Zeitschrift für Sozialpsychologie*, 17, 18-30.

Rose, T.L., Yesavage, J.A., Hill, R.D. & Bower, G.H. (1986). Priming effects and Recognition memory in young and elderly adults. *Experimental Aging Research*, 12, 31-37.

Rosen, B. & Jerdee, T.H.(1976). The nature of job-related age stereotypes. *Journal of Applied Psychology*, 61, 180-183.

Rosencranz, H.A. & McNevin, T.E. (1969). A factor analyses of attitudes toward the elderly. *Gerontologist*, 9, 55-59.

Rothbart, M., Fulero, S., Jensen, C., Howard, J. & Birell, B. (1978). From individual to group impressions: Availability heuristics in stereotype formation. *Journal of Experimental and Social Psychology*, 14, 237-255.

Rothermund, K., Wentura, D. & Brandstädter, J. (1995). Selbstwertschützende Verschiebungen in der Semantik des Begriffs "alt" im höheren Erwachsenenalter. *Sprache und Kognition*, 14, 52-63.

Salthouse, T.A. (1990). Working memory as a processing resource in cognitive aging. *Developmental Review*, 10, 101-124.

Salthouse, T. & Meinz, E. (1995). Aging, inhibition, working memory, and speed. *Journal of Gerontology: Psychological Sciences*, 50, 297-306.

Salthouse, T.A., Kausler, D. & Saults, J.S. (1988). Investigation of student status, background variables, and feasibility of standard task in cognitive aging research. *Psychology and Aging*, 3, 29-37.

Schacter, D.L. & Graf, P. (1986). Preserved learning in amnesic patients: perspectives from research on direct priming. Journal of Clinical and Experimental Neuropsychology, 6, 727-743.

Schäfer, B. (1988). Entwicklungslinien der Stereotypen- und Vorurteilsfor-schung. In B.Schäfer & F. Petermann (Hrsg.), *Vorurteile und Einstellungen*. Sozialpsychologische Beiträge zum Problem sozialer Orientierung (11-65). Köln: Deutscher Institutsverlag.

Schmidt, D.F. & Boland, S.M. (1986). Structure of perceptions of other adults: Evidence for multiple stereotypes. *Psychology and Aging*, 1, 255-260.

Schulz, R. & Fritz, S. (1987). Origins of stereotypes of the elderly: An experimental study of the self-other discrepancy. *Experimental Aging Research*, 13, 189-195.

Schwarz, N. & Kurz, E. (1989). What's in a picture? The impact of face-ism on trait attribution. *European Journal of Social Psychology*, 19, 311-316.

Scialfa, C.T. & Margolis, R.B. (1986). Age differences in the commonality of free associations. *Experimental Aging Research*, 12, 95-98.

Shanan, J. & Kedar, H.S. (1979). Phenomenological structuring of the adult life span as a function of age and sex. *International Journal of Aging and Human Development*, 10, 343-357.

Sherman, J.W. (1996). Development and mental representation of stereotypes. *Journal of Personality and and Social Psychology*, 70, 1126-1141.

Sigall, H. & Page, R. (1971). Current stereotypes: A little fading, a little faking. Journal of Personality and Social Psychology, 18, 247-255.

Simpson, G.E., Yinger, J.M. (1985). *Racial and Cultural Minorities: An Analysis of Prejudice and Discrimination*. New York: Plenum Press

Smith, E.R. Zarate, M.A. (1990). Exemplar and prototype use in social categoryzation. *Social Cognition*, 8 (3), 243-262.

Smith, E.R. Zarate, M.A. (1992). Exemplar-based models of social judgment. *Psychological Review*, 99 (1), 3-21.

Staedler, T. (1998). *Lexikon der Psychologie*. Stuttgart: Kröner.

Stangor, C., (1995). Stereotyping. In A.S.R. Manstead & M. Hewstone (Eds.), *The Blackwell Encyclopedia of Social Psychology*. Oxford: Blackwell.

Stangor, C., Thompson, E.P. & Ford, T.E. (1998) An inhibited model of stereotype inhibition. In R.S. Wyer (Ed.), *Stereotype activation and inhibition* (Advances in social cognition Vol. 11, 193-210). Mahwah, NJ: Erlbaum.

Statistisches Bundesamt, (1998). Zur Bevölkerungsentwicklung in Deutschland und in der Europäischen Union. Http://www.destatis.de/presse/deutsch/pm1998/p3290022.htm

Sternberg, S. (1969). Memory scanning: Mental processes revealed by reactiontime experiments. *American Scientist*, 57, 421-457.

Stoltzfus, E.R., Hasher, L., Zacks, R.T. Ulivi & Goldstein, D. (1993). Investigations of Inhibition and Interference in Younger and Older Adults. *Journal of Gerontology: Psychological Sciences*, 4, 179-188.

Stroebe, W. (1985). *Stereotyp, Vorurteil und Diskriminierung*. Tübingen: Psychologisches Institut der Universität Tübingen.

Stroebe, W. & Insko, C.A. (1989). Stereotype, prejudice, and discrimination: Changing conceptions in theory and research. In D. Bar-Tal, C.F. Grauman, A.W. Kruglanski & W. Stroebe (Hrsg.), *Stereotyping and Prejudice*. Changing Conceptions. New York: Springer.

Stroessner, S.J. (1996). Social categorization by race or sex: Effects of perceived non normalcy on response times. *Social cognition*, 14, 247-276.

Stroessner, S.J. (1998). Varieties of inhibition in social stereotyping. In R.S. Wyer (Ed.), *Stereotype activation and inhibition* (Advances in social cognition Vol.11, 211-226). Mahwah, NJ: Erlbaum.

Stroessner, S.J. & Mackie, D.M. (1993). Affect and perceived group variability: Implications for stereotyping and prejudice. In D.M. Mackie & D.L. Hamilton (Eds.), *Affect, cognition, and stereotyping. Interactive processes in group perception* (63-83). San Diego, CA: Academic Press.

Squire, L.R. (1987). *Memory and Brain*. New York: Oxford University Press.

Tajfel, H. (1969). Cognitive aspects of prejudice. *Journal of Social Issues*, 25, 79-97.

Tajfel, H.& Turner, J.C. (1979). An integrative theory of intergroup conflict. In W. Austin & S. Worchel (Eds.), *The social Psychology of intergroup relations* (33-47). Monterey, CA: Brooks/Cole.

Taylor, S.E., Fiske, S.T., Etcoff, N. & Ruderman, A. (1978). The categorial and contextual bases of person memory and stereotyping. *Journal of Personality and Social Psychology*, 778-793.

Tichy, A. (2002). Die Rückkehr der Silberhaare. *Telebörse*, 10, 110.

Tipper, S.P. (1985). The negative priming effect: Inhibitory priming by ignored objects. *The Quarterly Journal of Experimental Psychology*, 37A, 571-590.

Tipper, S.P. (1991). Less attentional selectivity as a result of declining inhibition in older adults. *Bulletin of the Psychonomic Society*, 29, 45-47.

Tipper, S.P. & Driver, J. (1988). Negative priming between pictures and words: Evidence forsemantic processing of ignored stimuli. *Memory & Cognition*, 16, 64-70.

Tipper, S.P., MacQueen, G.M. & Brehaut, J.C. (1988). Negative priming between response modalities: Evidence for the central locus of inhibition inselective attention. *Perception & Psychophysics*, 43, 45-52.

Treisman, A. (1986). Features and objects in visual processing. *Scientific American*, 255, 106-115.

Treisman, A. (1988). Features and objects: The fourteenth Bartlett Memorial Lecture *Quarterly Journal of Experimental Psychology*, 40A, 201-237.

Trierischer Volksfreund (Nr. 116, S. 8, 22.05.2002). *Das Comeback der Älteren.*

Tulving, E. (1972). Episodic and semantic memory. In E. Tulving & W. Donaldson (Eds.), *Organization of Memory* (382-403). New York: Academic Press.

Tulving, E. (1983). *Elements of Episodic Memory*. Oxford: Clarendon Press.

Tulving, E. (1985). How many memory systems are there? *American Psychologist*, 40, 385-398.

Tulving, E. & Schacter, D.L. (1990). Priming and human memory systems. *Science*, 247, 301-306.

Verhaeghen, P. & de Meersman, L. (1998). Aging and the negative priming effect: A metaanalysis. *Psychology and Aging*, 13, 435-444.

Wagner, U. & Zick, A. (1995).The relation of formal education to ethnic prejudice: Its reliability, validity and explanation. *European Journal of Social Psychology*, 25, 41-56.

Warr, P. (1994). Age and job performance. In J. Snel & R. Cremer (Eds.), *Work and aging: A European perspective* (309-322). Bristol: Taylor & Francis.

Wegner, D.M. (1992). You can't always think what you want: Problems in suppression of unwanted thoughts. In M.P. Zanna (Ed.), *Advances in Experimental Social Psychology*, (25, 193-225). San Diego: Academic Press.

Wegner, D.M. (1994). Ironic processes of mental control. *Psychological Review*, 101, 34-52.

Wegner, D.M. & Gold, D.B. (1995). Fanning old flames: Emotional and cognitive effects of suppressing thoughts of a past relationship. *Journal of Personality and Social Psychology*, 68, 782-792.

Wentura, D., Dräger, D. & Brandstädter, J. (1997). Alternsstereotype im frühen und höheren Erwachsenenalter: Analyse akkommodativer Veränderungen anhand einer Satz-Priming-Technik. *Zeitschrift für Sozialpsychologie*, 28, 109-128.

West, R.L. (1986). Everyday memory and aging. Developmental Neuropsychology, 2, 323-344.

Wickens, C.D., Braune, R. & Stokes, A. (1987). Age differences in the speed and capacity of information processing. A dual-task approach. *Psychology and Aging*, 2, 70-78.

Wyer, R.S. (Ed.) (1998). *Stereotype activation and inhibition* (Advances in social cognition. Vol. 11). Mahwah, NJ: Erlbaum.

Zacks, R.T. & Hasher, L. (1994). Directed ignoring: Inhibitory regulation of working memory. In D. Dagenbach & T. Carr (Eds.), *Inhibitory mechanism in attention, memory and language* (241-264). San Diego: Academic Press.

Zacks, R.T., Radvansky, G. & Hasher, L. (1996). Studies of directed forgetting in older adults. *Journal of Experimental Psychology: Learning, Memory, and Cognition*, 22, 143-156.

Aktivationstext für Experiment 1 und 2

IMPFUNG FÜR **SENIOREN**
EMPFOHLEN!

Die Impfkommission des Robert Koch-Instituts empfiehlt älteren Menschen eine Impfung gegen Lungenentzündung. Besonders bei Senioren lösen bestimmte Bakterien leicht eine Lungenentzündung aus. Eine Untersuchung aus den Vereinigten Staaten, bei der Daten von etwa 1900 älteren Leuten mit Lungenerkrankungen analysiert wurden, belegt den Nutzen dieser Impfung insbesondere bei älteren Menschen.

Anhang A

Altersneutraler Text für Experiment 1und 2

IMPFSTOFF GEGEN
BORRELIOSE

Mit ihren Stechwerkzeugen
können Zecken unter anderem
Borreliose übertragen.

In Deutschland, Österreich und Belgien wird momentan ein Impfstoff gegen die weit verbreitete Borreliose getestet, eine Erkrankung, die erhebliche neurologische Schäden hervorrufen kann. In den Vereinigten Staaten existiert ein solcher Impfstoff bereits. Er schützt jedoch nur gegen den dort vorkommenden Typ des Bakteriums. Bis in Europa ein Impfstoff auf den Markt kommt, werden wohl noch Jahre vergehen.

Anhang A

Bewerbungstranskript: Liste I "alt"(Experiment 1 und 2)

Er will seine Meinung durchsetzen	**rechthaberisch**
Bestimmte Tätigkeiten sind für ihn ohne weiteres zu erfüllen	**routiniert**
Er hat bestimmte Unterlagen nicht dabei	**vergesslich**
Er wohnt in der Nähe der Firma und möchte dort bleiben	**heimatverbunden**
Seine Kleidung ist in Ordnung	**altmodisch**
Seine persönlichen Ansichten zeigen Charakter	**reif**
Er hat ganz bestimmte Vorstellungen von unserem Unternehmen	**vorurteilsbehaftet**
Er zeigt keine Nervosität im Vorstellungsgespräch	**gelassen**
Sein Wertesystem hat sich an bestimmten Normen orientiert	**konservativ**
Er gibt über vieles Auskunft	**gesprächig**

Anhang A

Bewerbungstranskript:Liste II "alt"(Experiment 1 und 2)

Führungsqualitäten zeigten sich während des Gespräches	**autoritär**
Der Bewerber hat schon lange Zeit in unserer Branche gearbeitet	**erfahren**
Er tut sich schwer, auf neue Situationen entsprechend einzugehen	**unflexibel**
Er weiß Arbeitstugenden zu schätzen	**wertebewußt**
In Bezug auf das Betriebsverfassungs- gesetz weiß er gut Bescheid	**besserwisserisch**
Er ist in der Lage den beruflichen Anfor- derungen ohne Hilfe zu entsprechen	**selbstständig**
Er zeigte unterdurchschnittliches Interesse an sportlicher Betätigung	**langsam**
Seine Psyche scheint in Ordnung zu sein	**ausgeglichen**
Er ist nicht zu bewegen von seinen Vorstellungen abzugehen	**stur**
Er verfügt über viele Informationen, die er zu seinem Vorteil nutzt	**weise**

Anhang A

Bewerbungstranskript: Liste I "jung" (Experiment 1 und 2)

Seine Antworten wirken nicht einstudiert	**spontan**
Er reagiert manchmal ohne nachzudenken	**übereilig**
Er hat eine Menge Ideen	**kreativ**
Er hat erst kurze Zeit in unserer Branche gearbeitet	**unerfahren**
Er hat schon mit Teams gearbeitet	**teamfähig**
Seine Stimmung schlug während des Gesprächs um	**launisch**
Er interessiert sich für die Aufstiegsmöglichkeiten im Unternehmen	**erfolgsorientiert**
Seine Gedanken und Argumente überzeugen nicht immer	**oberflächlich**
Er reagiert mit Erfolg auf sich verändernde Situationen	**flexibel**
Er zeigt Nervosität im Gespräch	**hektisch**

Anhang A

Bewerbungstranskript: Liste II "jung" (Experiment 1und 2)

Er verfügt über rhetorische Kenntnisse und setzt sie ein	**kommunikativ**
Seine Wahrnehmung entspricht nicht immer der Realität	**naiv**
Seine Physis ist in keinster Weise zu beanstanden	**stark**
Er möchte schnell Vorwärtskommen	**ungeduldig**
Er kommt mit jeder geforderten Situation zurecht	**anpassungsfähig**
Er strahlt wenig Ruhe aus	**gestresst**
In Bezug auf sein Erscheinung ist alles in Ordnung	**modern**
Er will die eigenen Belange durchsetzen	**egoistisch**
Er ist bereit neue Wege zu gehen und etwas zu wagen	**risikofreudig**
Er betont seine Stärken	**selbstüberzeugt**

Anhang A

Die Ergebnisse der Testreihen
sind in Ordnung   **korrekt**

Einschränkung durch
familiäre Verhältnisse   **gebunden**

Er ist bereit länger als die tariflich
vereinbarte Zeit zu arbeiten   **einsatzbereit**

Er zeigt wenig Argumente
in der Diskussion   **farblos**

Er hat bestimmte
Gehaltsvorstellungen   **angemessen**

Seine finanziellen Verhältnisse
hat er nicht offengelegt   **undurchsichtig**

Sein gesamtes äußeres
Erscheinungsbild war in Ordnung   **ansprechend**

Er hat keine außergewöhn-
lichen Freizeitbeschäftigungen   **uninteressant**

Sein beruflicher Werdegang zeigt
keinen Grund zur Beanstandung   **lückenlos**

Bezüglich seiner Bewerbungsunterlagen
sind ein paar Zusatzfragen zu stellen   **ungenau**

Anhang A

Bewerbungstranskript: Liste II "neutral"

Er zeigt wenig Gestik während des Gespräches	**gehemmt**
Er kann auf gestellte Fragen eingehen	**treffsicher**
Seine jetzige Stellung sagt ihm nicht zu	**überzogen**
Er kann zum ersten des nächsten Monats beginnen	**verfügbar**
Er verfügt über wenige Informationen bzgl. unseres Unternehmens	**eingeschränkt**
Sein Erscheinungsbild ist in Ordnung	**gepflegt**
Er hat bestimmte Anforderungen an das Unternehmen	**übertrieben**
Keine Einschränkungen durch familiäre Verhältnisse bzgl. der Mobilität	**frei**
Er hat bisher wenig an Fortbildungsveranstaltungen teilgenommen	**auffällig**
Alle benötigten Informationen sind vorhanden	**vollständig**

Anhang B

Wortliste I (Experiment 3 und 4)	Wortliste II (Experiment 3 und 4)
Balken	Rahmen
Nadel	Faden
Heizung	Zeitung
Klammer	Eimer
Deckel	Boden
Fahne	Kiste
Dusche	Wolke
Kette	Dose
Schere	Tinte
Segel	Garten
Mandel	Lampe
Treppe	Ballon

Anhang B

Wiedererkennenstest (Experiment 3)

Balken	?	Kette	?
Feile	?	Segel	?
Fenster	?	Lampe	?
Rahmen	?	Plakat	?
Wiese	?	Mandel	?
Hammer	?	Wecker	?
Ballon	?	Blume	?
Treppe	?	Kissen	?
Garten	?	Fahne	?
Schere	?	Boden	?
Laden	?	Scheibe	?
Kolben	?	Klammer	?
Dusche	?	Flasche	?
Nadel	?	Deckel	?
Zeitung	?	Kiste	?
Gabel	?	Heizung	?
Zimmer	?	Schaufel	?
Tonne	?	Weste	?
Eimer	?	Gitter	?
Tafel	?	Dose	?
Wolke	?	Tinte	?
Düse	?	Schleife	?
Körper	?		
Faden	?		
Paste	?		
Foto	?		

Anhang C

Wortliste I Vortest (Experiment 4)	Wortliste II (Experiment 4)
Seil	Gurt
Uhr	Bank
Rauch	Stift
Korb	Flut
Bild	Rost
Rind	Hof
Stoß	Blatt

Aus unserem Verlagsprogramm:

Studienreihe psychologische Forschungsergebnisse

Petra Jahn
Die Gedächtniswirksamkeit der Handlungsplanung
Eine Untersuchung unter Berücksichtigung
der Forschung zum Handlungsgedächtnis
Hamburg 2004 / 174 Seiten / ISBN 3-8300-1366-3

Kerstin Seiler
Gedächtnis für Handlungen
Rolle relationaler und itemspezifischer Information
Hamburg 2003 / 276 Seiten / ISBN 3-8300-1044-3

Cornelia Storz
Soziale Kognitionsprozesse bei der Partnerwahl
Der Einfluß von Prototypen auf die Wahrnehmung
und Beurteilung potentieller Partner
Hamburg 2003 / 198 Seiten / ISBN 3-8300-0865-1

Ralf Spieß
Unbewusste Informationsverarbeitung
Forschungsansätze, Ergebnisse und methodische Probleme
unter besonderer Berücksichtigung des akustischen Bereichs
Hamburg 2002 / 214 Seiten / ISBN 3-8300-0690-X

Sabine Al-Diban
Diagnose mentaler Modelle
Hamburg 2002 / 314 Seiten / ISBN 3-8300-0571-7

VERLAG DR. KOVAČ
FACHVERLAG FÜR WISSENSCHAFTLICHE LITERATUR
Postfach 50 08 47 · 22708 Hamburg · www.verlagdrkovac.de · info@verlagdrkovac.de

Einfach
Wohlfahrtsmarken
helfen!